SAYINGS

OF

THE JEWISH FATHERS.

APPENDIX.

AN APPENDIX

TO

SAYINGS

OF

THE JEWISH FATHERS

CONTAINING

A CATALOGUE OF MANUSCRIPTS
AND NOTES ON THE TEXT OF ABOTH.

EDITED FOR THE SYNDICS OF THE CAMBRIDGE UNIVERSITY PRESS

BY

CHARLÉS TAYLOR D.D.

MASTER OF ST JOHN'S COLLEGE CAMBRIDGE.

WIPF & STOCK · Eugene, Oregon

Wipf and Stock Publishers
199 W 8th Ave, Suite 3
Eugene, OR 97401

An Appendix to the Sayings of the Jewish Fathers
Containing a Catalogue of Manuscripts and Notes on the Text of Aboth
By Taylor, C.
ISBN 13: 978-1-60608-502-8
Publication date 2/24/2009
Previously published by Cambridge University Press, 1900

PREFATORY NOTE.

Shortly after the first publication of *Sayings of the Jewish Fathers* (1877) this APPENDIX was announced as in preparation under the title, *A Catalogue of Manuscripts of the Text of Aboth and of Commentaries upon it with especial reference to Disputed Readings*. It contains an account of a number of such manuscripts; *Notes on the Text* replacing the "Critical Notes" which preceded the Translation in the First Edition of the *Sayings*; and an *Index* to the Second Edition (1897) made by Mr J. H. A. Hart, B.A., Naden Divinity Student and Scholar of St John's College.

The famous MS. described in No. 20 has now been edited for the Mekizé Nirdamim under the name "Machsor Vitry" claimed for it by S. D. Luzzatto, who even conjectured that the *perush* on Aboth in it is by R. Simchah of Vitri-le-Français. It is in reality a recension of the commentary of R. Jacob Shimshoni (רי״ש) or ben Shimshon, whose name is given acrostically in Oxford and Cambridge manuscripts (*App.* pp. 23, 93). "This name was first pointed out, no doubt from the acrostic, by Isaac Metz, in the notice of the Oppenheim MS. in his Catalogue of that collection (קהלת דוד, or *Collectio Davidis*, Hamburgi, 1826, 8vo.) p. 284, No. 627" (Sch.-Sz.).

A manuscript purchased for the Bodleian Library in 1875 is shewn to be a copy of R. Israel of Toledo's Arabic commentary on the Six Peraqim (No. 90). His descendant

R. Isaac's *perush* (Nos. 1, 115) having been collated for the First Edition of the *Sayings,* one of the passages of the commentary in No. 90 marked by a previous owner was identified as R. Israel's by means of R. Isaac's *perush,* from which it soon appeared that the said Arabic commentary was the "great and wide sea" from which R. Isaac had drawn.

The codex described in No. 170 was found to contain a mixed Rashi-Rambam commentary on Aboth with additional notes on a passage of Pereq III. quoted in the name of R. Meshullam ben Qalonymos, and not, as had been thought, a whole commentary by R. Meshullam.

Ample materials for a continuation of the *Catalogue* have been collected, but it seemed best to publish it as it has stood now for some years without further delay.

C. TAYLOR.

5th March 1900.

MANUSCRIPTS OF ABOTH.

The Manuscripts are indexed on pages 1, 25, 57, 105.
The *Index of the Mishnah* is on pages 64—65.

[p. 1]

פרקי אבות

BRITISH MUSEUM MANUSCRIPTS

Nos. 1—22, 160—168*.

I. Commentaries on Aboth with or without the text

Name	Number
Rashi	19
Jacob ben Shimshon	4, 5, 14, 19—22
Maimonides (Hebrew)	3, 5, 6, 14, 16
Rabbenu Jonah	2
Isaac Israeli	1
Isaac ha-Cohen ben Chayim	15
Eliezer Nachman Foa	18

II. The text alone

Nos. 7—13, 17.

* Nos. 160—168 are indexed on p. 105.

MANUSCRIPTS

OF THE TEXT OF ABOTH, AND OF COMMENTARIES ON ABOTH.

No. 1.

BRITISH MUSEUM, Oriental 1003.

THIS is a very good copy of the valuable commentary on Aboth, six Peraqim, by

יצחק בר׳ שלמה בר׳ יצחק בר׳ שלמה בר׳ ישראל הסופר בן ישראל (תנצב״ה).

The commentary is founded upon that of the writer's ancestor R. ISRAEL, to whom he frequently alludes. He tells us that he wrote it at an early age, for his own improvement, כי כוונתי להועיל לעצמי; and that it was completed in the 28th *year of his age*, in 5128 A.M. = 1368 A.D., the date being given on the last page, thus:

שנת ח״י עלי מאה וחמש אלפים ליצירה.

He describes it as a *spicilegium* from the Arabic commentary of R. ISRAEL:

ולקטתיו מהים הגדול ורחב ידים פי׳ החכם הפילוסוף האלהי התורני הר׳ ישראל ז״ל אשר הרחיב בפי׳ מסכתא זו בלשון ערב כו׳.

This MS. is quoted as B in the *Critical Notes*. For further particulars see the notes on the Cambridge MS., "ST JOHN'S COLLEGE, K. 7."

No. 2.

BRITISH MUSEUM, Harley 269.

This contains *inter alia* a commentary on the five Peraqim of Aboth, fol. 137 a—182 b, by R. Jonah (of Gerona), which was transcribed in the year הריא ליצירה = 1451 A.D. See fol. 182 b.

He justifies the omission of ובתפלה in II. 17 * as follows (154 a):

ר׳ שמעון אומ׳ הוי זהיר בק״ש והזהיר בק״ש יותר מן התפלה מפני שזמן תפלה גדול ורחב הוא עד ד׳ שעות וזמן ק״ש קצר ומכוון עד הנץ החמה כותיקין וזהו לשון הוי זהיר כי צריך זהירות גדולה.

This note is cited by Isaac b. Shelomoh, who makes much use of R. Jonah's commentary, and expressly states, at the beginning of QINYAN THORAH, that it was on the FIVE PERAQIM only.

No. 3.

BRITISH MUSEUM, Harley 5686.

This contains *inter alia* the five Peraqim, pointed, with the commentary of Maimonides, followed by Pereq R. Meir, with a brief commentary, fol. 359 a—377 b. The commentary is very neatly written in small characters. It was copied in the year 1464 A.D. by Leon b. Jehoshu'a de' Rossi of Cesena, for R. Joab 'Immanuel of Reggio†, according to the statement at the end of Pereq R. Meir:

תם ונשלם שבח לאלהי עולם כי הוא הנסתר ונעלם מידי ליאון בר׳ יהושע ישר״ו מן האדמים איש ציסינה פה באריין יום ו׳ ט״ו נובימ׳ רכ״ד לכמ״ר יואב עמ׳ מאריין ישר״ו לברכה יהיה אמן.

The MS. has some interesting historical notes, as that on the burning of twenty-four cartloads of Hebrew books in France (cf. Graetz, *Geschichte der Juden*, Vol. VII. Note 5), in year 1244 A.D. (fol. 33 b):

ובשנת חמשת אלפים וד׳ שנים לבריאת עולם... גרמו עונותינו ונשרפו כ״ד קרונות מלאים ספרי תלמוד והלכות ואגדות בצרפת...

No. 4.

BRITISH MUSEUM, Additional 11639.

A small MS., neatly written, and finely illuminated, containing *inter alia* Aboth, with a brief commentary, to some extent resembling that in No. 20. The date of the MS. as inferred from its calendar, which commences with the cycle רס״ו (fol. 563 b‡, 570 a), is about

$$265 \times 19 = 5035 \text{ A.M.} = 1275 \text{ A.D.}$$

* No. 20 has ותפילה in the text, but remarks upon it in the commentary, אין אנו גורסין במשנה.

† See the Cambridge University *Catalogue of Hebrew MSS.*, by Dr S. M. Schiller-Szinessy, Vol. I. pp. 75, 88, 93.

‡ There is a mistake in the pagination of this MS., fol. 560 following immediately upon 529.

On fol. 140 b is written in gold letters:

בנימן סופר קורא וקרא חזק ואמץ אל תערץ ואל תירא אמן סלה.

and on 304 b:

בנימן הסופר אומרה.

Fol. 194 a—200 a contain the five Peraqim, without points, in double columns, with the commentary in the margin. Pereq V ends thus:

...אביך שבשמים. בן בג בג או׳ הפוך בה והפיך בה דכולא בה ומינה כו׳ הימינה. בן הא הא כו׳. יהי רצון כו׳.

סליק פרקא וחסלת מסכתא.

Then come the Ages, and ר׳ מאיר כו׳, ending on fol. 201 b with סליק, the saying of בן בג בג (down to תזוז only) being *repeated*, and followed by ר׳ חנינא בן עקש׳ כו׳, to which is appended the note, אחר כל פרק יאמר זה.

This MS. therefore supports the statement of No. 20 that Aboth ends at אביך שבשמים, by omitting the saying עז פנים כו׳, as above, and by repeating בן בג בג כו׳, as if it were an *additamentum*, rather than an integral part of the Masseketh.

The notes on the five Peraqim break off, for want of space, on the pages:

194 b, 195 b, 197 b, 199 b, 201 b,

and are continued on fol. 669 a—672 b. Then follow notes on the Ages, and on R. Meir &c., ending on fol. 674 b.

At fol. 667 a commences a סדר של חכמים, corresponding to that in No. 20, Vol. II. 101 b.

Readings:

The text has the words ודמוסיף יוסיף, in I. 14: omits *the three clauses* חבה יתרה כו׳, in III. 21—3: reads זו מחלוקת שמאי של מהומה באה (v. 11): והילל (v. 24): and agrees with 𝔄 in v. 28, having the introverted order, and omitting the words אנשי דמים כו׳.

No. 5.

British Museum, Additional 16577.

A fine P. B., Italian rite, illuminated, containing Aboth, pointed, with the commentary of Rambam (fol. 91 a—104 b), followed by Pereq R. Meir, which is annotated,

כפי מה שפירש רבינו שלמה ז״ל.

Readings:

IV. 19, *וכתר שם טוב על גביהן. 23, †לפרוזדוד.

V. 31, ‡סמא דכולא בה.

Fol. 286 a contains verses with the acrostic of יצחק. The last page of the MS. contains illuminations, in the midst of which is written in gold letters:

לה׳ הארץ
ומלאה
שלי אברהם
יז״א בכ״ר
יעקב ז״ל

No. 6.

British Museum, Additional 17057.

An incomplete text of Aboth, unpointed (except the first line), with Rambam's commentary, breaking off at Pereq IV. 5.

No. 7.

British Museum, Additional 17058.

P. B., with Aboth, six Peraqim, pointed, fol. 236 a—241 b. Pereq VI. begins, as in some other copies, without the words שנו חכמים כו׳.

No. 8.

British Museum, Additional 18229.

P. B., with Aboth and Pereq R. Meir, pointed, fol. 97 a—104 a. The words שנו חכמים כו׳ are wanting, as in No. 7.

Before משה קבל is written:

אומ׳ אותן מפסח עד עצרת ר״ל עד שבועות׳

and at the end of R. Meir:

ואחר שאמרו האבות אומ׳ קדיש דרבנן וזהו׳ יתגדל ויתקדש שמיה רבא כו׳.

* This is the reading of No. 20 (fol. 121 b).

† See No. 20, fol. 122 b: פרוזדוד בדלת. ואולם לכסא מתרגמ׳ ופרוזדודא.

‡ This reading is common in Italian Machazors.

No. 9.

BRITISH MUSEUM, Additional 18230.

A small P. B., with Aboth, six Peraqim, pointed, fol. 132 b—159 b. The name יוסף is marked on fol. 249 b.

Notice the reading of III. 9:

...בעדת אל *בקרב אלהים ישפוט ומנין אפי' חמשה שנ' ואגודתו כו'.

* The margin here adds ומנין אפי' שלשה שנ'. Thus the number THREE, having been omitted in the first instance, is inserted *before the number* FIVE. Compare No. 12.

No. 10.

BRITISH MUSEUM, Additional 18690.

A small P. B., with an unpointed text of Aboth, fol. 180 b—198 a, remarkable for its omissions, in which respect it resembles the Paris MS., 636.

It is further remarkable as giving SIX Peraqim, followed by Pereq R. MEIR, or altogether **Seven Peraqim.**

Readings:

II. 4 is omitted *in loc.*, and placed between IV. 19, 20.

III. 8 is followed by 13 (ור' חנינה בן זומא* כו'), and 13 by 16; 9—12, 14, 15 being omitted. 17, תורה תשובה ומעשים טובים. 25, על מי. 26 ends, אם אין קמח אין תורה יש תורה ויש קמח.

IV. 8 is attributed to ר' יוסי. 9 is omitted. 14 ends at כנגדך, which is inserted after בטילים הרבה. 13 (with יוחנן for חנניה) *follows*. 23, לפרוזדוד. 25, בשעת אבלו, for בשעה שמתו כו'. 28 (down to מגתו) follows, and then 30—32; 26, 27, 29 being omitted.

V. 9 is omitted. 23, 24 (מחלוקת שמאי והלל) come *before* 21, 22. 30, יהודה בן טבאי כו' שבשמים.

The Pereq ends with שמואל הקטן כו', and בן חמש כו'; 30—32 not being included.

* This text has other variations in names besides those mentioned above.

Then follows:

פרק ששי

בן בג בג אומ׳ הפוך והפך בה דכולה בה סיב ובלה בה ומנה לא תזוע. בן הא הא או׳ לפום צערא אגרא. תניא ר׳ נתן אומר הלמד תורה מן הקטנים כו׳.

The Pereq continues as in "PARIS, 636." It ends on fol. 194 b, and is followed by

פרק ר׳ מאיר,

which concludes on fol. 198 a with the words:

סליקו להו מסכת אבות.

No. 11.

BRITISH MUSEUM, Additional 18691.

P. B., with pointed text of Aboth, and Pereq Rabbi Meir as far as אלא תורה ומעשים טובים בלבד שנ׳ (VI. 9), fol. 133 a—154 b.

No. 12.

BRITISH MUSEUM, Additional 19666.

P. B., with pointed text of Aboth, six Peraqim, fol. 87 b—99 a, preceded by the words:

פרקי אבות שקורין מפסח לשבועות.

The letters of אלעזר are marked on fol. 275 b.

Readings:

III. 9, ...בעדת אל ומניין אפילו שלשה שנ׳ בקרב ... חמשה שנ׳ ואגודתו כ׳, the number THREE coming before FIVE. 17 is read as in 𝔄, except תורה ומעשים טובים.

IV. 19, על גביהם, without עולה.

V. 31, סמא דכולא בה ובה תחזה וסיב וכוּלָה (?) בה. Compare *Crit. Note* on the origin of the reading וּבְלֵה בה.

No. 13.

BRITISH MUSEUM, Additional 19667.

A very small P. B., described as "Preces secundum ritum Hispanicum."

The five Peraqim, pointed, are written in the upper and lower margins of fol. 228 a—284 b, and upon fol. 285, which concludes the MS.

Reading, in v. 24, מחלוקת בית שמאי ובית הלל.

Ending of ABOTH:

After אביך שבשמים (fol. 283 a), come בנפול אויבך כו׳, and בן חמש כו׳, followed by:

תניא ר׳ יהודה הנשיא אומ׳ עז פנים לגיהנם כו׳,

the saying עז פנים כו׳ being introduced only as *baraitha;* and after this, בן הא הא כו׳, *followed by* בן בג בג כו׳, and ר׳ חנינא בן עקשיא כו׳.

No. 14.

BRITISH MUSEUM, Additional 19944—5.

A very fine P. B., Italian rite, with illuminations; written in Florence by יצחק סופר בן עובדיה, and dated* 5201 A.M. = 1441 A.D.

Vol. I. 117 b—136 b contains Aboth, pointed, with the commentaries of Maimonides, and "Rashi," in double columns. Pereq R. Meir follows, with the commentary of "Rashi;" for although this part of the commentary is said in Dukes' catalogue to be unnamed, the רש״י on fol. 136 b must be intended to be carried on.

The commentary here attributed to RASHI† agrees with that of the "Machazor Vitry." Its sixth Pereq is often used to supplement the commentary of Maimonides, which, according to an express statement of Isaac bar Shelomoh, was on the FIVE Peraqim only.

* See Vol. II. 169 b.

† Bar S. quotes it in the name of RASHBAM, and quotes a different commentary in the name of RASHI.

No. 15.

BRITISH MUSEUM, Additional 26960.

Contains *inter alia* a commentary, fol. 64 a—188 b, on the six Peraqim by

יצחק הכהן בן חיים נ"ע (בן אברהם בן יצחק בן יוסף הכהן נ"ע).

The commentary is dated at the end, עזרא (= 1518 A.D.).

No. 16.

BRITISH MUSEUM, Additional 27070.

P. B., containing Aboth, pointed, with the commentary of Rambam, fol. 158 b—176 b, followed by Pereq R. Meir, without a commentary.

At the end of Pereq V is written:

חסלו פירוש ומסכת אבות להר"ם ב"מז"ל.

No. 17.

BRITISH MUSEUM, Additional 27072.

P. B., written in the year 1482 A.D. (fol. 309 b), by Abraham Farissol b. Mordekai Farissol, of Avignon.

It contains a pointed text of Aboth, fol. 119 a—134 b, followed by Pereq R. Meir.

At the end of Pereq V is written:

נשלמו פרקי אבות.

No. 18.

BRITISH MUSEUM, Additional 27115.

Aboth, six Peraqim, with the commentary of

אליעזר נחמן פואה

transcribed by one שלמה (fol. 114 b).

No. 19.

British Museum, Additional 27125.

This MS., which is described by Luzzatto in *Kerem Chemed*, Vol. iv. p. 201, contains two commentaries on Aboth.

I. The first, which is ascribed to

רבינו ישעיהו ז"ל,

(and in a later hand to Rashi), agrees with that which Isaac bar Shelomoh quotes in the name of Rashi, and which is printed as his.

Readings:

i. 3 (fol. 3 b, line 2), ושמעתי שצדוק ובייתום כו', without the reference to the 'Aruk which is found in some copies of this commentary.

iv. 8 (fol. 7 a, line 22), ה"ג אין מספיקין בידו ללמוד וללמד, a reading cited by Isaac bar Shelomoh as peculiar to "Rashi."

This commentary properly consists of five Chapters only, according to the statement of bar S.; but the MS. has additions which cause some confusion in the ending. Thus, after Aboth (fol. 11 b), comes:

פרק ר' מאיר. בן חמש כו'.

followed, at the end of the Ages (fol. 12 a), by

סליק מסכת אבות. וזהו פרק ר' מאיר. זוכה לדברים הרבה כו'.

At the commencement of fol. 13 b there is this note on the ה' קנינים:

נראה בעיני שהברייתא לא נכתבה כתיקנה שהרי במסכת פסחים בפרק האשה לא שנינו אלא שלשה...

after which comes a second interpretation of the Ages (fol. 13 b, line 12) followed, at the end of 14 a, by

נשלמו פירוש ממסכת אבות ופירוש מפרק ר' מאיר על ידי שלמה בר' משה.

II. On the same page is written:

פירוש ממסכת אבות ממ"ה רבינו שלמה ז"ל,

as the title of the second commentary, which accordingly follows, after five blank pages, on fol. 17 a—47 b, and is a recension of that in No. 20, the commencement of which is printed, *with collations from this MS.*, in *Kerem Chemed*, loc. cit.

Luzzatto concludes with the remark (p. 204) that the commentary on Aboth by "Qimchi" which de-Rossi claims to have seen in a printed Turin Siddur is a "a dream"; the Siddur containing only the well known commentary which is printed under the name of Rashi. On p. 201 he expresses the opinion that neither of the two commentaries in this MS. was the work of Rashi.

No. 20.

British Museum, Additional 27200—1.

Two fine folio volumes, described as "the Machazor of R. Simchah of Vitry, originally compiled about 1100 A.D." But they are in reality a compilation of a century later (1210 A.D.), by Rabbi

יצחק בר׳ דורבלו,

who made use of R. Simchah's Machazor Vitry *inter alia.* He also expressly cites the Machazor of R. Jacob ben Shimshon (Vol. I. 42 a, col. 1), the author of the commentary on Aboth in Vol. II. This MS. is one of the Almanzi collection.

On the celebrated Bodleian MS. which likewise goes by the name of Machazor Vitry see below, under "Bodleian Library, 1100."

The genuine Machazor Vitry was described by Isaac de Lates in the fourteenth century as,

המחזור הקטן הנקרא דויטרי
The SMALL *Machazor called de Vitry;*

which points to a smaller compilation than No. 20. The above testimony of de Lates — taken from a Bodleian MS. (No. 1298 in Neubauer's *Catalogue*, fol. 10 β) of a work by that author, dated 5132 A.M. (=1372 A.D.), and which has also been printed in the Hebrew part (*Ozar Tob*) of Berliner and Hoffmann's *Magazin für die Wissenschaft des Judenthums* for 1877 (see p. 073, line 29)—is cited in the *Histoire Littéraire de la France*, Vol. XXVII. p. 474, where it is added in a note, that the reference may perhaps be to "la petite rédaction que l'on trouve dans les bibliothèques de Parme et de Rome (mal reconnue par de Rossi et Assémani) et dans la bibliothèque Günzburg"; but on general grounds, and in accordance with the statement of de Lates, the claim to priority must be decided in favour of the smaller compilation as against the larger. The latter, as I am informed, consists mainly of the דינים.

In the שאלות ותשובות of ר׳ יוסף קלון (ed. Venice, רע״ט = 1519 A.D.), who lived in the middle of the fifteenth century, the Machazor Vitry is referred to in section קע״ו (by misprint קע״א), where it is said:

והנה דבר ידוע הוא כי מחזור ויטרי נתיסד על פי רבינו שלמה,

the reference in the context being to the דינים only. A reference to the above work of R. Joseph Qolon is given in the שפתי ישנים of ר׳ שבתי בס of Prag (§ 140) where the following account is given of the Machazor:

מחזור ויטרי ר׳ שמחה מעיר ויטר״י, תלמיד רש״י, והוא ממהלך הכוכבים ומזלות, עיין (בשו״ת) מהרי״ק שורש קע״ו.

I am informed by Dr Neubauer that in the Bodleian MS. No. 692, § 12, containing casuistic responsa, the "Machazor Vitriac" is quoted (fol. 175, resp. 80) on the subject of הגדת פסח, thus:

וטעם המביאי׳ ראיה להיתר משום דכתיב במחזור ויטריך כו׳.

In the above mentioned No. 692, resp. 131, fol. 194 b there is also a section headed, הועתק מן מחזור ויטרי, and commencing:

אומ׳ רבי׳ יצחק בר׳ אברהם דאסור לקרות בבה״כ בתוך החומש היכא דאיכא ס״ת בעיר.

Thus the מחזור ויטרי is quoted for דינים in a MS. copied about 1303—7 A.D.

For another reference to the Machazor Vitry compare Steinschneider's recently published Munich *Catalogue*, Cod. 240, § 5 (מערכת האלהות), fol. 43 b:

מצאתי במחזור ויטרי שהוסד לפי רש״י כו׳.

In all this (and more which might be added*) there is no evidence to shew what the genuine "Machazor Vitry" contained, except as regards the דינים. It is quite possible, however, that the greater part of it may be found embedded in this No. 20, of which we shall now proceed to give some account.

The Compiler.

1. The MS., whilst in the possession of Giuseppe Almanzi of Padua, was examined by S. D. Luzzatto, and described by him (*Kerem Chemed*, Vol. III. p. 200) as

מחזור ויטרי לרבנו שמחה תלמידו של רש״י,

the work of the actual compiler being inadequately described in the words:

ויש בו כה וכה דברים נוספים מר׳ יצחק ברבי דורבלו.

He remarks that he is unable to identify this ISAAC בר׳ דורבלו, but records a suggestion which was made to him by Rapoport that he was

ר׳ יצחק מאורביילו בעל ספר המנהל.

This however does not account for the בר׳ which precedes דורבלו, nor does the latter resemble the transliteration of d'Orbeil so closely as might have been expected; to say nothing of the circumstance that it is the custom of our R. Isaac to use the Hebrew מן, in preference to the French *de*, as a prefix of locality, *e.g.* in מפריש, מויטרי, מברינא, מדנפירא.

* For example, Dr Neubauer favours me with several references to the מחזור ויטרי in the so-called Zürich glosses to the סמ״ק. See MS. Opp. Addit., No. 879 in Neubauer's *Catalogue*, folios 41, 82, 135, 171.

As the name of דון אברבנלו occurs both with and without the ו, so the name of ר׳ דורבלו* is written both with the termination ו, as in this MS. (Vol. I. 158 b, 159 a, 161 b; Vol. II. 38 a, 40 b, 53 b, &c.), and without it, as on p. 8 of the חופש מטמונים of Berl Goldberg (Berlin, 1845), where (in No. י״ב of the תשובות of רש״י) there occurs the passage:

מי אנכי חדל אישים ושפל להכנים ראש אצל הר גבוהה ותלול המחלק שלל לאנפיו בשורות ענף ועשית פרי ומה עלתה על לב רבינו הזקן ראש נדיבי פאתי יעקב ר׳ דורכל (צ״ל דורבל) להזקיק צעיר לימים לענות על ריב אמר לי לבי מאשר יקרתי בעיניו מאז חבבני ובא׳ להתפנג בבנו וקטנו לתהות בקנקן ריקן אולי לחכמה להשיב נכוחה ויקרא מרי עלי חכם בני ישמח לבי על הדברים הכתובים אני כותב לפניהם מה דעתי נוטה.

The "R. Durbal" spoken of in this passage, which is referred by Grätz (*Gesch. der Juden*, VI. 78), was a זקן when Rashi was young, and may have been a great-grandfather, or more remote ancestor, of our יצחק בר׳ דורבלו, who was a younger, perhaps much younger, contemporary of Rashi's grandsons. He is referred to by Zunz in his *Literaturgeschichte der Synagogalen Poesie*, p. 252, where it is said that "R. Salomo... stand mit Durbel, &c. in brieflicher Verbindung." A later Durbel is doubtfully referred to on p. 484 of the same work: "Daniel [oder Durbel ?] b. Jacob, vermuthlich unfern den Jahren 1200—1240."

I have seen a volume of Lent Sermons by one Petrus DORBELLUS andegauensis, which was published in Paris in the year 1518 A.D.; and there was a Nicolas Dorbellus, a professor at Poitiers, who died in the year 1455 A.D. The name of the latter is indeed explained by *de Orbellis* in Zedler's *Universal Lexicon*, Vol. XXV., Col. 1743: "Orbellis (Nicolas von), sonsten auch Dorbellus genannt, ein minorit von Angers," &c.; but this explanation may perhaps have been given conjecturally, since the name in question was already of some antiquity, the elder דורבל, mentioned above in connexion with Rashi, having been born if not in the *tenth* at any rate early in the *eleventh* century.

It may be worth while to compare the diverse interpretations of the second name of ר׳ שבתי דונולו בן אברהם, which Zunz explains as a designation of locality: "Vermuthlich war er in *Nola* ansässig (*Gottesdienstl. Vorträge*, p. 362); whilst Grätz identifies it with Δόμνουλος (*Gesch. der Juden*, V. 352). Cf. Steinschneider's Bodleian *Catalogue of Hebrew Books*, No. 6864.

The compiler, whatever may have been his nationality, had at least visited RUSSIA, as we gather from his statement (Vol. I. 158 b, col. 2):

ואני נשאלתי ברוסייא כו׳.

* We should perhaps read דון דורבלו in place of דון דייבלו, "Don Diavolo," which is given as a reading of a manifestly corrupt signature in the *Hist. Littéraire de la France*, Vol. XXVII. p. 665. For the form Abarbanelo see Schiller-Szinessy's *Catalogue*, Vol. I. 112.

It has even been suggested that he is to be identified with the ISAAC OF RUSSIA mentioned in Schiller-Szinessy's *Catalogue**, Vol. I. 54, 163, 164, &c.

He records a subsequent meeting with R. Isaac ha-Laban at PRAG (Vol. I. 159 a, col. 1) :

כשבאתי אצל הרב רב יצחק בר' יעקב הלבן בבהם בעיר פרגא נומיתי לו שכן שאלוני ברוסייא וכן השבתי כו'.

The MS. is full of allusions to Rashi, who was no longer living. Cf. I. 138 a:

בימי רבינו שלמה שאלו דבר זה ...

Rashi's grandson רבינו תם, or יעקב בן מאיר, is frequently cited.

Still later generations are referred to. Cf. Vol. I. 158 b, col. 2 :

ואני יצחק בר' דורבלו ראיתי ברמרו † דאתרייא (sic) ביה מילתא בר' יוסף בנו של רבינו יעקב בן רבנא מאיר מבנו. ואחר שהתפללו מנחה בערב שבת בבית הכנסת ישב לו ר' שלמה אחי רבינו שהיה מתפלל. וא' לו רבינו יעקב אחיו לך להביא יוסף בני לבית הכנסת. שלח עמו החבר ר' יצחק בן רבינו שמואל ואחרים עמו. כיון שבא לבית הכנסת ירד הרב ר' שלמה לפני הארון וא' ברכו.

From this we gather that he was present at Rameru on the occasion of the death of a grandson of Jacob ben Meir, and it may be inferred with probability that he was himself a *younger* contemporary of the grandsons of Rashi.

In immediate sequence upon the above he speaks as an eyewitness of the practice in Bourgogne on such occasions :

תמהתי מה טעם איחרו להביאו עד אחר המנחה כי ראיתי במלכות ברגויינא שנהגו כו'.

Lower down in the same column are the words (already quoted) ואני נשאלתי ברוסייא כו'.

The above passages in which the name of בר' דורבלו occurs are found in the latter half of הילכות אבל. The same section contains the passage referring to the Machazor Vitry (which we shall notice again lower down), as also the following two passages of interest, in all of which the name of our R. Isaac occurs.

---

* In Vol. II. p. 66 of the same *Catalogue* (MS. No. 92), which was not printed until the above had been for a long time in type, it is expressly stated that our Isaac בר' דורבלו was none other than this Isaac of Russia. It is added that this No. 20 doubtless contains large and important portions of the Machazor of ר' תם, a work which R. Meir of Rothenburg distinctly cites. Our R. Isaac is further identified as the editor of Rabbenu Tam's ספר הישר.

† Rameru (Ramerupt), in N. France, where ר' תם resided.

The former of the two passages refers to an accusation of sorcery brought against the Jews in Paris in consequence of their practice of throwing earth [with *herbs*, according to שלחן ערוך, יורה דעה. ס׳ שע״ו. (ד)] behind them on the return from a funeral. It is found in Vol. I. 161 a and 161 b.

בפריש הלשינו פעם אחת משומדים אל המלך על כל ישר׳ שהיו משליכין עפר אחריהם בשעה שחוזרין מאחרי המת להטיל כשפים על הגוים להמיתם, קיבל לשון הרע, וקרא אל הרב ר׳ משה בר׳ יחיאל בן הרב ר׳ מתתיה הגדול מפריש וא׳ לו כו׳...הוספתי זה לספר בשבחו של מקום כו׳. **יצחק בר׳ דורבלו :**

The latter of the two passages (Vol. I. 162 a, col. 1) shews that our R. Isaac was present at Rameru on the occasion of the wedding of R. Jacob ben Meir's daughter.

ונמצא במדרש אין אומרי׳ החי אלא בבית האבל, אבל שמעתי רבינו יעקב בחתונת בתו ברמרו ואמר החי ושאלו ממנו למה אמרו, והשיב שהרבה טרח למצוא אותו מדרש ולא מצאו לא בתלמוד שלנו ולא באבל רבתי ולא במסכת שמחות, לפיכך אינו נמנע מלאומרו בכל עת תמיד. **יצחק בר׳ דורבלו. ת׳ * :**

The section הילכות אבל ends in the next column.

The name of בר׳ דורבלו occurs again in several passages of הילכות ראש השנה, which commences at Vol. II. 35 a (סימן שט״ו) and extends to fol. 45 a, col. 2. One such passage will be cited below in § 3, from Vol. II. 38 a, col. 2. Some pages later (II. 40 b, col. 2) is the section :

ואני או׳ דודאי מן הזמנים הוא... וקא חשיב נמי ראש השנה. **יצחק בר׳ דורבלו † :**

At the end of תפילות ראש השנה (II. 53 a, col. 1, סימן ש״נ) comes a short quotation from רבינו ניסים, which is signed :

כ״ש באלמיינא **אני יצחק בר׳ דורבלו. ת׳ :**

and this signature is also found once again in the next column (סימן שנ״א).

Now to return to the above mentioned passage in which the Machazor Vitry is expressly mentioned—in Vol. I. 159 a, col. 2, at the conclusion of a section signed יצחק בר׳ דורבלו, is a fresh section commencing :

ומיפירושי רבינו חננאל בר׳ חושיאל איש רומי העתקתי כו׳,

* The abbreviations ת׳ and תו׳ denote תוספת.

† This is followed immediately by a paragraph signed א׳ב׳ן׳. This denotes the celebrated Eliezer ben Nathan of Mainz, who is quoted as in correspondence with R. Jacob ben Meir in the ספר הישר [see for example, סימן תרט״ו], of which our R. Isaac was the editor. See above, p. 15 note *.

and ending:

עד כאן הוספתי לפרש אני יצחק בר׳ דורבלו על פי אשר ראיתי מעשה, והבא לידי, ושפירשתי ושקיבלתי. ת׳. מכאן ואילך ממחזור ר׳ שמחה מויטרי.

But this מכאן ואילך, from which Luzzatto seems to have inferred that he had a veritable Machazor Vitry before him, applies only to the immediate context, for (i) only two leaves later (161 b) there is another signature of יצחק בר׳ דורבלו, and (ii) one page earlier (158 b) the same form of expression is used with reference to another authority:

...מכאן ואילך ליקוטין מדברי רבינו שלמה כו׳.

For other examples of the same formula compare:

עד כאן ה״ג. מיכן ואילך פרש״י בסוטה. I. 53 b, col. 1 (סימן ק״ל).
מכאן ואילך יסד ר׳ מאיר שליח ציבור. II. 29 b, col. 2 (סימן ש״ג).
עד כאן תוספת. מיכן ואילך יסוד העמרמי. II. 46 a, col. 2 (סימן שמ״ד).

From the way in which בר׳ דורבלו here refers to R. Simchah's Machazor it would seem that he regarded it as merely one of several sources from which his materials were drawn. Luzzatto himself (*loc. cit.*) calls attention to the occurrence of later literature in the MS., thus:

ובסימן קמ״ד נמצא...קצור הלכות שבת מס׳ התרומה אולי ר׳ יצחק בר׳ דורבלו הכניס אותו בספר רבנו שמחה שהיה קודם בעל התרומה, או המעתיק הוסיף אותו.

But this is by no means a solitary instance. The work contains so much comparatively late literature, including for example poems which are ascribed, as below, to Ibn Ezra, that its compilation as a whole must be attributed, not to R. Simchah, but to R. Isaac b. R. דורבלו. The use made of the Machazor Vitry by our MS. is in itself an evidence that it claims to be something different therefrom.

The following notices from other sources of Isaac b. דורבלו may be added to those already given from the MS. before us.

a. In Brüll's *Jahrbücher für Jüdische Geschichte und Literatur*, II. 77 the annexed citation is given from Mannheimer's *Geschichte der Juden in Worms*, p. 27 (Frankfurt, 1842).

אני׳ יצחק בר׳ דרבלו ראיתי בוורמשא כתב ששלחו אנשי רינוס לארץ ישראל שנת תש״ך לפרט, שאלו את קהלות ארץ ישראל על שמועה ששמענו על ביאת המשיח, וגם סירכא דלבא מה אתון ביה.

b. For the next passage I am indebted to Herr S. J. Halberstam. It occurs in his MS., No. 115, of the ס׳ האסופות, fol. 41 a.

ואני יצחק בר׳ דורבלו אומר כיון שאין בקיאין במראה כראשונים יש לנו לגדור בעצמינו פן ירגילו להתעצל ולהקל, כאשר ראיתי במלכות פולין בסוחרים ההולכים בדרך.*

c. The following passage also is supplied by Herr Halberstam from the same MS., fol. 101 c.

יצחק בן דורבלו„ אין מונין האבל במניין העשרה להתפלל עמו ביום ראשון ולא לגבי ברכת המזון ולא לעשרה ולא לשלשה אבל מכאן ואילך מונין אותו למנין להתפלל ולברך עמו וכן הלכה.

Thus we have traced the name of Dorbel as far back as, perhaps, the *tenth* century, and on the other hand down to the *sixteenth.* Moreover, our R. Isaac of that name has been found in Russia, Prag, Poland, Worms and Burgundy; and he has been found on two occasions at Rameru in N. France in the lifetime of Rashi's famous grandson Jacob ben Meir, of whom he was clearly a disciple. A man of his varied experience may well have been the compiler of a Machazor such as this, in which so many authorities are quoted, and the ritual uses of various countries are compared one with another. But in any case no sufficient reason has yet been shewn for regarding so comprehensive a work as a mere edition of the Machazor Vitry, however much of the latter it may hereafter be proved to contain.

Dates of Compilation and Transcription.

2. Of the later literature contained in the compilation, notice the poems:

I. 90 a (סימן קצ"ז) אחר לר׳ אברהם אבן עזרא „

כי אשמרה שבת אל ישמרני,

אות היא לעולמי עד בינו וביני, כו׳.

II. 92 b (סימן תכ"ג). פיוט לר׳ אברהם אבן עזרא „

אשריך הר העברים על ההרים הגבוהים, כו׳.

II. 167 b (סימן תצ"ב). זמר אחר לר׳ יוסי קמחי „

יחיד וזולתו עזרי מאיין, ונראה בלבבות ונעלם מעין, כו׳.

II. 226 (סימן רנ"ד). אחר לר׳ אברהם אבן עזרא „

קוראי מגילה הם ירננו אל אל, כו׳.

On the next folio (227 b, col. 1) one "R. Abraham" is referred to as no longer living, thus, מפי ר׳ אברהם נ"ע. The proper place of the last mentioned poem, as appears from its paragraph mark, is before the poem, אשריך כו׳; and it is through the misplacement of some portions of the MS.,

* This passage is to be found in the Bodleian MS. No. 1101, fol. 210 b (Neubauer's *Catalogue*), with the difference that it is there in the third person, and that the name דורבלו is missing, thus ור׳ יצחק בר׳...אומ׳.

on which see below (§ 4), that it is found in the second volume, instead of the first.

At the end of Vol. II. are several pages on the calendar—כך תיקון בצרפת (fol. 263 b). Fol. 264 b, col. 1 indicates the date of the *compilation* (1210 A.D.):

ויש לנו ד׳ אלפים וט׳ מאות וע׳ שנה מבריאת עולם.

At the end of fol. 267 a is written:

נשלם : חזק :
והא לך סדר התקופות
והמולדות ושאלה :

and fol. 267 b commences:

תקע״ט למניין שנת ה׳ אלפים ושנים לבריאת עולם.. ושנת ה׳ למחזור רס״ד ...

whence it may be inferred that the *transcription* was completed not before 1242 A.D. On fol. 268 b, col. 1, is written, השלמתי מחזור רס״ד.

The Scribe.

3. The name of the principal scribe, שמעיה, is indicated in several places. Immediately before Aboth (II. 92 b) is written:

סליקו הילכות סכות. חזק שמעיה לא יוזק.

Cf. Vol. I. 122 a, 173 b; II. 92 a, 93 b, 97 b, 101 a, 101 b.

The expression הכותב, which occurs in several places, denotes not the scribe, but the compiler יצחק בר׳ דורבלו. Compare:

(I. 99 a) ואני הכותב שאלתי זה כמה שנים על זה לר׳ אשר בר׳ משולם מלונייל. והא לך תשובתו כו׳.

(I. 111 b) ולי אני הכותב הראה מורי ראיה מפורשת ממסכת שמחות כו׳.

(II. 38 a) עוריאל בר׳ נתן ז״ל. ואני יצחק בר׳ דורבלו מצאתי תשובה זו מרבינו עוריאל וכתבתיה כאן למען תמצא. ואחריה אכתוב תשובת רבינו יעקב על דבר זה שהשיב לשונא לר׳ שמעון בר׳ נתנאל.

(II. 117 b) ואני הכותב תמה עלה דההיא דאמרי׳ כו׳.

(II. 144 a) שמעתי אני הכותב דבן בג בג ובן הא הא גרים היו כו׳.

(II. 175 b) ואני הכותב מצ׳ בה״ג דרב יהודאי גאון כו׳.

Index of the Manuscript.

4. The MS. is in some confusion. Thus, מסכת דרך ארץ (סימן תקל״א) begins at Vol. II. fol. 231 b, and ends, with the words, סליק מסכת דרך ארץ

פרקים י׳, at Vol. I. fol. 120 b. It is followed by other matter (as far as סימן תקע״ו) belonging to Vol. II., all of which is placed between סימן ר״ע and ס׳ רע״א, and ends at Vol. I. 153 b, with the words:

עד כאן העתקתי מכתיבת יד החבר ר׳ משה מברינא*. ועוד אומרי׳ כי יש חרם שלא לבטל תפילה בשבת ויום טוב בשום דבר אם לא ביטל כבר ג׳ תפילות ואם בשביל תקנת הקהל אף לכתחילה מותר. סליק.

The above-mentioned tract דרך ארץ is divided in this MS. into *ten* chapters, the second of which chapters includes what is elsewhere given, under the title of פרק בן עזאי, as a chapter by itself; and in this respect the reading of our MS. differs from that of the "Machazor Vitry," as quoted in some editions of the Talmud Babli. Portions of the first and second chapters are missing, viz. between איסור ערוה ובא (Vol. II. 231 b), and הכת׳ אומ׳ אמרו צדיק כי טוב (Vol. I. 116 a). The tract is preceded by two fragments from the beginning and the end of הילכות דרכן של תלמידי חכמים (Vol. II. 230, 231), now better known under the name of דרך ארץ זוטא.

The order of the סימנים in the MS. as at present† arranged may be gathered approximately from the annexed table, which indicates its chief omissions and transpositions. It is defective at the beginning, the first paragraph mark being ז׳. The second volume contains the *twenty-one* chapters of מסכת סופרים (fol. 215—223, 233—238, 228 a) and not chapters I—XIV. only, as Luzzatto was led by the disorder of the MS. to remark.

Vol. I.			Vol. II.		
ז׳ (1 a)	to	רמ״ט (109 a)	רפ״ה (12 a)	to	תקכ״ז (222 b)
רע״ה (111 a)					
רס״ב (112 a)	to	ר״ע (115 a)	ר״נ (225 a)	to	רס״א (227 b)
תקל״ב (120 b)	to	תקע״ו (152 b)	תקכ״ח (229 a)	to	תקל״א (231 b)
רע״א (154 a)	to	רע״ד (156 b)	Folios 239 a—260 b contain poems not marked with any סימן‡.		
רע״ו (159 b)	to	רפ״ד (163 a)	תקע״ח (263 b)	to	תק״ף (268 b).

* This ברינא may denote *Brünn* the capital of Moravia, or possibly *Brienne* in France.
† August, 1882.
‡ Observe that a number of folios have been transposed from this their proper place to Vol. I. 120—152.

Some of the main sections are divided into subsections, as below:

קנ"ה] This contains הלכות שבת, extracted from the ספר התרומה of ר' ברוך בר' יצחק, with the numerals from א' to נ"ג (I. 60 a—70 a).

תק"ם] This contains הילכות שחיטה, extracted from the same work, and numbered from א to קל"ח (I. 129 b—143 b).

רפ"ד] In this section, which contains *inter alia*,

הילכות פסח מבוארות מבית מדרשו של רבינו שלמה בר' יצחק צרפתי ז"ל,

there is a numbering from א' to ק"ט (I. 163 b—II. 11 b). The folios I. 178—181 are out of order.

תצ"ט] This section contains הילכות נידה, numbered from א' to כ"ד (II. 176 a—177 b), from the above-mentioned ספר התרומה.

The Commentary on אבות.

5. In Vol. II., fol. 93 a—144 a, סימן תכ"ד to ס' תכ"ט, is an unpointed text of the six Peraqim, accompanied by a very copious and valuable commentary, of which many copies—more or less complete—are extant, especially in Prayer-Books of the Franco-German rite. French words are used in several places. Cf. fol. 118 b:

שָׂא דולור שְׂרָא פור לוּי

Sa douleur sera pour lui,

where, as elsewhere, the לע"ז has been explained by a possessor of the MS.

The Six Peraqim commence on the following pages respectively

93 a,	102 b,	109 b,	117 b,	125 b,	136 b.
(I.)	(II.)	(III.)	(IV.)	(V.)	(VI.)

On fol. 101 a, &c. there is סדר מקבלי התורה, introduced by the words,

שכחתי לעיל בריש פירקי.

Before משה קבל is written:

פירקי אבות דר' נתן. ודין סימנהון. כשאומ' בבקר. בראשית ויצא. שמות ויקחו.

The commentary borrows freely from the אבות, or משנה, or ברייתא, of רבי נתן, which is commonly designated by the one word ברייתא.

The following references in the commentary deserve notice:

fol. 96 b. כפרש"י בוזאת תהיה כו'.
(I. 8).

fol. 105 a. (II. 5).	הילל כת׳ במשנת רבינו גרשום ור׳ אפרים* בלא ר׳.
fol. 109 a. (II. 17).	ואני שמעתי בשם ר֗ת אל תהי רשע כ׳.
fol. 115 b. (III. 25).	ור׳ משולם בר׳ קלונימוס איש רומי פ׳ לסעודה ליום המיתה ... כמו שמפורש בפ׳ גן עדן שיסד ר׳ יהושע בן לוי כו׳.
fol. 117 b (III. 25).	ורב נתן הבבלי שסידר את הערוך פי׳ כו׳... ובלשון ערבי קרוי פורפאורא, ואני הכותב תמה עלה דההיא דאמרי׳ כו׳.
fol. 128 b. (V. 9).	כמו שמצינו באגדת השכם†, ודברי הימים של משה.
fol. 143 b. (VI. 10).	וראיתי מדרשו של ר׳ שמעון (נ״א שמשון) קרא בספר משלי כו׳.

The Note on the "*Five Possessions*", which this last reference introduces, *is one of the distinctive passages of this commentary.* Its contents are given in the Rabbinic foot note on the words חמשה קנינים.

Compare also the note on ר׳ הלל (II. 5), where the title ר׳ is said to be a corruption of the numeral ד׳; the note on the form of the word פרוזדוד (IV. 23), which is to be written בשני דלתין, that is to say, with a *Daleth* at the end, and not with a *Resh*, פרוזדור; and the notes, in the introductory portion of the commentary, on the different systems of vowel points (fol. 93 b, lines 9, 10):

ולפיכך אין ניקוד נוברני‡ (נ״א טברני) דומה לניקוד שלנו ולא שניהם דומים לניקוד ארץ ישר׳,

and on the unlawfulness of pointing the Thorah (fol. 93 b, lines 11, 12):

ולפיכך לא ניתן ספר תורה לינקד כו׳,

with which compare the similar sayings from תשובות הגאונים, in סימן ק״ב (Vol. I. 49 a):

ספר תורה שניתן למשה בסיני לא שמענו בו ניקוד ולא ניתן ניקוד בסיני כי החכמי׳ ציינוהו לסימן ואסור לנו להוסיף מדעתינו פן נעבור בבל תוסיף, לפיכך אין נוקדין ספר תורה.

The Ending of אבות.

6. In this commentary it is expressly asserted (Vol. II. fol. 134 b) that מסכת אבות ends at the words

לעשות רצון אביך שבשמים.

* Cf. fol. 96 b, 126 b.

† A lost work, which is alluded to elsewhere. Cf. Schiller-Szinessy's *Catalogue*, Vol. I. p. 54 and II. p. 69, Note 1. And see Steinschneider's המזכיר, Vol. VIII. p. 20, on ספר והזהיר.

‡ Other copies of the commentary read תברני, or של יוונים, or ברני (ניקודת), &c.

But the customary additions are given immediately afterwards, thus :

יהודה בן תימא אומ׳ הוי עז כנמר וקל כנשר ורץ כצבי וגיבור כארי לעשות רצון אביך שבשמים.

עז כנמר, אנגריש* ב׳, כדא׳ בביצה שלשה עזין הן ישר׳ באומות, הוי בעל זרוע לעסוק בתורה בכל כחך. וקל כנשר, שהוא חש לאכול ומגביה לטוס מכל העופות. וגבור כארי, מלשון המקרא הוא, כמו שא׳ דוד בשאול ויהונתן, מנשרים קלו מאריות גברו. **חסלת מסכת אבות.**

שמואל הקטן אומ׳ בן חמש שנים למקרא כו׳ בן מאה כאילו מת עבר ובטל מן העולם. ברוב המחזורים שנינו ההיא דשמואל הקטן אומ׳ בנפל אויביך אל תשמח בסוף בי׳ מאמרות, ואעפ׳ ששנויה למעלה בפ׳ בן זומא, כדי לסמוך עליה הוא היה או׳ בן חמש שנים למקרא, ויש שאין כת׳ למעלה לדשמואל הקטן וכת׳ הכא . . .

†תניא ר׳ נתן אומ׳ עז פנים לגהינם כו׳.

The sayings of **בן הא הא** and **בן בג בג** are not given as part of the genuine Five Peraqim, but are placed at the end of Pereq VI. (143 a).

The Authorship of the Commentary.

7. We have already intimated (p. 12) that the name of the author of the commentary on Aboth in this manuscript is

ר׳ יעקב ברבי שמשון.

This is inferred from the acrostic verses prefixed to its fifth Pereq in the Cambridge University MS. Addit. 1213,—No. 92 as described in Schiller-Szinessy's *Catalogue* (Vol. II. pp. 61—72), and to its fourth and fifth Peraqim in the Bodleian MS. Opp. 317. The acrostic in the former MS. gives the name יעקב simply, whilst those in the latter give the full name יעקב ברבי שמשון. He was the teacher of Rashi's grandson Rabbenu Tam; and, as we gather from the above mentioned MS. No. 92 (fol. 27 b, line 15), the name of his own teacher was R. Shemuel Hallevi. For an allusion to him in this MS. see Vol. I. fol. 76 a, col. 2 :

פי׳ הרב ר׳ **יעקב בר׳ שמשון** כו׳ . . ואני שמעתי מפי הרב תֹּוֹטֹּב דט״ו שבחות יש בו כו׳.

In Vol. I. fol. 42 a, col. 1, he is named as the compiler of a MACHAZOR.

* "ENGRI (an-gri), *s. m.* Espèce de léopard du Congo. On trouve aussi engroi." See the French Dictionaries of Littré and of the *Académie Française*.

† For the remainder of this ברייתא see *Critical Notes*.

His commentary on Aboth is frequently given anonymously; and it has also been ascribed to or cited in the names of Rashi, R. Isaiah, Rashbam and R. Ephraim*. Luzzatto attributed it conjecturally to R. Simchah, whom (as we have seen) he regarded as the compiler of the Machazor of which it here forms part.

When the name of the author of the commentary was once forgotten, it is not to be wondered at that it should have been ascribed to the famous Rashi or one of his school; but it may be remarked that the abbreviation רי״ש, for R. Jacob Shimshoni, would readily have been corrupted into רש״י. The same might have been mistaken for an abbreviation of ר׳ ישעיה. Notice the confusion between the names of R. Isaiah and Rashi in the heading of the first commentary in the MS. No. 19 described above.

No. 21.

British Museum, Additional 27208.

A very small P. B., containing Aboth, six Peraqim, pointed, fol. 177 b—227 b, with a marginal commentary, agreeing, on the whole, with No. 20.

No. 22.

British Museum, Additional 27556.

P. B., with the commentary of Eleazar of Worms. The name אלעזר is marked on fol. 164 b, 166 a, 168 b, 170 b, 186 a.

Aboth, six Peraqim, pointed, is found on fol. 160 b—185 a, accompanied by a marginal commentary agreeing with No. 20.

Reading of III. 9 (fol. 167 b):

...בעדת אל בקרב אלהים ישפוט מניין שאפילו חמשה שנ׳ ואגודתו...שלשה
שנ׳ בקרב אלהים ישפוט כו׳.

where the clause בקרב וגו׳ is repeated.

But the commentary is upon the reading of 𝔄, thus:

וסתם דיינין חמשה כדברי ר׳ שהיה אומ׳ דייני׳ בחמשה...וי״מ מניין אפי׳ חמשה
שנ׳ אלהים נצב בעדת אל שהי(א׳ עשרה וגם בקרב בתוך העד׳ שהיא חציה
המשה אלהי׳ ישפוט כי בקרב כמו בתוך...כך פי׳ רבי׳ נחמיה׳

* R. Shemuel of Uceda, the author of the commentary on Aboth called Midrash Shemuel, refers to it in the preface to his own work as a commentary which was variously attributed to רשב״ם and ר׳ אפרים. See *Critical Notes*, on III. 24.

פרקי אבות

Nos. **23—90.**

Bodleian Library Manuscripts

I. Commentaries with or without the text

Name	Number
Rashi	29, 37, 54, 55
Jacob ben Shimshon . .	24–27, 42, 44, 46, 47, 56–58, 85
Maimonides (Arabic) . . .	23, 28, 39
„ (Hebrew) . .	24, 40, 41, 44–47, 66, 88
El'azar ben Shelomoh . . .	36
Rabbenu Jonah	29, 30
Israel of Toledo (Arabic) . .	90
Joseph ibn Shoshan . . .	33
Isaac Israeli	31
R. Shelomoh (Arabic) . . .	28
Joseph Ja'betz	33
Mosheh Al'asqar	32
Gabriel of Nikolsburg . . .	34
Mosheh ben Israel . . .	35
Anonymous	38, 87
Translation	86

II. The text alone

Nos. 43, 48–53, 59–65, 67–84, 89.

In the following list of manuscripts of Aboth in the Bodleian Library the numbers according to Neubauer's as yet unpublished *Catalogue* of Hebrew Manuscripts are given. That is to say, the heading "BODLEIAN LIBRARY, 120", for example, designates the manuscript numbered 120 in Neubauer's *Catalogue*.

No. 23.

BODLEIAN LIBRARY, 120.

Poc. 285 (Uri 66).

This contains a good text of the five Peraqim (pointed for the most part), with the Arabic commentary of Maimonides, in Hebrew characters, fol. 97 b—192 b; followed by some extraneous matter as far as fol. 193 b, which ends with the words:

ואיצא מן מסכת אבות

These words are repeated on the following page, and serve to introduce שמואל הקטן כו׳, the AGES*, and the ברייתא on עז פנים לגהינם כו׳; all of which—as also a few leaves of the five Peraqim—have been supplied by a later hand.

At the end of Aboth is written:

וכתב ישמעאל בן יוסף הסופר בר׳ שמואל המלמד תנצב״ה

Readings:

I. 4, ממנו (for מהן). בצמאה. 6, באשת חבירו קל וחומר. 14, נגד שמא אבד שמא, as 𝔄. 15, אם †אני לי. 18, אלא שתיקה. 19. The margin, not the text, has שנ׳ אמת כו׳.

II. 1, ועונשן של עבירה. 5, שאי אפשר להשמע. 8, מרבה חכמה מרבה ישיבה, the margin adding, מרבה עצה מרבה תבונה. 9, אם עשיתה תורה הרבה. 10, בור סוד. 15, עין רעה. 18, ללמוד מה שתשיב, omitting תורה. 19, למדתה תורה הרבה נוֹתֵן לך...לְבַטֵּל אבל אם.

III. 1, לרימה ותולעה ·ולאין, as 𝔄. The margin adds, למקום. 2, בלעונו. 7, ומפנה. 9, as 𝔄. 17, as 𝔄, except תורה ומעשים טובים. The margin adds, והמלבין כו׳. 20, om. הוא היה אומר. om. מעשרות סייג לעושר. 23, the text omits חיבה יתירה כו׳. 24, לפי רוב המעשה אבל לא על פי המעשה. 28, וְגִימַטְרִיָּא ·חֲסָמָא.

* These are given as part of Rambam's text in many Italian Prayer Books, but he does not comment upon them.

† The negative is also omitted, by a clerical error, in a few other MSS.

IV. 8, in margin, not in text, וכל הלמד ע״מ לעשות כו׳. 19, om. עולה *prima manu.* 23, לְפְרוֹזְדוֹר· בִּפְרוֹזְדוֹר· 31, לָמוּת· לִחְיוֹת·

V. 10, שואל כהלכה כו׳. 15, שלך ושלי שלי...שלי ושלך שלך, as 𝔄. The margin adds, (1) שלך, and (2) שלי. 31, (*sic*) דכולא בה ובה, with marginal additions.

No. 24.

BODLEIAN LIBRARY, 376.

Mich. 507 (ol. 665).

A very carefully written MS., containing:

I. A commentary on the six Peraqim, fol. 1 b—35 b, agreeing with No. 20.

II. The five Peraqim, pointed, with the commentary of Maimonides in Hebrew, fol. 54 a—77 a; followed by an unpointed text of Pereq R. Meir.

At the end of the MS. the scribe, Mordekai ben Levi חלפן states that it was finished in 5237 A.M. = 1477 A.D., and that it was written for R. Noah ben Immanuel of Norzi.

No. 25.

BODLEIAN LIBRARY, 377.

Mich. 311 (ol. 666).

At the beginning is an indifferently written commentary on the six Peraqim, agreeing with No. 20. Fol. 51 a gives the date קצ״ג = 1433 A.D., and the scribe's name,

אביגדור בר׳ יוסף הכהן·

No. 26.

BODLEIAN LIBRARY, 378.

Can. Or. 83.

Folio, three columns to the page, well written. It begins (fol. 1 a—17 b) with another copy of the same commentary.

No. 27.

BODLEIAN LIBRARY, 379.

Bodl. 145 (Uri 204).

Another copy of the same commentary, breaking off abruptly at the end of the fifth chapter with the words, סליק פרק חמישי, the remainder of the leaf on which they are written having been cut off. Folio, double columns, well written.

No. 28.

BODLEIAN LIBRARY, 380.

Poc. 43 (Uri 238).

Rambam on the five Peraqim: Arabic in Hebrew characters, followed by קנין תורה, with a commentary by

ר׳ שלמה אלסגלמאסי.

No. 29.

BODLEIAN LIBRARY, 381.

Bodl. Or. 598.

This MS. contains two commentaries on the five Peraqim, viz. by

I. R. JONAH, fol. 1 a—53 b.

II. "RASHI," fol. 54 a—62 b.

The margin of I. contains the text.

No. 30.

BODLEIAN LIBRARY, 382.

Opp. Add. 4to, 59.

Another copy of the commentary of R. JONAH on the five Peraqim.

No. 31.

Bodleian Library, 383.

Poc. 202 (Uri 220).

The commentary of Isaac b. R. Shelomoh, followed by a commentary on Job by R. Isaac Israel.

Near the beginning of קנין תורה this copy reads:

ורמב״ם ורמ״ה ורבי׳ יונה ז״ל לא פי׳ פרק זה לפי שאינו ממסכת׳ זו.

In other copies, רש״י also is classed with those who commented on the five Peraqim only; but his name is here omitted, probably by a clerical error.

No. 32.

Bodleian Library, 384.

Opp. 244 (ol. 421).

A copious commentary on the six Peraqim, headed:

ספר מרכבת המשנה שחבר חחכם השלם הה״ר יוסף בכ״ר החכם השלם הה״ר משה אלאשקר זלה״ה.

The writer quotes רש״י and רשב״ם (fol. 48 a), רמב״ם, &c.

No. 33.

Bodleian Library, 385.

Mich. 265.

This MS. contains the commentaries of

I. יוסף יעב״ץ, on the six Peraqim, fol. 1 a—40 b.

II. יוסף ן׳ שושאן, on the five Peraqim, fol. 41 a—89 b.

No. 34.

Bodleian Library, 386.

Mich. 94.

The commentary of R. Gabriel of Nikolsburg, fol. 1 a—56 b, as far as iv. 19. The notes on Pereq iii., which break off at § 11, are in a later hand (fol. 30 a—45 b).

No. 35.

BODLEIAN LIBRARY, 387.

Opp. 243 (ol. 420).

At the beginning is בית אבות, the commentary of R. Moses ben Israel on the six Peraqim. This ends on fol. 88 a. At the end of Pereq v. (fol. 75 a), רשב"ם is quoted on the names בן הא הא, and בן בג בג.

No. 36.

BODLEIAN LIBRARY, 388.

Opp. 246 (ol. 423).

"Commentary (Agadic and mystical) on Abhoth (beg. i. 5*, and has also the sixth chapter) by a French or Rhenish Rabbi, the son of R. Sh'lomoh...The author composed his comm. before 5009=1249 (fol. 84 b)". See Neubauer's *Catalogue*.

No. 37.

BODLEIAN LIBRARY, 389.

Opp. 378 (ol. 800).

On fol. 2 a—13 b is a commentary on the six Peraqim. The date of transcription שכ"ז=1567 A.D. is given at the end. As far as the end of Pereq v. it agrees with the "RASHI" of Isaac b. R. Shelomoh.

No. 38.

BODLEIAN LIBRARY, 390.

Opp. 245 (ol. 422).

A lengthy commentary on the six Peraqim, beginning with a reference to the MIDRASH SHEMUEL on the saying, כל ישראל יש להם חלק כו'.

* יסופו יורד לגיהנם.

No. 39.

BODLEIAN LIBRARY, 407.

Poc. 68 (Uri 215).

Maimonides on Sanhedrin: Arabic in Hebrew characters. The five Peraqim begin on fol. 10 b. At their conclusion the date 1488 A.D. is given thus:

שנת הרמ״ח ליצירה דהיא שנת אתשצ״ט לשטרות·

The scribe's name was

יוסף בר ידיד המכונה גראוי נב״ע בר יצחק בר משה בר יוסף·

Readings:

II. 18, ללמוד מה שתשיב, *omitting* תורה·

III. 9, om. ומנין אפי׳ שלשה שנ׳. 17, שיש לו בידו מעשים טובים. om. שלא כהלכה.

V. 24, שמאי והלל. 29, after שבשמים is written:

[שמואל הק׳ כו׳...ר׳ יהודה הנשיא] אומ׳ עז פנים לגיהנם...

but the sayings in brackets are marked for omission, and replaced by the words הוא היה.

Pereq VI. follows (fol. 50 a), with short Hebrew notes.

No. 40.

BODLEIAN LIBRARY, 408.

Opp. 95 (ol. 850).

Maimonides on the Mishnah, three Sedarim:

ביאור הרמב״ם על משניות נזיקין וסדר קדשים וסדר טהרות
שהתחיל לחברם בהיותו בן עשרים ושלשה שנים:

The commentary on the five Peraqim, fol. 60 b—68 b, is followed by

אבות מר׳ נתן·

No. 41.

BODLEIAN LIBRARY, 409.

Can. Or. 14.

Maimonides on the Mishnah, קדשים and זרעים, and on the five Peraqim, fol. 297 a—313 a.

No. 42

BODLEIAN LIBRARY, 692.

Opp. 317 (ol. 627).

This contains *inter alia* a commentary on the six Peraqim, fol. 114 b—130 b, agreeing with No. 20. Before Pereq IV. (fol. 124 a), and also before Pereq V. (fol. 127 a), is found an acrostic of

יעקב ברבי שמשון,

who is accordingly described in the *Catalogue* as PROBABLY THE AUTHOR OF THE COMMENTARY. His name is given again acrostically in an astronomical treatise, ספר האלקושי, of date 1123 A.D., which is bound up in the same volume. See fol. 91 b.

In the middle of Pereq V., on the margin of fol. 129 b, is written:

עד הנה כתבתי בשנת ע"ה לפרט (1315 A.D.),

and on the following page, 125* a:

פה התחלתי צ"ו לפרט (1336 A.D.).

In the margin of fol. 126* b is written, after בן הא הא כו', and before the AGES:

חסלת מסכת אבות פרקים חמשה.

The name of the scribe, שמואל, is marked in several places.

No. 43.

BODLEIAN LIBRARY, 1057.

Opp. Add. fol. 11.

P. B., with the six Peraqim, pointed, fol. 215 b—221 b.

No. 44.

BODLEIAN LIBRARY, 1059.

Mich. 610 (ol. 434).

P. B., containing Aboth, pointed, with the commentary of Rambam, fol. 126 b—144 a, followed by:

פרק ר' מאיר כפי מה שפירש רבינו שלמה זצ"ל.

* The number 125 occurs twice in the pagination of the MS., and is marked with an ASTERISK upon its second occurrence.

No. 45.

Bodleian Library, 1061.

Can. Or. 49 B.

P. B., containing Aboth, pointed, with the commentary of Rambam, fol. 69 b—82 a; followed by Pereq R. Meir, with a commentary which is written as if it were a continuation of that of Rambam.

No. 46.

Bodleian Library, 1062.

Can. Or. 18.

P. B., containing Aboth, pointed at the beginning, with Rambam's commentary in the margin, fol. 395 a—403 a; followed by Pereq R. Meir, with a commentary (= No. 20), which is attributed to רש״י, with the remark:

כי הרמב״ם לא פירש דבר ע״ז.

No. 47.

Bodleian Library, 1063.

Mich. 525 (ol. 446).

P. B., with Aboth, pointed, and Rambam's commentary, fol. 89 b—107 b; followed by פרק של ר׳ מאיר, with פי׳ רבי שלמה ז״ל.

No. 48.

Bodleian Library, 1064.

Mich. Add. 64.

P. B., with a pointed text of Aboth and Pereq R. Meir, fol. 32 b—39 a. Before חמשה קניינין כו׳ (fol. 38 b), is written:

ויש מקומות שמתפללין מנחה כשאמרו עד כאן ואחר כך אומ׳ אילו חמשה קניינין שהרי אנו אומרין קודם מנחה אילו פירקי אבות ואין חובה אלא מנהג.

No. 49.

Bodleian Library, 1065.
Opp. Add. 4to, 62.

P. B., with pointed text of Aboth and ר׳ מאיר כו׳, fol. 106 a—117 b. At the end of Pereq v. is written, תם פרקי אבות (fol. 115 a).

No. 50.

Bodleian Library, 1067.
Mich. 360 (ol. 447).

P. B., with fragments of Aboth, pointed, in the margins of fol. 198, 199:

(1) From ובורח מן העברה, to לצדיקים שמקיימים (iv. 5—v. 1).
(2) From ומכריעו לכף זכות (vi. 6), to the end of the chapter.

No. 51.

Bodleian Library, 1071.
Can. Or. 27.

"Compendium of מחזור," with the six Peraqim, pointed, fol. 132 a—145 a.

No. 52.

Bodleian Library, 1081.
Reggio 63.

P. B., with Aboth and קנין תורה, unpointed, fol. 141 b—159 b.

Here and in No. 53 the fifth Pereq ends:

בן בג בג אומר הפוך בה דכלא בה כו׳...בן ההא אומר כו׳...בן חמש שנים מן העולם...

No. 53.

Bodleian Library, 1094.
Mich. 290 (ol. 443).

Fragment of a Machazor, with Aboth, pointed—ending, נגמרה מסכת אבות; followed, after a blank page, by פרק ששי, fol. 14 b—23 b.

No. 54.

Bodleian Library, 1095.

Opp. Add. 4to, 28.

"Siddur, according to R. 'Amram Gaon," transcribed by Moses b. Isaac גרסיאן, at עיר רודוס, and dated (fol. 90 a), הקפ"ו = 1426 A.D.

On fol. 91 a commences

פירוש פרקי אבות לרש"י ז"ל.

Readings:

II. 17 (fol. 98 b). הוי זהיר בק"ש לקרותו בשעתו ובתפילין לא גרסינ'

IV. 8 (fol. 102 b). אין מספיקין בידו כו'.

IV. 19 (fol. 103 a). וכתר שם טוב על גביהן.

At the end of Pereq v. is written, סליקו להו פרקי אבות ה'. Then follow the Ages, and שנו חכמים כו'.

No. 55.

Bodleian Library, 1097.

Mich. 571 (ol. 533).

P. B., containing Aboth, pointed, with the commentary of "Rashi" in the margin, fol. 85 b—99 b; followed by Pereq VI., with a marginal commentary, fol. 100 a—102 b.

It has the following note on IV. 8 (fol. 93 b):

הכי גרסינן אין מספיקין בידו ללמוד וללמד.

No. 56.

Bodleian Library, 1100.

Opp. 59 (ol. 668).

This, which is described as a copy of the Machazor Vitry, contains a commentary on the six Peraqim, fol. 285 b—294 b, agreeing with No. 20.

Reading, in the note on the ה' קנינים (fol. 294 a):

וראיתי במדרש ר' שמ'עו'ן שמשון קרא בספר משלי...

the name שמעון being marked for omission, and replaced by שמשון.

No. 57.

BODLEIAN LIBRARY, 1101.

Opp. Add. fol. 14.

"A fragment of the preceding," that is of another copy of the so-called MACHAZOR VITRY. See No. 20.

fol. 195 b. פיסקי של ביצים מן הרב יעקב בר' שמשון

At the beginning of fol. 90, after a lacuna, comes, ר' חנניה בן עקשיא כו',
but Aboth has disappeared.

No. 58.

BODLEIAN LIBRARY, 1102.

Opp. 649 (ol. 1483).

P. B., with a pointed text of the six Peraqim, and marginal commentary (= No. 20), fol. קל"ז to קס"ב.

The commentary from IV. 8 to the end is in a comparatively late hand (שו"ב = 1548 A.D.).

No. 59.

BODLEIAN LIBRARY, 1103.

Can. Or. 86.

P. B., with pointed text of Aboth, fol. 36 a—46 a; followed by שנו חכמים כו', before which is written:

סליקא לה מסכת אבות
מכאן ואילך אינו מפרקי אבות.

No. 60.

BODLEIAN LIBRARY, 1105.

Opp. 758 (ol. 653).

P. B., with the six Peraqim, pointed, fol. 145 a—162 a.

No. 61.

BODLEIAN LIBRARY, 1106.

Opp. 642 (ol. 1476).

P. B., with the six Peraqim, pointed, fol. 54 b—67 a.
The תקופות begin (fol. 316 b) with the year צ"ז = 1337 A.D.

No. 62.

BODLEIAN LIBRARY, 1109.

Opp. 643 (ol. 1477).

P. B., with the six Peraqim, pointed, fol. 102 a—114 b.
The calendar begins (fol. 237 a) with the year:

ק"ט י"ז למחזור רס"ט = 1349 A.D.

No. 63.

BODLEIAN LIBRARY, 1110.

Mich. 162 (ol. 543).

P. B., ending with the six Peraqim, pointed.

No. 64.

BODLEIAN LIBRARY, 1112.

Opp. 157 (ol. 1007).

P. B., with the six Peraqim, pointed, fol. מ"ד to מ"ט. Dated, on the title page, ונדיב על נדבתו יקום, and, on fol. ק"ח:

ואתם הדבקים בה' אלהיכם חיים = 1698 A.D.

Transcribed by:

צבי הירש בלא"א דוד כ"ץ הסופר פה ק"ק לאשיץ.

No. 65.

BODLEIAN LIBRARY, 1113.

Opp. 158 (ol. 1008).

P. B., with the six Peraqim, unpointed, fol. נ"א to נ"ה. Dated at the beginning, קדוש = 1650 A.D.

No. 66.

BODLEIAN LIBRARY, 1114.

Opp. 156 (ol. 1006).

P. B., containing Aboth and Pereq R. Meir, pointed, with Rambam on Aboth, in the margin, fol. ל"א to ל"ח. The commentary is abbreviated *in loc.* for want of space, and is supplemented on fol. קט"ו—קי"ב.

No. 67.

BODLEIAN LIBRARY, 1115.

Mich. 73 (ol. 542).

P. B., with the six Peraqim, pointed, fol. 104 a—115 b.

No. 68.

BODLEIAN LIBRARY, 1116.

Opp. 645 (ol. 1459).

P. B., with the six Peraqim, written in large square characters, and pointed, fol. 79 a—97 b.

Reading: III. 9, omits ומנין שאפ' חמשה שנ'. A late hand has supplied the omitted words in the margin (fol. 84 b).

No. 69.

BODLEIAN LIBRARY, 1117.

Can. Or. 44.

P. B., incomplete, beginning with the six Peraqim, pointed, from אין לי אלא שנים (III. 4), to the end of the sixth chapter (fol. 19 a).

No. 70.

BODLEIAN LIBRARY, 1119.

Mich. Add. 41.

P. B., with the six Peraqim, unpointed, fol. 76 b—89 a.

No. 71.

BODLEIAN LIBRARY, 1120.

Can. Or. 102.

P. B., with the six Peraqim, unpointed (for the most part), fol. 72 b—91 a. Dated on the last page, שין יוד לפ"ק = 1550 A.D.

No. 72.

BODLEIAN LIBRARY, 1121.

Mich. 200 (ol. 541).

P. B., with the six Peraqim, unpointed, fol. 93 b—120 b.

No. 73.

BODLEIAN LIBRARY, 1122.

Bodl. 24 (Uri 300).

P. B., ending with the text of Aboth, unpointed (for the most part), as far as v. 26: ירבעם חטא והחטיא את ישר'.

Readings:

II. 18, כדי תשיב. III. 9, בעדת אל בקרב אלהים ישפט omitting ומנין אפי' חמשה שנ'. 28, גופי תורה, with הלכות added in the text as a correction. V. 8, שאלין בירושלים. V. 9 is omitted.

No. 74.

BODLEIAN LIBRARY, 1123.

Opp. 646 (ol. 1480).

P. B., with the six Peraqim, pointed, fol. 96 b—116 b.

No. 75.

BODLEIAN LIBRARY, 1124.

Can. Or. 110.

P. B., with the six Peraqim, unpointed, fol. 113 b—140 b.

The Mishnioth, up to fol. 122 a, have rubricated initial words. From fol. 122 b to the end blank spaces are left at the beginnings, the rubrication not having been completed.

Dated at the end, רנ"ב לפ"ק = 1492 A.D.

No. 76.

Bodleian Library, 1126.

Opp. 776 (ol. 268).

A small illuminated Siddur, containing the six Peraqim, unpointed, fol. 40 b—27 a (numbered *from the end of the MS.*).

Dated on fol. 1 b, רל"א = 1471 A.D.

No. 77.

Bodleian Library, 1129.

Opp. 336 (ol. 723).

P. B., with the six Peraqim, unpointed, fol. 25 a—32 b.

The date 1394 A.D. is given at the end of fol. 65 a, thus:

היום אנו לבריאת עולם לה׳ אלפים ומאה וחמשים וארבעה נמצא יש לנו מבריאת עולם ער"א מחזורים וה׳ שנים ממחזור ער"ב.

Ending of Pereq v.:

..אביך שבשמים. בן בג בג כו׳. בן הא הא כו׳. בן חמש כו׳. ר׳ יהודה הנשיא אומ׳ עז פנים לגהינם ובוש פנים לגן עדן. עז פנים ר׳ אליעזר או׳ כו׳:

No. 78.

Bodleian Library, 1132.

Can. Or. 108.

P. B., with Aboth and קנין תורה, pointed, 247 a—275 a. In II. 17, ובתפלה is omitted (fol. 253 b).

No. 79.

Bodleian Library, 1133.

Opp. Add. 8vo, 18.

P. B., with the six Peraqim, pointed, fol. 224 a—247 a.

The sixth Pereq begins:

פרק משנה. שנו חכמים כו׳.

No. 80.

BODLEIAN LIBRARY, 1135.

Opp. Add. 8vo, 17.

A miniature סידור, "Spanish rite," containing, near the end, the six Peraqim, pointed.

Chapters III. and IV. are headed respectively פרק ב׳ and פרק ג׳.

The ending of Chapter v. (Jehudah ben Thema's saying הוי עז כנמר כו׳ being omitted by a clerical error) is as follows:

...לא יחצו ימיהם ואני אבטח בך״ יהודה בן תימא או׳ בן חמש שנים כו׳ מן העולם.

Then comes a separate section headed פרק, commencing with בן בג בג כו׳ and continuing as in No. 81.

No. 81.

BODLEIAN LIBRARY, 1137.

Can. Or. 24.

"Common Prayers (Catalan rite?)," with the six Peraqim, pointed, fol. 93 a—106 a.

Readings:

III. 8 is followed by 10, which is ascribed to ר׳ חלפתא איש כפר חנניה.

IV. 8, אין is written before the first מספיקין, but is crossed out by a later hand. 23, לפרוזדוד.

Pereq v. ends thus:

...שבשמים. שמואל הקטן או׳ בנפול אויבך כו׳. הוא היה או׳ בן חמש כו׳.

Then follows (fol. 105 b):

פרק ששי

בן בג בג או׳ הֲפוֹךְ וְהַפֵּךְ בָּהּ דְכולא בָהּ ומינה לָא תְזוּז.

בן הא הא או׳ לפום צערא אגרא.

*תניא ר׳ נתן אומר הלומד תורה מן הקטנים כאלו אוכל ענבים כהות ושותה יין מגתו, והלומד תורה מן הגדולים למה הוא דומה כאלו אוכל ענבים בשולות ושותה יין ישן.

* This saying is omitted at the place (IV. 28) where it is usually found.

תניא ר׳ יהודה הנשיא או׳ עז פנים לגיהנם ובוש פנים לגן עדן.

ר׳ אליעזר אומר ממזר, ר׳ יהושע או׳ בן הנדה, ר׳ אליעזר או׳ אף לא עמדו אבותיו על הר סיני, ועל כלם אליהו כותב והקב״ה חותם ואו׳ אוי לו למי שפוסל את זרעו ופוגם את משפחתו ולנושא אשה שאינה הוגנת לו שכל הנושא אשה שאינה הוגנת לו אליהו כופתו, והקב״ה רוצעו, וכל הפוסל פסול ואינו מדבר בשבחו לעולם.

ואמר שמואל ובמומו פוסל, סוף אדם למות וסוף בהמה לשחיטה, הכל למיתה הן עומדים.

תניא ר׳ אבא או׳ מי שגדול בחכמה ועמלו בתורה עושה נחת רוח ליוצרו גדל בשם טוב ונפטר בשם טוב ועליו אמר שלמה בחכמתו טוב שם משמן טוב ויום המות מיום הולדו.

למוד תורה הרבה כדי שיתנו לך שכר הרבה ודע מתן שכרן לצדיקים לעתיד לבא.

ר׳ חנניא בן עקשיא או׳ רצה המקום לזכות את ישראל לפיכך הרבה להם תורה ומצות שנא׳ חפץ למען צדקו יגדיל תורה ויאדיר.

No. 82.

BODLEIAN LIBRARY, 1139.

Mich. 2 (ol. 546).

P. B., commencing with the six Peraqim, pointed. Transcribed by מרדכי בר׳ אליה (fol. 76 a), and dated יראו עינינו וישמח לבנו = 1457 A.D.

Pereq III. 9—12, 15 are omitted.

Pereq VI., which is headed פרק, commences, בן בג בג כו׳, and continues as in No. 81.

No. 83.

BODLEIAN LIBRARY, 1142.

Opp. Add. 8vo, 14.

"Common Prayers (Provençal rite?)" with Aboth, Seven Peraqim, pointed, fol. 133 a—153 a.

The fifth Chapter ends:

...שבשמים. הוא היה אומ׳ עז פנים לגיהנם ובוש פנים לגן עדן.

The sixth begins (fol. 148 a):

בן בג בג . . .

and continues as in No. 81, except that it repeats בנפול אויבך כו׳ from IV. 26, but with the addition of מלמד שמוחלין לו כל עונותיו, and then adds the saying בן חמש שנים כו׳.

Then follows (fol. 149 b) what is commonly called the sixth Chapter under the name of the seventh, thus:

פרק שביעי

ר׳ מאיר אומ׳ כל העוסק בתורה לשמה זוכה לדברים הרבה כו׳.

Readings:

III. 9, THREE before FIVE. VI. 10, ארבעה קנינין.

No. 84.

BODLEIAN LIBRARY, 1145.

Opp. Add. 4to, 96.

P. B., rite of Yemen, with the Assyrian, or Babylonian, vocalisation, containing Aboth, unpointed (except at the beginning), and קנין תורה, fol. 11 b—16 a. The date 5233 A.M. (=1473 A.D.) occurs on fol. 84 b.

The sixth Chapter here departs widely from its usual form, and is read as follows. After בשם מרדכי (VI. 6) comes:

גדולה יראה שהיא מביאה לכל המדות האלו. וכן הוא אומ׳ תחלת חכמה יראת יי׳ ואמרו חכמים הכל בידי שמים חוץ מיראת שמים.

אשרי מי שיכול לשום את עצמו אלם ולא אלם ממש שלא יחטא ויחייב את עצמו. חרש ולא חרש ממש. חגר ולא חגר ממש. וכל כך למה שלא יחטא ויחייב את עצמו ואת איבריו(ו) לגיהנם. יהי עז כנמר וקל כנשר ורץ כצבי וגבור כארי לעשות רצון* כדי שיזכה להיות מיורשי גן עדן.

אשרי אדם שישים עצמו כשור לעול וכחמור למשוי...

And so on, with a long series of BEATITUDES, ending with the saying on the "310 æons" which each צדיק is destined to inherit:

שנ׳ להנחיל אוהבי יש ואוצרותיהם אמלא.

* A later hand has written יוצרו above the line.

No. 85.

BODLEIAN LIBRARY, 1204.

Opp. 160 (ol. 1010).

"R. Ele'azar of Worms' commentary on the common prayers," &c. From fol. 275 a to the end, there is a commentary on Aboth (= No. 20), breaking off in the middle of the AGES.

No. 86.

BODLEIAN LIBRARY, 1217.

Can. Or. 12.

On fol. 216 a—241 a is a Hebrew-German translation of the six Peraqim.

No. 87.

BODLEIAN LIBRARY, 2252.

Mich. 125.

On fol. 151 a—186 a is a "philosophical" commentary on the six Peraqim, written in an Italian cursive hand, of the latter part of the 16th century.

No. 88.

BODLEIAN LIBRARY, 2282.

Opp. 572 (ol. 1159).

On fol. 25 a—38 a is Rambam's commentary on ABOTH.

No. 89.

BODLEIAN LIBRARY, 2284.

Mich. 548.

Fol. 49 a—61 b (numbered from the commencement of the *second part of the MS.*) contains a pointed text of the six Peraqim.

No. 90.

BODLEIAN LIBRARY, 2354.

Opp. Addit. Qto. 126.

This proves to be the lost Arabic commentary of R. ISRAEL of Toledo (cent. XII—XIII), upon which the commentary of his descendant Isaac b. R. Shelomoh* on the six Peraqim (1368 A.D.) is founded.

1. The MS., which is probably of the latter part of the sixteenth century, is "in mixed (Rabbinic and current) oriental Sepharadic handwriting." It is defective at both ends, and at two places in the middle. At present there remain 191 leaves. The page generally contains 19 lines, of about 13 words; but some pages (69 a—76 b) are more closely written. Its six Peraqim, or portions of Peraqim, commence on the following pages:

1 a;	21 b;	67 b;	99 a;	136 a;	185 b.
(I. 8)	(II. 1)	(III. 1)	(IV. 3)	(V. 1)	(VI. 1)

Fol. 25 ends upon ושכר עבירה in II. 1, with the words ובלבד שבא (=𝕭 26 a_{18}†); and fol. 26 begins upon כאילו עשיתם in II. 2 (=𝕭 27 b_{23}):

תלך אל מצוה בל יחסב להום כאנהום עמלוהא ורבי מאיר הלוי ז"ל פסר...

Fol. 27, which is misplaced, should follow 98. It ends with the catchword וגימטריאות (III. 28), and the remainder of the third chapter is missing.

Fol. 99 begins with איזהו עשיר (IV. 3). The commencement of the fourth chapter is missing.

Fol. 190 ends on VI. 3, with the words, רהיט ואזיל דכתיב בית אלהים נהלך (=𝕭 122 b_1).

Fol. 191, the last leaf of the MS., contains a fragment of the commentary on VI. 6, beginning a little before בשמחה, and breaking off at the clause בפלפול התלמידין.

The commentary is very rich in illustrations from the ancient Jewish literature, and also contains many allusions to medieval works on ABOTH and on other subjects. The writer was evidently a philosopher, as well as a man of letters. He goes fully into discussion of ethical points. Notice in particular the Excursus of 26 pages on the principles of almsgiving (160 a—172 b) appended to his comments on V. 19.

* The references to R. Isaac's commentary in this article are taken (with one exception) from the manuscript K 7 in the library of St John's College Cambridge, which was quoted as 𝕭 in the *Critical Notes* to the *Sayings of the Jewish Fathers* (1877).

† The suffix denotes the line of the page. Thus the above reference is to line 18 of fol. 26 a, where fol. 26 denotes the original fol. 27 (כ"ז), the eleventh folio having been lost.

2. The following References occur in the Manuscript.

7 b_9, 11 b_{10}, 32 b_7*, 33 a_1, 46 b_2, 53 a_9*, 53 b_4, 55 b_{18}, 62 b_{13}.	רבינו שמואל	(1)
17 b_9, 22 a_{19}, 26 a_3, 39 b_{18}, 42 b_{14}, 45 a_{19}, 53 b_8, 77 b_{18}, 138 a_7.	רבינו יונה	(2)
22 a_{11}*, 26 a_1, 53 b_7, 53 b_{11}*, 64 b_5, 82 a_{13}, 83 a_{12}, 93 b_2*, 141 a_{13}, 145 a_7, 152 a_2.	ר׳ מאיר (הלוי)	(3)
14 b_{15}, 55 b_{16}, (114 b_8*), 150 b_{17}.	רבינו משה	(4)
143 b_{19}, 147 a_7.	רש״י	(5)
23 a_2, 148 a_{18}.	ר׳ יצחק בן גיאת	(6)
146 b_7, 190 a_1.	רבינו סעדיה	(7)
16 a_{14}.	ראב״ד	(8)
149 a_{12}.	רבינו האיי	(9)
149 a_{19}.	רבינו חננאל	(10)
53 a_8.	ר׳ שמעון	(11)
169 a_{15}.	צאחב הלכות גדולות	(12)
77 a_5.	אפלאטון	(13)
15 a_7, 17 a_{17}, 87 b_{19}.	אל פילוסופ*	(14)
104 b_8.	ארסטטאלים	(15)
48 b_{10}, 48 b_{18}, 98 a_4, 180 a_{10}.	גאלי(א)נוס	(16)
67 b_{13}.	אל שאער	(17)
23 a_1.	ר׳ שלמה בן חרמת	(18)

3. Notes on the above References.

(1). 32 b_7*. II. 5. The scribe here, interpolating אי׳, gives ש(אי) איפשר לשמוע as the reading of R. Shemuel; but his comments are rightly rendered: יקול אדא אמכנך אן תסמע כו׳.

(1). 53 a_9*. II. 14. ר׳ שמעון (*sic*) ור׳ שמואל עֹאֹםֹ יקרו שנשיכתן נשיכת שועל. Here 𝔅 (40 b_7) reads: ורש״י ורשב״ג גורסין כו׳, but doubtless by a clerical error for ורש״י ורשב״ם, which is the reading of No. 1.

The citations from R. Shemuel will be given *in extenso* at the conclusion of this article. We have given them the first place in our list on account of their relation to the vexed question of the authorship of the great commentary in No. 20.

(3). 22 a_{11}*. II. 1. For ר׳ מאיר, who is quoted as recommending the *via media*, 𝔅 (24 b_{15}) substitutes רמב״ם.

* There is no distinctive form for final פ in this manuscript.

(3). 53 b_{11}*. II. 15. רבי מאיר הלוי ז״ל יקרא עין הרע יריד אל רגבה ואל טמאעה
ואל חסד והו אל צה׳ית מן אל וגׄהיין אחדהמא אן אל
עיין תוותׄ (*sic*) עלא א׳ל אגלב. ואל תאני כו׳.

𝔅 ($41\ a_{17}$) here reads: ...והרמ״ה גורס עין רעה, which is also the true reading in the first line of the above quotation from No. 90, although the scribe has written הרע. In the last line read תונתׄ כו׳, or in Arabic characters تُونَّثُ عَلَى الأَغْلَبِ. 𝔅 ($41\ a_{18}$) continues, citing our author's argument: וכת׳ הר׳ ישראל ז״ל זו היא הגירסה הנכונה לפי שעין לשון נקבה על הרוב.

(3). 93 b_2*. III. 24. ורבי מאיר ז״ל יקרא והכל לפי רוב המעשה אבל לא על פי המעשה. [MS. לפי]

Here 𝔅 ($65\ b_{19}$) has: והרמב״ם והרמ״ה ז״ל גורסין כו׳.

(4). 114 b_8*. IV. 9. R. Israel quotes, רייס אל מפׄסרין ז״ל, a title which 𝔅 ($79\ b_{24}$) replaces by the name of רמב״ם. R. Israel then proceeds ($114\ b_{11}$) to introduce his own opinion as follows:

ואני בער ולא אדע קטן השועלים תולעת ולא איש...פׄאקול
וכבוד הרב ז״ל עומד במקומו אן כו׳,

and these words also are cited by R. Isaac (𝔅 $80\ a_2$).

4. R. Isaac's use of this commentary.

A comparison of R. Isaac's citations with those of our author fully suffices for the identification of the latter with "R. Israel." The following examples will serve to indicate the *extent* to which he is indebted to the writer of this commentary.

A.

The MS. commences abruptly at I. 8 (הרחק משכן רע), with the words:

(סו)תרין כותלו של צדיק ופׄי כתאב אל חק אשאר אלא אבעאד מגׄאורת אל
(ט)אלמין כקו׳ סורו נא מעל אהלי האנשים הרשעים האלה.

Then follow allusions to Lot, the Canaanites (Ex. xxiii. 33), and Nehemiah, in which 𝔅 follows our commentator, but without expressly quoting from him until the following clause, ואל תתחבר לרשע, upon which "R. Israel" remarks ($1\ b_{12}$), and is quoted as remarking (𝔅 $12\ a_9$), that a man should avoid the extremes of too great reserve and too great freedom in his intercourse with his fellows:

פׄינבגי לאל אנסאן אן יכון מעא אל נאס ביין מנקבץׄ וביין מנבסט...

he must neither be חדל אישים, on the one hand, nor איש רעים, on the other.

B.

On I. 18 (שמעון בנו כו') R. ISRAEL has a note extending from 13 b_{12} to 18 a_1. There is apparently some omission at 14 b_{15}, where, after explaining the expression לגוף טוב, he concludes:

...ואמא בדברי תורה מחמוד אל כלאם פיהא ורבי' משה ז"ל...תגדה פי מא הו מכתוב בעד פרק בעשרה מאמרות.

𝔅 gives an abstract of R. ISRAEL's note up to this point, adopting his remarks freely, but without acknowledgment. Then comes a quotation of 36 lines (𝔅 21 b_5—22 a_{15})—*not found in its place in* No. 90—commencing:

וכת' הרב ישראל ז"ל כי הדיבור מתחלק לד' חלקים יש שכולו מועיל והוא דברי תורה...

This is followed (1) by a quotation from R. JONAH, *which itself contains a reference to* רמב"ם, and (2) by אמר המחבר כו' (22 a_{25}). 𝔅 then summarises the remaining 119 lines of R. ISRAEL in 23 lines (𝔅 22 b_7—23 a_4), somewhat as follows:

[ולא המדרש כו'] R. Shim'eon, having first given a caution against wordiness בדברי הגוף, now gives a like caution even with regard to דברי תורה. What is required is that a man should act up to his knowledge, as it is said, נאה דורש ונאה מקיים (= No. 90, 15 a_8). The prophet says, איכה תאמרו חכמים אנחנו כו' (= 15 a_{11}). And Sh. ben Chalaftha says that he who has learned Thorah, and does not practise it, is more severely punished than אותו שלא למד כל עיקר (= 15 b_{14}). A parable of a king who had a garden, and put two gardeners into it: one of them planted trees; the other did not, &c. (= 15 b_{15}). But Doctrine is prior to Practice, ...שהתלמוד מביא לידי מעשה (= 16 a_7). R. Jonah says that וכל המרבה דברים כו' refers to דברי תורה (= 17 b_9); and "R. ISRAEL" approves of this interpretation, which is in accordance with the saying (= 18 a_1):

לעולם ישנה אדם לתלמידיו דרך קצרה.

C.

R. ISRAEL's note on II. 1 (רבי אומר כו') is interesting for several reasons. After giving an account of RABBI, the son of the R. Shim'eon אלדי כתם בה אל פרק אל מתקדם (21 b_3), he states (1) the usual interpretation of איזו היא דרך ישרה כו', and (2) the view of RAMBAM*(?) viz. that it is the *via media*, אל אפעאל אל מתואסטה, with the remark (22 a_{12}) that, "by my life" they are charming renderings, only the words will not bear the senses put upon them. He quotes R. Jonah, whose interpretation is characterised as inconsistent and unintelligible (22 b_2); and then, referring

* See above, § 3. (3).

to the uso which is made of this Mishnah in Nedarim * 22 b, he concludes as follows ($22\,b_7$—$23\,a_4$):

מכאן ראיה שאין פירוש המשנה הזו וגרסנה (*sic*) כדברי המפרש הזה״

בֿל שהיא תפארת לעושיהו תפארת לו מן האדם״
[†]פֿאגיירו אל קראיון אל גירסא ונקלו אל ואו מן לעושיהו ונצֿמוהא אלא תפארת
פֿי ינתצֿם אל מענא באן יכון לעושיהו כנאיה לאלאה תע׳ ואל ואו צֿמיר האדם
והוא עבראני פֿציח אם מעושיהו יטהר גבר תֿם זאד שרחא׳ וקאל תפארת לו
מן האדם וצֿמיר לו עאייד לעושיהו אל מדכור יריד אן האדם הבורר גורם
לעושיהו התפארת עלא סביל ואמר לי עבדי אתה ישראל אשר בך אתפאר ולם
תסאמח אל כֿטאבה אכתר ממא כהאדה אן יכון אל כֿאלק גֿל גֿלאלהו יפֿתכֿר
באל מכֿלוק פֿי יכון חאצל האדאל קול עלא האדאל תאויל עבם[‡] מא קצדוה אל
מפֿסרון יעני אן לא יקתצר אל אנסאן פֿי אפעאלה עלא מא יכון בה מחמודא׳
ענד אל נאס פֿקט אלא ובמא יכון מחמודא׳ ענד רבהו [רבהי] פֿי יכון עמלהו
כֿאלץ ואין שית קולת אן צֿמיר תפֿארת לו לאל אנסאן פֿיקול אן כל דרך
שהיא תפארת לעושיהו פֿאל נאס יחמדוה עליהא ותצח לו תפארת מן האדם
הבא״ וראית פֿי נסכֿה קדימה לר׳ שלמה בן חרמת שליח ציבור יזעם
אנהא ירושלמית תפארת מן האדם בחרפ אל ואו והאדה מא אידני עלא
האדא אל תאויל והאכדא אלפֿ[י]תתהו פֿי גרסת רבי יצחק בן גיאת ז״ל
[§]ולאסתחתם באנהא צחיחה ולא קנעת בהא אלא אנהו אליק וגֿהא׳ אנכשפֿ לי
פֿיה אלא האדאל גאיה ומן שא פֿידוק אל מדאהב ויתכֿייר מא יואפקהו כי
אוזן מילין תבחן וחיך אוכל יטעם לו :

Here again R. Isaac borrows freely, partly with and partly without acknowledgement, from our author.

* The MS. has פ׳ ד׳ נדרים, that is to say, Pereq III, which commences with the words, ארבעה נדרים.

† That is فغيّروا. The א may be supposed to stand for a vowel, as in מעא (for مَعَ) in the penultimate line of p. 48. In lines 4, 9 and 11—but not in lines 12 and 18—of the above extract فـ is written פֿי and detached from its following verb. On the other hand האדה אל is several times, but not invariably, written as a single word. In lines 5 and 10 א׳... stands for א״..., with tenwin. In line 12 for כֿאלץ read כֿאלצא״.

‡ The word wanted in place of עבם is عكس, corresponding to which 𝔅 ($25\,a_8$) has, הפך כוונת המפשרים ז״ל.

§ For ולאסתחתם we should perhaps read ולאם אחתם, that is ولم أحتم.

OF ABOTH. 51

First he sums up in eleven lines (𝔅 24 b_2—24 b_{12}) all the points in R. Israel's account in twenty-six lines (No. 90, 21 b_1—22 a_6) of Rabbi and his compilation of the Mishnah.

Next he gives the usual interpretation, and also cites Rambam for the opinion that:

דרך ישרה היא המדות הממוצעות כו׳.

Then comes a long citation (𝔅 24 b_{17}—25 a_{16}) in the name of R. Israel, corresponding to the passage No. 90, 22 a_6—23 a_4, to the following effect:

The received interpretations, however plausible in themselves, do not suit the expressions used, (1) because when תפארת comes to anyone it is of course from others and not from himself, so that it is superfluous to add מן האדם, and (2) because עשה does not correspond to דרך but מצוה, the expression wanted being הלך. R. Jonah's interpretation is stated and criticised. The writer then suggests the reading תפארת לעושיהו תפארת, and the remainder of the citation is a somewhat abbreviated rendering of the passage given above from No. 90, ending with the words,

כי אוזן מילין תבחן וחך יטעם לאכול ע״כ.

It should be noticed that the reading תפארת לעושה תפארת of the copy described above as probably Jerushalmith is found also in the Cambridge University manuscript Addit. 470. 1 (fol. 144 b_3) of the Mishnah, from which the text of Aboth referred to in this *Catalogue* is taken*.

R. Isaac, on the contrary, remarks (𝔅 25 a_{16}): "but I myself have two corrected and pointed copies of the six Sedarim of the Mishnah which were written in Jerusalem the Holy City, and it is written in them תפארת לעושה ותפארת as it is written in all the books of ספרד and צרפת."

The specimens which we have given shew that the commentary in this manuscript tallies with that of R. Israel as described in the passage cited on p. 3, in which R. Isaac remarks that he has culled his own from the "great and wide sea" of R. Israel's commentary in Arabic upon the Masseketh.

5. Readings of passages in Aboth.

Amongst the readings of R. Israel, including some which have been already noticed, are the following:

I. 9, בעלי הדין (3 b_{17}).

II. 1, תפארת לעושיהו (*sic*) תפארת (22 b_9), conjecturally.

II. 5, דבר שאפשר לשמוע (32 a_4). The scribe has crossed out שאפשר and written over it שאי אפשר לו, but it is clear from the commentary

* This manuscript was cited as 𝔄 in the *Critical Notes*, and it has since been edited (1883) by the Rev. W. H. Lowe for the Syndics of the Cambridge University Press, under the name of "The Mishnah on which the Palestinian Talmud rests."

($32\ b_6$) that R. Israel approves the former reading, which he attributes to R. Shemuel.

II. 7, על דאטפת אטפוך ($36\ a_{18}$).

II. 8. He places the clause מרבה עבדים כו׳ ($39\ a_{19}$) before מרבה שפחות כו׳, and reads מרבה ישיבה מרבה חכמה ($39\ b_{16}$).

II. 15, עין רעה ($53\ b_{11}$), although the scribe has written עין הרע.

II. 16, התקן, without ו ($56\ a_7$).

III. 9, חמשה שנא׳ ואגודתו כו׳ ($74\ a_{19}$), with the remark:

ושרח אגודה בחסב האדאל גירסא קבצ̇ת אל יד.

III. 24, לפי רוב המעשה ($93\ a_{18}$)

IV. 14, הוי ממעט בעסק ($119\ a_{10}$).

IV. 17, ככבוד חבירך ($122\ a_{14}$).

IV. 23, **פרוסדוד** ($126\ a_6$). It is clear from the commentary that this is R. Israel's reading, although the scribe has here again gone astray and written

פרוזדור (*sic*) יקרא באל סׄין ודׄאליין.

V. 8, שאלין בירושלים ($147\ a_{10}$). This reading is given as Rashi's.

As regards the ending of Aboth according to this commentary, after אביך שבשמים (v. 30) comes ($179\ b_{13}$):

הוא היה אומר עז פנים וגו׳. רבי אליעזר אומר עז פנים ממזר.....סוף אדם למות וכו׳.

The writer then adds ($179\ b_{18}$):

ופי פרקי אבות יתלו האדה ר׳ יהודה אומר אשרי מי שעמלו בתורה יגדיל תורה ויאדיר״ שמואל הקטן קד כתבתהו פי פרק בן זומא״ יהי רצון מלפניך ... במהרה בימינו.

But after commenting upon ובושת פנים לגן עדן and יהי רצון וגו׳, he remarks ($180\ b_{19}$):

הונא תמת אל משנה״ לאכן אפתן אל נאס אן יוצלון בהא מא ליס מן אל מסכתא ולא היא משנה ואנמא היא ברייתא פי מסכת חלה [צ״ל כלה] והאדה נצהא **תניא** רבי נתן אומר עז פנים לגהינם עז פנים״ רבי אליעזר אומר ממזר ...

The saying בן חמש שנים כו׳ is added, but with the remark that it is not מן אל מסכתא ($181\ b_{15}$), and it is followed by the sayings of בן בג בג ($183\ b_{13}$) and בן הא הא ($184\ a_2$).

6. R. Israel's citations from R. Shemuel.

R. Israel's citations from R. Shemuel have to be taken into account in connexion with the controversy as to the authorship of the commentary in No. 20, which we have seen reason to ascribe to R. Jacob ben Shimshon (p. 23). R. Shemuel is cited on the following passages:

A.

(I. 12) אבטליון אומר הכמים הזהרו בדבריכם כו׳.

ורבי שמואל ז״ל פֿסר פֿיה שלא תקלו בדברי תורה ואפילו אתם עכשו עומדים במקום בני תורה״ שמא תחובו חובת גלות ותגלו למקום עמי הארץ [ויוסיפו] להקל בדברי תורה וימותו ונמצא שם שמים מתחלל שאומרים אוי לו לפלוני שלמד תורה ראו מה אירע לו וזהו שמצינו רב בקעה (כי רב היה גודר גדרות למצות במקום עמי הארץ שהבקעה היא משל למקום עמי הארץ והיה רב גודר להם גדרות וזהו בקעה) מצא וגדר בה גדר.

In this extract from No. 90, 7 b_9 the word ויוסיפו has to be supplied, whilst on the other hand the words from כי רב to בקעה are evidently a gloss. The passage is found also in 𝔅 16 a_{16} in the name of Rashbam, and it is slightly abbreviated from a passage in No. 20, 98 a_9, where the writer introduces it as his own, viz. with the words ואני או׳.

B.

(I. 15) הוא היה אומר אם אין אני לי מי לי כו׳.

וכדאלך פֿסר רבינו שמואל ז״ל אם אין אני לי מי לי אן לם אעמל פֿי האדאל דונייא מא ינפֿעני פֿי אל אכֿירה פֿמן יכון מן יעינני פֿי אל אכֿירה.

See No. 90, 11 b_{10}. This gives the general sense of the interpretation adopted in No. 20, 99 a_{18} (מפורש בברייה׳ כו׳) from the Aboth of R. Nathan, cap. XII. In this case 𝔅 19 a has no reference to Rashbam, which is explained by the fact that the commentary in No. 20 here gives a traditional interpretation only and not one which the writer claims as his own.

C.

(II. 5) ואל תאמר דבר ש(אי) אפשר לשמוע כו׳.

ואל אליק ענדי גירסת רבינו שמואל ז״ל ותפסירהו ואל תאמר דבר שאי איפשר [צ״ל שאיפשר] לשמוע שסופו להשמע יקול אדא אמכנך אן תסמע דברי תורה ויכון מעך מהלא׳ לסמעהא לא תקול האדא לם יפֿותני וקד ימכנני סמעה פֿי וקת אכֿור פֿאינך ליס תדרי מא יחדס* ולעל יעוקך עאיקין סמעה פֿי וקת מתא טלבת דאלך.

* That is يحدث. In the same line אכֿור is written for اخَر, and יעוקך should be followed by the preposition عن before סמעה. The reader will detect further minor inaccuracies which we need not here specify in the extracts from No. 90.

See No. 90, 32 b_6 and 33 a_1. The passage is cited as Rashbam's in ߡ 30 a_{20}, and corresponds to No. 20, 105 b_7, where the form of expression

ואל תאמר שאי איפשר לשמוע, אם אינך טרוד ועסוק במלאכה ואיפשר לך
לשמוע דבר תורה עכשיו כו'

is such as would almost certainly mislead an unwary scribe accustomed to the usual reading.

D.

(II. 13) אחד לווה מן האדם כלווה מן המקום כו'.

ורבינו שמואל ז"ל פ׳סר פ׳י כאלו לוה מן המקום פאן אל מלוה ענד מא יסלם
מאלה לאל לוה פאנהו אמן באל תאלת אלדי חצר בינהם והו אל אללהו תע
אלדי אוצאה וקאל אם כסף תלוה את עמי את העני עמך.

See No. 90, 46 b_2 and No. 20, 107 b_{18}, where the passage is introduced with the words ואני כך קיבלתי. It is cited as Rashbam's own, with the same prefatory words, in ߡ 38 a_8.

E.

(II. 14) הם אמרו שלשה שלשה* דברים כו'.

(α) פ׳רבי שמואל יחסב יהי כבוד חבירך חביב עליך כשלך מע׳ ואל תהי
נח לכעוס קוולא׳ ואחדא׳ לאן אחדהומא סבבא׳ לאל אבר.

This is found in No. 90, 53 b_4 and No. 20, 108 a_5, and it is given in ߡ 39 a_{12} and 39 b_{19} in the name of Rashbam.

(β) **שנשיכתן** נשיכת נחש ר׳ שמעון ור׳ שמואל עָאֹם יקרו שנשיכתן
נשיכת שועל פ׳אן אסנאן אל תעלב דקה והיא מעוונה.

This is found in No. 90, 53 a_8 and No. 20, 108 a_{15}, and is given as Rashbam's by R. Isaac, according to the carefully written copy No. 1 (41 b_{17}), thus:

ורש״י ורש״ב״ם† ז״ל גורסי׳ נשיכת שועל.

F.

(II. 15) עין רעה ויצר הרע ושנאת הבריות כו'.

ורבינו שמואל ז"ל פ׳סר פ׳י ושנאת הבריות אן יבגצוה אל נאס לקבח אפ׳עאלה
פ׳י ידמוה ויסבוה חתא תנפ׳ר פ׳יה לענתהם.

See No 90, 55 b_{18}; ߡ 41 b_5; No. 20, 108 a_{25}.

---

* This is the reading of No. 20 (107 b).

† Here ߡ (40 b_7) reads רשב״ג for רשב״ם, by a clerical error.

G.

ואל תהי רשע בפני עצמך· (II. 17)

ורבינו שמואל ז"ל פּסר פּיה לא תנפּרד ען מואדת אל נאס ותנקבץ ען מצאחבתהם פתציר עומד בפני עצמך חדל אישים כאילו עצמך יחיד בעולם·

See No. 90, 62 b_{13}; 𝕭 44 a_{14}; No. 20, 109 a_8. This passage is introduced in No. 20 with the words כך קיבלתי ולי נראה. Two lines later comes a reference to ר"ת, doubtless inserted by R. Isaac ben Dorbelo.

In all of these cases except B the interpretation cited by R. Israel in the name of ר' שמואל is cited by R. Isaac in the name of Rashbam. R. Isaac's citations are the more literally exact, and he has many more than are to be found in No. 90. The commentary which they cite apparently agreeing with R. Jacob ben Shimshon's (No. 20), how are we to account for the fact that they cite it as Rashbam's? We shall return to this question in the section on the Cambridge University manuscript, Additional 1213.

פרקי אבות

CAMBRIDGE MANUSCRIPTS.
Nos. 91—115.

I. Commentaries with or without the text

Name	Number
Anonymous	104, 114
Jacob ben Shimshon	99, 101, 108, 111
Maimonides (Arabic)	94
,, (Hebrew)	99
Isaac Israeli	115
Joseph Ja'betz	102
מגן אלהים	106
פרח שושן	91

II. The text alone

Nos. 92, 93, 95—98, 100, 103, 105, 107, 109, 110, 112, 113.

For a general account of the Cambridge University codices from No. 91 onwards, here described in so far as they relate to אבות, see the unpublished part of Dr Schiller-Szinessy's *Catalogue*, which at present exists only in manuscript.

No. 91.

CAMBRIDGE UNIVERSITY, Dd. 5. 63.

A manuscript of 226 folios, of size 7 × 5⅞ inches, containing (fol. 221 a)

פרח שושן.

This consists of the six Peraqim, unpointed, commencing at folios 2 a, 40 a, 102 b, 140 b, 167 a, 212 a, respectively, with a discursive commentary in two parts, the one על דרך הפשט, the other (cabbalistic) ע"ד הסוד or, as it is styled from fol. 105 a onward, ע"ד האמת.

It is written in African Rabbinic, except the initial words, which are in square character.

It was composed in the year עשה (= 1615 A.D.), at אקא (fol. 221 a), which is in תארודנת (Tarudant), a province of Morocco, by

יעקב הצורף בכ"מ יצחק המכונה פרגאן ממדינת תארודנת,

and transcribed two years later for R. Jacob bar Isaac ibn Abraham ha-Kohen (226 a).

No. 92.

CAMBRIDGE UNIVERSITY, Dd. 13. 7.

A manuscript of 166 leaves folio, containing an Ashkenazic Siddur in a Franco-Ashkenazic hand, in two volumes bound in one.

At the end of the first volume (fol. 36 b) the scribe, ישראל בר' משה זצ"ל, states that he completed it in the year 5147 A.M. (= 1387 A.D.).

It contains a good text of the six Peraqim, pointed (fol. 20 a—25 b), which has remarkable coincidences with the text of Aboth in the Cambridge MS. of the Mishnah, No. 98 in this Catalogue, and is on the whole a very good one, but has been much tampered with by a later hand.

Readings *prima manu:*

Pereq I. 3, על מנת שלא. 7, ומתאי. 8, מתאי. תחבר for תתחבר. 9, בעלי הדין. כזכאין probably, but the original reading has been erased and replaced by כצדיקים. כְּשֶׁיְּקַבְּלוּ * אֶת הַדִּין (*sic*), with *עליהם added in the margin. 12, הבאי' אחריהם.

5—2

Pereq II. 1, תפארת לְעוֹשֶׂהָ תפארת. 17, ובתפלה is omitted in the text.

Pereq III. 1, מליחה סרוחה. 5 and 6, שאכלו. 9, ...בעדת אל מניין שאפי׳ שלשה שנ׳ ואגודתו, the clause on the number *five* being omitted, *prima manu.* 14, this mishnah omitted by error, but afterwards inserted by the original scribe. 22 and 23, חיבה יתירה כו׳ is omitted in the text.

Pereq IV. 9, לאכול מהם. 13, ר׳ יהונתן (?) אומ׳. 14, מעט עסק is doubtless the original reading of the manuscript, but it has been altered into ממעט בעסק. יש לו. 21, מִשַּׁלְוַת רשעים. 22, ולא ראש. 23, דומה לִפְּרוֹסְדוֹר. והתקן עצמך בפרוסדור. In both cases the ס has been roughly altered into ז. 24, בעולם הזה (?) לחיי העולם הבא. של קורת רוח לעולם הבא. 29, אפילו without ש. 32, מנום without לך.

Pereq V. 8, שֶׁאָלִין. 9, בין השמשות without בערב שבת. 10, the text omits ובמנין. ומשיב כעיניין. 17, יצא הפסדו בשכרו is written of the נח, *prima manu.* 18, מָהֵר. 32,

הֲפוֹךְ בָּהּ וַהֲפֵךְ בָּהּ דְּכוֹלָּהּ בָּהּ וכולך בה וּבָהּ תֶּהֱוֵי כו׳,

the words וכולר בה being unpointed and marked for omission. 33, after אגרא ... comes the saying of Shemuel ha-Qatan בנפול אויבך כו׳, and the section concludes with the saying on the Ages, which is here attributed to him.

No. 93.

Cambridge University, Dd. 15. 5.

A small Sepharadic* Prayer-Book in Rabbinic character, with the six Peraqim (fol. 229 a—266 b), pointed to the end of fol. 264.

No. 94.

Cambridge University, Additional 271 (3).

Some loose tattered leaves of paper containing fragments of Rambam's commentary on Aboth up to the third Pereq inclusive, in the original Arabic, written in or near Damascus.

The writing is of the 14th century, and resembles that of the codex Ff. 2. 7.

* Popularly written Sephardic. But cf. סְפָרַד in Obadiah 20, and ספרדי, which must be read *Sepharadi*, in the couplet at the commencement of the Haqdamah to Ibn Ezra's יסוד מורא.

No. 95.

CAMBRIDGE UNIVERSITY, Additional 375.

A thick manuscript on vellum, of medium quarto size, 13th century, square character, Ashkenazic hand, the folios as yet not numbered.

It contains the "order of the prayers of the whole year, according to the custom of the Jews of Rome and other towns of Italy."

Just beyond the middle of the manuscript, between פסח and שבועות, is a pointed text of the six Peraqim.

At the end of פסח is a note on the observance, by some persons, of the days between Passover and Pentecost as the days in which the disciples of R. Aqiba died and as days when the wicked are judged in Gehinnom, concluding with the saying,

ואל ישנה אדם מנהג מקומו להקל.

Then follows the remark on the recital of ABOTH,

וכן נהגו בין פסח לעצרת בכל שבת ושבת לשנות מסכת אבות תכף לתפילת המנחה,

which is repeated, with a trifling variation, on the next page, on which מסכת אבות commences.

Readings:

Pereq I. 3, על מנת שלא. 4 and 5, יוסף, with marks (as elsewhere in the MS.) to indicate that it is the name of the scribe. 8, ואל תהי חבר. 12, הבאים אחריהם, *prima manu.* 14, יֵאָסֵף.

Pereq II. 2, מעלה אני. 6, הַבּוּיְישָׁן. 9, מְהֻלָּל. תורתך. 14, by the addition of שלשה in the margin the reading is corrected into, הם אמרו שלשה שלשה דברים. 18, תורה מה שתשיב. בעל בריתך.

Pereq III. 9, ר׳ חֲלַפְתָּא כו׳. The proof for לחמשה is שנ׳ בקרב כו׳, and the phrase שיושבין כו׳ is repeated after the several numbers. 12, כל השוכח דבר אחד מתלמודו חייב מיתה omitted. 15, הַבְּרִיּוֹת. 16, בן אַרְכִּינָס. בתי. 20, מְסוֹרוֹת. 24, לפי רוב המעשה אבל לא על פי המעשה. 25, ומצודה. 28, חֲסָמָא. גופי הלכות. פַּרְפְּרָיוֹת. וְגִימַטְרָיָא.

Pereq IV. 19, וכתר שם טוב על גביהן. 29, בְּקַנְקַן. קַנְקַן.

Pereq V. 13, הַשְּׁמִטַּת. 14, בכל שנה ושנה. 17, בְּלָמְדִים. 27, דברים טובים הַלָּלוּ. דברים רעים הַלָּלוּ.

Ending:

After בתורתך (v. 30) come the saying of Shemuel ha-Qatan, the AGES (in his name), ben Bag Bag (with the reading, והפך בה סָמָא דְכוֹלָּא בָּהּ...), and the saying of ben He-he.

At the end of Pereq V. is written,

סליק פירקי מסכת אבות.

and at the end of "Pereq R. Meir,"

סליק להו מסכת אבות
שבח לדר בערבות.

No. 96.

CAMBRIDGE UNIVERSITY, Additional 437.

An illuminated copy of the תפלות for the whole year, according to the Italian rite, on 332 leaves of vellum, of which the three from 18 to 20 are missing: "a most beautiful specimen of a pocket prayer book", and in good preservation.

It was written by Isaac Zaraq for his children (fol. 3 a), and finished at Ferrara in the year 1456 A.D. (fol. 332 a).

The six Peraqim, pointed, extend from fol. 189 b to 214 b.

This text supports several of the better readings. Notice in I. 19, קַיָּים for עומד; in V. 8, the composite reading כְּשֶׁאֲלִין; and the spelling בן הֵיהֵי in V. 32.

No. 97.

CAMBRIDGE UNIVERSITY, Additional 438.

A small thick volume containing a very old copy of the תפלות according to the Sepharadic rite.

In the latter half of the MS., the folios of which are not numbered, there is a pointed text of Aboth, in six Peraqim, followed by Pereq R. Meir, making in all **Seven Peraqim**, as in Nos. 10 and 83.

No. 98.

CAMBRIDGE UNIVERSITY, Additional 470. 1.

A manuscript on 250 leaves of paper, folio, $11\frac{5}{8} \times 8\frac{5}{8}$ inches, in Rabbinic character, Greek Sepharadic handwriting of the 14th century.

It contains the whole MISHNAH according to the recension of the Palestinian Talmud.

It is described in the unpublished part of Schiller-Szinessy's *Catalogue*, where it is numbered 73, and stands at the commencement of the section on TALMUDIC LITERATURE, to which the second volume is devoted.

It has since been edited by the Rev. W. H. Lowe, M.A., Hebrew Lecturer at Christ's College (Cambridge, 1883), under the title,

מתניתא דתלמודא דבני מערבא"

or in English,

"The Mishnah on which the Palestinian Talmud rests, edited for the Syndics of the University Press, from the unique manuscript preserved in the University Library of Cambridge, Add. 470. 1."

We have given below (1) a comparative index of the Mishnah, (2) specimen pages fol. 1 a and fol. 249 a and a page of shorter extracts*, and (3) the complete text of Aboth according to our manuscript.

The scribe's name seems to have been צדוק, צדקיה, or some other commencing with צ, as the lines are frequently filled up with that letter. See fol. 1 a line 20 and fol. 249 a line 24. Dr Schiller-Szinessy continues:

"The hand is a very distinct one and full of character. To judge from the nature of some of the mistakes to be met with here, the scribe must have been a faithful copyist, albeit not a very intelligent one. He apparently copied right and wrong with equal zeal; and in the *pointed* words, which frequently occur in the Mishnah, he has occasionally impossibilities of pronunciation. But these facts, so far from detracting from the value of this MS., are in our estimation an absolute advantage to it, providing it as they do with the guarantee that our scribe merely copied what was before him, but invented nothing that was his own. Of course, some deviations from the ordinary text in the shape of misspellings or omissions may be his; but consistently different wordings, or even spellings, cannot be his, but must be older. The same we must particularly assume to be the case with respect to the consistent forms of names of certain Mishnah-teachers, as also to the division of each Pereq into Halakhoth, which here frequently and widely differs from that of all three principal recensions, and lastly and above all, to the various readings headed נ״א, i.e. נסחא אחריתא."

---

* These formed pages (52)—(56) of *Sayings of the Jewish Fathers* (1877).

COMPARATIVE INDEX OF THE MISHNAH,

shewing the title of each מסכת and the number of its פרקים according to the Cambridge University MS. *Additional* 470, and its positions in that MS. and in the edition of Surenhuis (1698—1703) respectively.

סדר זרעים

Sur. I.	p. in MS.	פרקים	מסכת	Sur. I.	p. in MS.	פרקים	מסכת
263	22*a*	5	מעשר שני	1	1*a*	9	ברכות
245	25*b*	5	מעשר ראשון	37	3*b*	8	פיאה
289	27*b*	4	חלה	76	7*a*	7	דמיי
306	29*a*	3	ערלה	109	9*a*	9	כלאים
320	30*b*	3	ביכורים	155	13*a*	10	שביעית
				200	17*b*	11	תרומות

סדר מועד

Sur. II.	p. in MS.	פרקים	מסכת	Sur. II.	p. in MS.	פרקים	מסכת
282	58*b*	5	ביצה	1	32*b*	24	שבת
300	60*b*	4	ראש השנה	78	39*b*	10	עירובין
355	62*b*	4	תעניות	134	44*b*	10	פסח
387	65*a*	4	מגילה	206	49*a*	8	כיפורים
413	67*a*	3	חגיגה	176	52*b*	8	שקלים
403	68*a*	3	משקין	259	56*a*	5	סוכה

סדר נשים

Sur. III.	p. in MS.	פרקים	מסכת	Sur. III.	p. in MS.	פרקים	מסכת
322	94*a*	9	גיטין	1	69*a*	16	נשים
359	98*b*	7	קידושין	56	77*b*	13	כתובות
178	100*b*	9	סוטא	104	84*b*	11	נדרים
				146	90*a*	9	נזיר

סדר נזיקים

Sur. IV.	p. in MS.	פרקים	מסכת	Sur. IV.	p. in MS.	פרקים	מסכת
292	131*b*	8	שבועות	1	106*a*		נזיקין
322	136*a*	8	עדיות	107	111*a*	30	(באבא תינינא)
364	140*b*	5	עבודה זרה	157	117*a*		(באבא בתרא)
409	143*b*	5	אבות	207	123*a*	11	סנהדרין
492	148*a*	3	הוריות	269	129*a*	3	מכות

סדר קדשים

Sur. V.	p. in MS.	פרקים	מסכת	Sur. V.	p. in MS.	פרקים	מסכת
236	179*a*	6	כריתות	7	149*b*	14	זבחים
266	182*b*	6	מעילה	65	156*a*	13	מנחות
323	185*a*	5	מידות	114	163*a*	12	שחיטת חולין
284	188*a*	6	תמיד	155	168*a*	9	בכורות
383	191*a*	3	קנים	192	173*a*	9	ערכים
				218	176*b*	7	תמורה

סדר טהרות

Sur. VI.	p. in MS.	פרקים	מסכת	Sur. VI.	p. in MS.	פרקים	מסכת
389	236*b*	10	נדה	15	192*a*	30	כלים
427	240*b*	6	מכשירים	146	206*a*	18	אהלות
450	243*b*	5	זבים	213	214*b*	14	נגעים
469	245*b*	4	טבול יום	269	221*b*	12	פרה
480	247*a*	4	ידים	313	227*a*	10	טהרות
492	249*a*	3	עקצין	356	232*a*	10	מקוות

Annexed are specimens from the above-mentioned MS. *Additional* 470.

סדר זרעים ברכות פרקים ראשון ושני

איהן איהן

I a

מאמתי קורין את שמע בערבים משעה שהכהנים נכנסים לאכל בתרומתן עד סוף האשמורת הראשונה דברי ר̇ אליעזר וחכמים אומרים עד חצות רבן גמליאל אומר עד שיעלה עמוד השחר **ב̇** מעשה שבאו בניו מבית המשתה אמרו לו לא קרינו את שמע אמר להם אם לא עלה עמוד השחר חייבין אתם לקרות״ **ג̇** ולא זו בלבד אלא כל שאמרו חכמים עד חצות מצותן עד שיעלה עמוד השחר הקטר חלבים ואיברים ואכילת פסחים מצותן עד שיעלה עמוד השחר׳ כל הנאכלים ליום אחד מצותן עד שיעלה עמוד׳ אם כן למה אמרו חכמים עד חצות אלא להרחיק את האדם מן העבירה **ד̇** מאמתי קורין את שמע בשחרים משיכירו בין תכלת ללבן ר̇ אליעזר אומר בין תכלת לכרתן עד הנץ החמה ר̇ יושוע אומר עד שלש שעות שכן דרך בני מלכים לעמוד בשליש שעות הקורא מיכן ואילך לא הפסיד כאדם שהוא קורא בתורה״ **ה̇** בית שמאי אומרי׳ בערב כל אדם יטו ויקרו ובבוקר יעמדו שנ׳ בשכבך ובקומך בית הלל אומרי׳ כל אד(ם) קורין כ(ד)רכן שנ׳ ובלכתך בדרך אם כן למה נאמר בשכבך ובקומך אלא בשעה (שד)רך בני אדם שוכבין ובשעה שדרך בני אדם עומדין״ **ו̇** אמר ר̇ טרפון א(נ)י הייתי בא בדרך והטיתי לקרות כדברי בית שמיי וסכנתי עצמי מ(פני) הלסטין אמרו כדיי הייתה לחוב בעצמך שעברת על דברי בית הלל״ **ז̇** בשחר מברך שתים לפניה ואחת לאחריה בערב מברך שתים לפניה ואחת לאחריה בערב מברך שתים לפניה ושתים לאחריה אחת ארוכה ואחת קצ(רה) מקום שאמרו להאריך אינו רשאי לקצר [לקצר] אינו רשאי להאריך לחתום אינו רשאי (של)א לחתום שלא לחתום אינו צ רשאי לחתום״ **ח̇** מזכירין יציאת מצרים (בלי)לות אמר ר̇ לְעָזר בן עזריה הרי אני כבן שבעים שנה לא זכיתי (שת)אמר יציאת מצרים בלילות עד שדרשה בן זומא שנ׳ למען תזכור את יום צאתך מ(אר)ץ מצרים כל ימי חייך ימי חייך הימים כל ימי חייך הלילות וחכמים אומרי׳ ימי ח(ייך) בעולם הזה כל ימי חייך להביא את ימות המשיח״

הל̇ ח̇ (פרק) ב̇

היה קורא בתורה והגיע זמן המקרא אם כיון אל לבו יצא ואם לאו לא יצא ובפרקים שואל מפני הכבוד ו(מְשיב) ובאמצע שואל מפני היראה ומשיב דברי ר̇ מאיר ר̇ יודה אומר באמצע שואל מ(פני הי)ראה ומשיב. מפני הכבוד ובפרקין שואל מפני הכבוד ומשיב שלום כל האדם **ב̇** אילו הן בין הפרקים בין ברכה ראשונה לשניה ובין שניה לשמע ובין שמע לוהיה אם שמוע ובין והיה אם שמוע

סדר טהרות עקצין פרק ראשון

מטמין את הידים ספרי המירם אינן מטמאין את הידים אמ׳ רבן יוחנן בן זכיי וכי
אין לנו על הפרושין אלא זו בלבד והרי הן אומ׳ עצמות חמור טהורים ועצמות יוחנן
כהן גדול טמאים אמרו לו לפי חיבתן היא טומאתן שלא יעשה אדם עצמות אביו ואמו
תרוודות אמר להן אף כתבי הקדש לפי חיבתן היא טומאתן שלא יעשה אדם סיפרי
המירם שאינן חביבין אינן מטמאין את הידים ׃ טו֗ אומרין צדוקין קובלין אנו
עליכם פרושים שאתם מטהרין את הנצוק אומרין פרושים קובלין אנו
עליכם צדוקין שאתם מטהרין את אמת המים הבאה בין הקברות אומרין צדוקין
קובלים אנו עליכם פרושים שאתם אומרי׳ מה אם שורי וחמורי שאיני חייב בהן מצות
הרי אני חייב בנזקן עבדי ואמתי שאיני חייב בהן מצות אינו דין שאהא חייב בנזקן
אמרו להן לא אם אמרתם בשורי ובחמורי שאין בהן דעת תאמרו בעבדי ובאמתי
שיש בהן דעת שאם אקניטנו ילך וידליק גדישו של אחד ואהי חייב לשלם ׃ יז֗ אמר
מין גלילי קובל אני עליכם פרושין שאתם כותבין את המושל עם משה בגט אומרי׳ פרושין
קובלים אנו עליך מין גלילי שאתם כותבין את המושל עם השם בדף ולא עוד אלא
שאתם כותבין את המושל מלמעלן ואת השם מלמטן שנ׳ ויאמר פרעה מי יי֯ אשר אישמע
בקולו לשלח את ישראל וכשלקה מה הוא אומ׳ יי֯ הצדיק ופרעה ועמו הרשעים ׃ הל֗ יז֗
תסילה מסכתא ׃

מסכת עקצין

פרק ראשון כל שהוא יד ולא שומר מיטמא ומטמא ולא מצטרף שומר אף על
פי שאינו יד׳ מיטמא ומטמא ומצטרף לא שומר ולא (י)ד לא מיטמא
ולא מטמא ׃ ב֗ אלו מיטמין ומטמין ולא מצטרפין שורשי השום וחבצלים והקלופות
בזמן שהן לחים והפיטמה שלהם בין לחה בין יבישה העמוד שהוא מכוון כנגד
האוכל שורשי החזירין והצנון והנטם דברי ר׳ מאיר ר׳ יהודה אומ׳ שורש צנון גדול
מצטרף והסיב שלו אין מצטרף שורשי המינתה והפוגם ירקות שדה וירקות גנה שעקרן
לשתלין והשיזרה של שבולת והלבוש שלה ר׳ לעזר אומ׳ אף הסוג של רצפית הרי אלו מיטמין
ומטמין ולא מצטרפין ׃ ג֗ אילו מיטמין ומטמין ומצטרפין שורשי השום והבצלין צ
והקלפוטות בזמן שהן יבשין והעמוד שאינו מכוון כנגד האוכל יד הפרכיר טפח
מיכן וטפח מיכן יד האשכול כל שהוא וזנב של אשכול שריקנה ויד מכבר של תמרה
ארבעה טפחים וקנה של שבולת שלשה טפחים ויד כל הנקצרין שלשה ושאין דרכן להקצר
ידיהן ושורשיהן כל שהן ומלעין של שיבולין הרי אלו מיטמין ומטמין ולא מצטרפין ׃
ד֗ אילו לא מיטמאין ולא מטמאין ולא מצטרפין שורשי קולסי אכרוב וחליפות תמרין
והלפת את שדרכן להגז ונעקרו ר׳ יוסי מטמא בכולם ומטהר בשורשו קולסי אכרוב

פסח　　פרק עשירי　　הלכה ד׳

48 *b* רבן גמליאל אומר כל שלא אמר שלשה דברים אלו בפסח לא יצא ידי חובתו פסח מצה ומרורים פסח על שם שפסח המקום על בתי אבותינו במצרים מרורים על שם שמררו המצרים את חיי אבותינו במצרים מצה על שם שנגאלו לפיכך אנו חייבין להודות להלל לשבח לפאר לרומם לגדל לנצח למי שעשה לנו את כל הניסים האלו והוציאנו מעבדות לחירות ונאמר לפניו הללויה״

סוכה　　פרק רביעי　　הלכה ד׳

57 *b* מצות ערבה כיצד מקום היה למטה מירושלם נקרא מוצא יורדין לשם ומלקטין משם מורביות של ערבה ובאים וזוקפים אתם לצדדי המזבח וראשיהם כפופים על גבי המזבח תקעו והריעו ותקעו בכל יום מקיפין את המזבח פעם אחת ואומרים אנא יי׳ הושיעה נא אנא יי׳ הושיעה נא ר׳ יודה אומ׳ אני והוא והושיעה נא אני והוא והושיעה נא אותו היום מקיפין את המזבח שבע פעמים״

ביצה　　פרק ראשון　　הלכה ב׳

58 *b* *בהמה שנולדה ביום טוב הכל מודים שהיא מותרת ואפרוח היוצא מן הביצה הכל מודים שהוא אסור״

סנהדרין　　פרק עשירי　　הלכה א׳

128 *a* אלו שאין להם חלק לעולם הבא האומ׳ אין תחיית המתים ואין תורה מן השמים ואפיקורוס ר׳ עקיבה אומ׳ אף הקורא בספרים החיצונים והלוחש על המכה ואומ׳ כל המחלה אשר שמתי במצרים לא אשים עליך וגו׳ אבא שאול אומ׳ אף ההוגה את השם באותיותיו״

תמיד　　פרק ששי　　הלכה ח׳

191 *a* ...שיר ליום השבת מזמור שיר לעתיד לבוא לעולם שכולו שבת מנוחה לחיי העולמים״ †תוס׳ ביום הראשון ברא הקבה את עולמו בשני הכל מקלסין אותו בשלישי ישב עליהם בדין ברביעי פרע מן הרשעים בחמישי נתן שכר טוב לצדיקים בששי מלך על עולמו בשביעי הכל מקלסין לכבודו ואומ׳ מזמור שיר ליום השבת

טוב להודות ליי׳ ולזמר
לשמך עליון״

* See T. B. Beçah 6b. But cf. תוספתא, Yom Tob I. 1.
† See Aboth de-R. Nathan cap. I.

The foregoing specimen pages and extracts have been chosen in each case with reference to some characteristic reading or readings which they contain, and the words to which it is desired to call attention have been in some cases underlined.

We conclude by giving the complete text of ABOTH, which was taken as the standard text in the writer's *Sayings of the Jewish Fathers* (Cambridge, 1877). It is here printed page for page and line for line according to the manuscript.

The mishnioth are not numbered in the manuscript, but we have added numbers in the margin corresponding to its punctuation and solely with reference thereto, a fresh mishnah being reckoned as commencing after every stop. The stop usually consists of a pair of dashes placed in a horizontal line, but the pair after בלעם in v. 27 are in a *vertical* line, and no extra space is left between it and the following word עין, the scribe having doubtless omitted this stop in the first instance.

The following selection of readings may serve to indicate the essential character of this text, and the merits and defects of its scribe.

Pereq I. 7 and 8, מתאי for נתאי or ניתאי. 11, the words ואל תתיאש מן הפורענות are repeated from 8. 19, the proof-text שנ׳ אמת ומשפט שלום כו׳ is omitted.

Pereq II. 5, דבר שאיפשר לו להשמע. 9, אם עשית. 10—13 and throughout the codex, ליעזר and לעזר often without א. 15, עין רעה.

Pereq III. 9, חמשה שנ׳ בקרב כו׳. 17, it omits שלא כהלכה after תורה, and likewise תורה ו׳ before מעשים טובים. 21, שנברא בצלם שנ׳ כי בצלם כו׳... 28, נופי תורה.

Pereq IV. 7, after אומר the scribe has omitted,

מאד מאד הוי שפל רוח כו׳. ר׳ יוחנן בן ברוקה אומר.

Pereq V. 32,

הפוך בה והפך בה דכולה בה וכולך בה :

---

1 מסכתא דאבות״ פרק ראשון׳ משה קבל תורה מסיני 3 b

ומסרה ליהושע ויהושע

לזקנים וזקנים לנביאים ונביאים מסרוה לאנשי כנסת הגדולה הן אמרו שלשה דברים

2 היו מתונים בדין והעמידו תלמידים הרבה ועשו סייג לתורה״ שמעון הצדיק

סדר נזיקים אבות פרק ראשון

היה משירי כנסת הגדולה הוא היה אומר על שלשה דברים העולם עומד על 144 a
3 התורה ועל העבודה ועל גמילות חסדים״ **אנטיגנס** איש סוכו קיבל משמעון
הצדיק הוא היה אומר אל תהיו כעבדים המשמשים את הרב לך על מנת
לקבל פרס אלא היו כעבדים המשמשין את הרב על מנת שלא לקבל פרס ויהי
4 מורא שמים עליכם״ יוסי בן יועזר איש צרדה ויוסי בן יוחנן איש ירושלם
קבלו מהן יוסי בן יועזר איש צרידה אומר יהי ביתך בית וועד לחכמים והוי מתאבק
5 בעפר רגליהן ושותה בצמאה את דבריהם״ יוסי בן יוחנן איש ירושלם אומר
יהי ביתך פתוח לרוחה ויהיו עניים בני ביתך ואל תרבה שיחה עם האשה״
6 באשתו אמרו קל וחומר באשת חבירו מיכן אמרו החכמים כל זמן שהאדם מ/
מרבה שיחה עם האשה גורם רעה לעצמו ובוטל מדברי תורה וסופו יורש גיהנם״
7 יהושע בן פרחיא ומתאי הארבלי קבלו מהם יהושע בן פרחיה אומר עשה
8 לך רב וקנה לך חבר והוי דן את כל האדם לכף זכות״ מתאי הארבלי אומר
9 הרחק משכן רע ואל תתחבר לרשע ואל תתיאש מן הפורענות״ יהודה
בן טבאי ושמעון בן שטח קבלו מהם יהודה בן טבאי אומר אל תעש עצמך כערכי
הדיינים וכשהיו בעלי הדין עומדין לפניך יהיו בעיניך כרשעים וכשנפטרין מל/
10 מלפניך יהיו בעיניך כצדיקים שקיבלו עליהן את הדין״ שמעון בן שטח אומר
הוי מרבה לחקור את העדים והוי זהיר בדבריך שמא מתוכן ילמדו לשקר״
11 שמעיה ואבטליון קבלו מהן שמעיה אומר אהוב את המלאכה ושנא את
12 הרבנות ואל תתודע לרשות ואל תתיאש מן הפורענות״ אבטליון אומר חכמי׳
הזהרו בדבריכם שמא תחובו חובת גלות ותגלו למקום המים הרעים וישתו התלמידים
13 הבאים אחריכם וימותו ונמצא שם שמים מתחלל״ הלל ושמאי קיבלו מהן
הלל אומר הוי מתלמידיו של אהרן אוהב שלום ורודף שלום אוהב את הבריות
14 ומקרבן לתורה״ הוא היה אומר נגד שמא אבד שמא די לא מוסיף יסוף ודילא
15 יילף קטלא חייב ודי אשתמש בתגא חלף״ הוא היה אומר אם אין אני לי מי
16 לי וכשאני לעצמי מה אני אם לא עכשיו אמתי״ שמאי אומר עשה תורתך
קבע אמור מעט ועשה הרבה והוי מקבל את כל האדם בסבר פנים יפות״
17 רבן גמליאל אומר עשה לך רב והסתלק מן הספק ואל תרבה לעשר אומדות״
18 שמעון בנו אומר כל ימי גדלתי בין החכמים ולא מצאתי לגוף טוב אלא שתיקה
לא המדרש הוא העיקר אלא המעשה וכל המרבה דברים מביא חטא״
19 רבן שמעון בן גמליאל אומר על שלשה דברים העולם קיים על הדין ועל האמת

סדר נזיקים אבות פרק שני

פרק שני

1 ועל השלום״ רבי אומר אי זו היא דרך ישרה b
שיבור לו האדם כל שהיא תפארת לעושה
תפארת לו מן האדם והוי זהיר במצוה קלה כחמורה שאין אתה יודע מתן שכרן
של מצות והוי מחשב הפסד מצוה כנגד שכרה ושכר עבירה כנגד הפסדה
והסתכל בשלשה דברים ואין אתה בא לידי עבירה דע מה למעלה ממך עין ראה
2 ואוזן שומעת וכל מעשיך בספר נכתבים״ רבן גמליאל בנו של ר׳ יהודה
הנשיא אומר יפה תלמוד תורה עם דרך ארץ שיגיעת שניהם משכחת עון וכל
תורה שאין עמה מלאכה סופה בטלה לגורר עון וכל העמלים עם הציבור יהיו
עמלים עמהן לשם שמים שזכות אבותם מסייעתן וצדקתן עומדת לעד ואתם
3 מעלין עליכם שכר כאילו עשיתם״ הוו זהירין ברשות שאין מקרבין לאדם
אלא לצורך עצמן ונראין כאוהבין בשעת הנאתן ואין עומדין לאדם בשעת
4 דחקו״ הוא היה אומר עשה רצונו כרצונך כדי שיעשה רצונך כרצונו בטל
5 רצונך מפני רצונו כדי שיבטל רצון אחרים מפני רצונך״ ר׳ הלל אומר אל
תפרוש עצמך מן הציבור ואל תאמן בעצמך עד יום מותך ואל תדין את חבירך
עד שתגיע למקומו ואל תאמר דבר שאיפשר לו להשמע שסופו ואל תאמר
6 כשאפנה אשנה שמא לא תפנה״ הוא היה אומר אין בור ירא חטא ולא עם
הארץ חסיד ולא הבישן למד ולא הקפדן מלמד ולא כל המרבה בסחורה מחכים
7 ובמקום שאין אנשים השתדל להיות איש״ אף הוא ראה גולגולת אחת שצפה
8 על פני המים ואמר לה אל דאטיפת אטיפוך וסוף מטיפיך יטופון״ הוא היה
אומר מרבה בשר מרבה רמה מרבה נכסים מרבה דאגה מרבה שפחות מרבה
זמה מרבה עבדים מרבה גזל מרבה נשים מרבה כשפים מרבה תורה מרבה חיים
מרבה חכמה מרבה ישיבה מרבה צדקה מרבה שלום קנה שם טוב קנה לעצמו
9 קנה לו דברי תורה קנה לו חיי העולם הבא״ רבן יוחנן בן זכאי קבל מהלל ומשמאי
הוא היה אומר אם עשית תורה הרבה אל תחזק טובה לעצמך כי לכך נוצרתה״
10 חמשה תלמידים היו לו לרבן יוחנן בן זכאי ואילו הן ר׳ ליעזר בן הורקנוס
ור׳ יהושע בן חנניה ור׳ יוסי הכהן ור׳ שמעון בן נתנאל ור׳ אלעזר בן ערך הוא היה
מונה שבחן אליעזר בן הורקנוס בור סיד שאינו מאבד טיפה יהושע בן חנניה אשרי
יולדתו יוסי הכהן חסיד שמעון בן נתנאל ירא חטא אלעזר בן ערך מעין המתגבר״
11 הוא היה אומר אם יהיו כל חכמי ישראל בכף מאזנים ואליעזר בן הורקנוס
בכף שניה מכריע את כולן אבא שאול אומר משמו אם יהיו כל חכמי ישראל בכף

מאזנים ואליעזר בן הורקנוס עמהן ואלעזר בן ערך בכף שניה מכריע את כולם״ 145 a
12 אמר להם צאו וראו אי זו היא דרך טובה שידבק בה אדם רבי ליעזר אומר עין טובה ר׳
יהושע אומר חבר טוב ור׳ יוסי אומר שכן טוב ור׳ שמעון אומר הרואה את הנולד ר׳
לעזר אומר לב טוב אמר להם רואה אני את דברי אלעזר בן ערך מדבריכם שבכלל
13 דבריו דבריכם״ אמר להם צאו וראו אי זו היא דרך רעה שיתרחק ממנה אדם
ר׳ ליעזר אומר עין רעה ור׳ יהושע אומר חבר רע ור׳ יוסי אומר שכן רע ור׳ שמעון
אומר הלווה ואינו משלם אחד לווה מן האדם כלווה מן המקום ברוך הוא שנ׳ לווה רשע
ולא ישלם וצדיק חונן ונותן ר׳ לעזר אומר לב רע אמר להם רואה אני את דברי אלעזר
14 בן ערך מדבריכם שבכלל דבריו דבריכם״ והן אמרו שלשה דברים ר׳ ליעזר
אומר יהי כבוד חבירך חביב עליך כשלך ואל תהי נוח לכעוס ושוב יום אחד לפני מ/
מיתתך והוי מתחמם כנגד אורן של חכמים והוי זהיר מגחלתן שמא תכווה שנשיכתן
נשיכת שועל ועקיצתן עקיצת עקרב ולחישתן לחישת שרף וכל דבריהם כגחלי אש״
15 ר׳ יהושע אומר עין רעה ויצר הרע ושנאת הבריות מוציאין את האדם מן העולם״
16 ר׳ יוסי אומר יהי ממון חבירך חביב עליך כשלך התקין עצמך ללמוד תורה
17 שאינה ירושה לך וכל מעשיך יהיו לשם שמים״ ר׳ שמעון אומר הוי זהיר בקרית
שמע ובתפלה וכשאתה מתפלל אל תעש תפלתך קבע אלא תחנונים לפני המקום
ברוך הוא שנ׳ כי אל רחום וחנון הוא ארך אפים ורב חסד ואל תהי רשע בפני עצמך״
18 ר׳ לעזר אומר הוי שקד ללמוד תורה מה שתשיב לאפיקורוס ודע לפני מי אתה
19 עמל ומי הוא בעל מלאכתך׳ ר׳ טרפון אומר היום קצר והמלאכה מרובה והפועלים
עצלים והשכר הרבה ובעל הבית דוחק הוא היה אומר לא עליך המלאכה לגמור ולא
אתה בן חורים ללמ׳ לבטל אם למדתה תורה הרבה נותנין לך שכר הרבה ונאמן
הוא בעל מלאכתך שישלם לך שכר פעולתך ודע מתן שכרן של צדיקים לעתיד לבוא״

1 **פרק שלישי** עקביה בן מהללאל אומר השתכל בשלשה דברים
ואין את בא לידי עבירה דע מאין באתה ולאין
אתה הולך ולפני מי אתה עתיד ליתן דין וחשבון דע מאין באתה מטיפה סרוחה ולאין
אתה הולך לרמה ותולעה ולפני מי אתה עתיד ליתן דין וחשבון לפני מלך מלכי המלכים
2 ברוך הוא״ ר׳ חנניה סגן הכהנים אומר הוי מתפלל בשלומה של מלכות שאילולי
3 מוראה איש את רעהו חיים בלענו״ ר׳ חנניה בן תרדיון אומר שנים שהיו יושבין צ
ואין ביניהם דברי תורה הרי זה מושב לצים שנ׳ ובמושב לצים לא ישב אבל שנים שהיו
יושבין ועוסקין בדברי תורה שכינה ביניהם שנ׳ אז נדברו יראי יי׳ איש אל רעהו וגו׳״

4 אחד שיושב ושונה מעלה עליו הכתוב כאילו קיים את כל התורה כולה שנ׳ ישב בדד
5 וידום כי נטל עליו״ ר׳ שמעון אומר שלשה שהיו אוכלין על שלחן אחד ולא אמרו
עליו דברי תורה הרי כאילו אכלו מזבחי מתים שנ׳ כי כל שלחנות מלאו קיא צואה
6 בלי מקום״ אבל שלשה שהיו אוכלין על שלחן אחד ואמרו עליו דברי תורה כ׳
כאילו אכלו משלחנו של מקום ברוך הוא שנ׳ וידבר אליו זה השלחן אשר לפני יי׳״
7 חנינה בן חכינאי אומר הניעור בלילה והמהלך בדרך יחידי ומפנה לבו לבטלה
8 הרי זה מתחייב בנפשו״ ר׳ נחוניה בן הקנה אומר כל המקבל עליו עול תורה
מעבירין ממנו עול מלכות ועול דרך ארץ וכל הפורק ממנו עול תורה נותנין עליו
9 עול מלכות ועול דרך ארץ״ ר׳ חלפתא איש כפר חנניה אומר עשרה שהיו יוש׳
יושבין ועוסקין בדברי תורה השכינה ביניהם שנ׳ אלהים נצב בעדת אל ומנין
אפי׳ חמשה שנ׳ בקרב אלהים ישפוט ומנין אפילו שלשה שי ואגודתו על ארץ יסדה
ומנין אפילו שנים שנ׳ אז נדברו יראי יי׳ איש את רעהו ומנין אפילו אחד שנ׳ בכל
10 המקום אשר אזכיר את שמי אבוא אליך וברכתיך״ ר׳ לעזר בן יהודה איש
ברתותה אומר תן לו משלו שאתה ושלך שלו וכן הוא אומר בדוד כי ממך הכל
11 ומידך נתנו לך״ ר׳ יעקב אומר המהלך בדרך ושונה ומפסיק מִשְׁנָתוֹ ואומר
מה נאה אילן זה מה נאה ניר זה מעלין עליו כאילו מתחייב צ
12 בנפשו״ ר׳ דוסתי בר׳ ינאי אומר משם ר׳ מאיר אומר תלמיד חכם שהוא יושב
ושונה ושכח דבר אחד ממשנתו מעלין עליו כאילו מתחייב בנפשו שנ׳ רק השמר
לך ושמר נפשך מאד פן תשכח את הדברים אשר ראו עיניך יכול אפילו תקפה עליו
משנתו ת׳ל ופן יסורו מלבבך כל ימי חייך הא אינו מתחייב עד שישב ויסירם מלבו״
13 ר׳ חנניה בן דוסא אומר כל שיראת חטאו קודמת לחכמתו חכמתו מתקיימת
14 וכל שחכמתו קודמת ליראת חטאו אין חכמתו מתקיימת״ הוא היה אומ׳ כל
שמעשיו מרובים מחכמתו חכמתו מתקיימת וכל שחכמתו מרובה ממעשיו
15 אין חכמתו מתקיימת״ הוא היה אומר כל שרוח הבריות נוחה ממנו רוח
המקום נוחה הימנו וכל שאין רוח הבריות נוחה ממנו אין רוח המקום נוחה הימנו״
16 ר׳ דוסא בן הרכינס אומר שינת שחרית ויין של צהריים ושיחת הילדים
17 וישיבת בתי כנסיות של עמי הארץ מוציאין את האדם מן העולם״ ר׳ ליעזר
המודעי אומר המחלל את הקדשים והמבזה את המועדות והמפר בריתו של
אברהם אבינו והמגלה פנים בתורה אף על פי שיש בידו מעשים טובים אין לו חלק
18 לעולם הבא״ ר׳ ישמעאל אומר הוי קל ראש ונוח תשחרות והוי מקבל את כל

19 האדם בשמחה״ ר׳ עקיבה אומר שחוק וקלות ראש מרגילין את האדם לע 146 a
20 לערוה״ הוא היה אומר מסורות סייג לתורה נדרים סייג לפרישות סייג
21 לחכמה שתיקה״ הוא היה אומר חביב אדם שנברא בצלם שנ׳ כי בצלם
22 אלהים עשה את האדם״ חביבין ישראל שנקראו בנים למקום חיבה יתירה נודעת
23 להם שנקראו בנים למקום שנ׳ בנים אתם ליי׳ אלהיכם״ חביבין ישראל שניתן להם
כלי שבו נברא העולם חיבה יתירה נודעת להם שניתן להם כלי שבו נברא העולם
24 שנ׳ כי לקח טוב נתתי לכם תורתי אל תעזובו״ הכל צפוי והרשות נתונה ובטוב
25 העולם נדון והכל לפי המעשה״ הוא היה אומר הכל נתון בעירבון והמצודה
פרושה על כל החיים החנות פתוחה והחנוני מקיף והפנקס פתוחה והיד כותבת
וכל הרוצה ללוות בא ולווה והגבאין מחזרין תמיד בכל יום ונפרעים מן האדם
לדעתו ושלא לדעתו ויש להם על מה שיסמכו והדין דין אמת והכל מותקן לסעודה״
26 ר׳ לעזר בן עזריה אומר אם אין תורה אין דרך ארץ אם אין דרך ארץ אין תורה
אם אין חכמה אין יראה אם אין יראה אין חכמה אם אין דעת אין בינה אם אין בינה
27 אין דעת אם אין קמח אין תורה אם אין תורה אין קמח״ הוא היה אומר כל צ
שחכמתו מרובה ממעשיו למה הוא דומה לאילן שענפיו מרובין ושרשיו מעוטים
והרוח באתה ועוקרתו והופכתו על פניו וכל שמעשיו מרובים מחכמתו למה הוא
דומה לאילן שענפיו מעוטים ושרשיו מרובים אפילו כל הרוחות באות עליו אינן
28 מזיזות אותו ממקומו״ ר׳ לעזר הסמה אומר קינים ופתחי נדה הן הן גופי צ
תורה הלכות תקופות וגימטרייה פרפראות לחכמה״

פרק רביעי

1 בן זומא אומר אי זה הוא חכם הלמד מכל אדם
2 שנ׳ מכל מלמדי השכלתי״ אי זה הוא גיבור
3 הכובש את יצרו שנ׳ טוב ארך אפים מגבור ומושל ברוחו מלוכד עיר״ אי זה
הוא עשיר השמח בחלקו שנ׳ יגיע כפיך כי תאכל אשריך וטוב לך אשרך בעולם
4 הזה וטוב לך בעולם הבא״ אי זה הוא מכובד המכבד את הבריות שנ׳ כי מ/
5 מכבדי אכבד ובוזי יקלו״ בן עזאי אומר הוי רץ למצוה קלה ובורח מן
העבירה שמצוה גוררת מצוה ועבירה גוררת עבירה ששכר מצוה מצוה ושכר
6 עבירה עבירה״ הוא היה אומר אל תהי בז לכל אדם ואל תהי מפליג לכל דבר
7 שאין לך אדם שאין לו שעה ואין לך דבר שאין לו מקום״ ר׳ לויטס איש יבנה
אומר כל המחלל שם שמים בסתר נפרעין ממנו בגלוי אחד שוגג ואחד מזיד
8 בחילול השם״ ר׳ ישמעאל בנו אומר הלמד על מנת ללמד מספיקין בידו

סדר נזיקים אבות פרק רביעי

ללמוד וללמד הלמד על מנת לעשות מספיקין בידו ללמוד וללמד ולעשות״
9 ר׳ צדוק אומר אל תעשם עטרה להתגדל בהן ולא קרדום לאכל מהן וכך
היה הלל אומר ודי אשתמש בתגא חלף הא כל הנאות מדברי תורה נטל חייו מן
10 העולם״ ר׳ יוסי אומר כל המכבד את התורה גופו מכובד על הבריות וכל
11 המחלל את התורה גופו מחולל על הבריות״ ר׳ ישמעאל אומר החושך עצמו
מן הדין פורק ממנו איבה וגזל ושבועת שוא והגס לבו בהוראה שוטה רשע וגס
12 רוח״ הוא היה אומר אל תהי דן יחידי שאין דן יחידי אלא אחד ואל תאמר
13 קיבלו דעתי שהן רשאין ולא אתה״ ר׳ יוחנן אומר כל המקיים את התורה
מעוני סופו לקיימה מעושר וכל המבטל את התורה מעושר סופו לבטלה מעוני״
14 ר׳ מאיר אומר הוי מעט עסק ועסוק בתורה ותהיה שפל רוח בפני כל אדם
ואם ביטלת מן התורה יש לך בטילים הרבה ואם עמלת בתורה יש לו שכר הרבה
15 ליתן לך״ ר׳ ליעזר בן יעקב אומר העושה מצוה אחת קנה לו פרקליט אחד
והעובר עבירה אחת קנה לו קטיגור אחד תשובה ומעשים טובים כתרים לפני
16 הפורענות״ ר׳ יוחנן הסנדלר אומר כל כניסה שהיא לשם מצוה סופה להתקיים
17 ושאינה לשם מצוה אין סופה להתקיים״ ר׳ לעזר אומר יהי כבוד תלמידך חביב
עליך ככבוד חבירך וכבוד חבירך כמורא רבך ומורא רבך כמורא שמים״
18, 19 ר׳ יהודה אומר הוי זהיר בתלמוד ששגגת תלמוד עולה זדון״ ר׳ שמעון אומ׳
שלשה כתרים הן כתר תורה וכתר כהונה וכתר מלכות וכתר שם טוב עולה על
20 גביהן״ ר׳ נהראי אומר הוי גולה למקום תורה ואל תאמר היא תבוא אחרי
21 שחביריך יקיימוה בידך ואל בינתך אל תשען״ ר׳ ינאי אומר אין בידינו
22 לא משלות הרשעים ואף לא מיסורי הצדיקים״ ר׳ מתיה בן חרש אומר
23 הוי מקדים לשלום כל האדם והוי זנב לאריות ולא ראש לשועלים״ ר׳ יעקב
אומר העולם הזה דומה לפרוזדור לפני העולם הבא התקין עצמך לפרוזדור
24 כדי שתכנס לטרקלין״ הוא היה אומר יפה שעה אחת בתשובה ומעשים
טובים בעולם הזה מכל חיי העולם הבא יפה שעה אחת של קורת רוח בעולם
25 הבא מכל חיי העולם הזה״ ר׳ שמעון בן אלעזר אומר אל תרצה את חביריך
בשעת כעסו ואל תנחמנו בשעה שמתו מוטל לפניו ואל תשאל לו בשעת נדרו
26 ואל תשתדל לראותו בשעת קלקלתו״ שמואל הקטן אומר בנפל אויבך אל תשמח
27 ובהכשלו אל יגל לבך״ אלישע בן אביה אומר הלמד ילד למה הוא דומה לדיו
כתובה על נייר חדש והלמד זקן למה הוא דומה לדיו כתובה על נייר מחוק״

6—2

28 ר׳ יוסי בן יהודה איש כפר הבבלי אומר הלמד מן הקטנים למה הוא דומה 147 a
לאוכל ענבים קהות ושותה יין מגתו והלמד מן הזקנים למה הוא דומה לאוכל
29 ענבים בשולות ושותה יין ישן״ ר׳ אומר אל תסתכל בקנקן אלא במה שיש בו
30 יש קנקן חדש מלא ישן וישן שאפי׳ חדש אין בו״ ר׳ ליעזר הקפר אומר הקנאה
31 והתאוה והכבוד מוציאין את האדם מן העולם״ הוא היה אומר הילודים למות
והמתים להחיות והחיים לידון לידע להודיע ולהודע שהוא היוצר והוא
הבורא והוא המבין והוא הדיין והוא עד והוא בעל דין והוא עתיד לדין שאין לפניו
לא עולה לא שכחא לא משוא פנים ולא מקח שוחד שהכל שלו ודע שהכל לפי חשבון״
32 אל יבטיחך יצרך ששאול בית מנוס שעל כרחך אתה נוצר ועל כרחך אתה
נולד ועל כרחך אתה חי ועל כרחך אתה מת ועל כרחך אתה עתיד ליתן דין ו/
וחשבון לפני מלך מלכי המלכים הקב״ה״

פרק חמישי

1 בעשרה מאמרות נברא העולם ומה
תלמוד לומר והלא במאמר אחד היה יכול להבראות אלא להיפרע מן הרשעים
שמאבדין את העולם שנברא בעשרה מאמרות וליתן שכר טוב לצדיקים שמ/
2 שמקיימים את העולם שנברא בעשרה מאמרות״ עשרה דורות מאדם
ועד נח להודיע כמה ארך אפים לפניו שכל הדורות היו מכעיסין לפניו עד
3 שהביא עליהם את המבול״ עשרה דורות מנח ועד אברהם להודיע כמה ארך
אפים לפניו שכל הדורות היו מכעיסין לפניו עד שבא אברהם אבינו וקבל שכר
4 כולם״ עשרה נסיונות נתנסה אברהם אבינו ועמד בכולם להודיע כמה
5 היא חיבתו של אברהם אבינו״ עשרה נסים נעשו לאבותינו במצרים ועשרה
6 על הים״ עשר מכות הביא הקב״ה על המצרים במצרים ועשר על הים״
7 עשרה נסיונות ניסו אבותינו את המקום במדבר שנ׳ וינסו אותי זה עשר פעמים ולא
8 שמעו בקולי״ עשרה נסים נעשו בבית המקדש לא הפילה אשה מריח בשר הקדש
ולא הסריח בשר קדש מעולם ולא אירע קרי לכהן גדול ביום הכפורים ולא נראה זבוב
בית המטבחיים ולא נמצא פסול בעומר ובשתי הלחם ובלחם הפנים ולא כיבו גשמים
את המערכה ולא ניצחה הרוח את עמוד העשן עומדים צפופים ומשתחוים רווחים
ולא הזיק נחש ועקרב בירושלם ולא אמר אדם לחבירו צר לי המקום שאלין בירושלם״
9 עשרה דברים נבראו בין השמשות פי הארץ ופי הבאר ופי האתון והקשת והמן
והמטה והשמיר והכתב והמכתב והלוחות ויש אומרין אף המזיקים וקבורתו של משה
10 ואילו של אברהם אבינו ויש אומרים אף צבת בצבת עשוייה״ שבעה דברים בגולם

ושבעה בחכם החכם אינו מדבר לפני מי שגדול ממנו בחכמה ואינו נכנס לתוך דברי
חבירו ואינו נבהל להשיב שואל כהלכה ומשיב כעניין ואומר על ראשון ראשון ועל
אחרון אחרון על מה שלא שמע אומר לא שמעתי ומודה על האמת וחלופיהן בגולם״
11 שבעה מיני פרעניות באין על שבעה גופי עבירות מקצתן מעשרין ומקצתן
שאינן מעשרין רעב של בצורת בא מקצתן רעיבים ומקצתן שבעים גמרו שלא לעשר
12 רעב של מהומה ושל בצורה בא ושלא ליטול חלה רעב של כלייה בא״ דבר בא
לעולם על מיתות האמורות בתורה שלא נמסרו לבית דין ועל פירות שבעיות״
13 חרב בא לעולם על ענוי הדין ועל עיוות הדין ועל המורים בתורה שלא כַהלכה
חיה רעה באה לעולם על שבועת שוא ועל חילול השם גלות בא לעולם על עבודה
14 זרה ועל גלוי עריות ועל שפיכות דמים ועל השמט הארץ״ בארבעה פרקים
הדבר מרובה ברביעית בשביעית במוצאי שביעית ובמוצאי החג שבכל שנה
ברביעית מפני מעשר עני שבשלישית בשביעית מפני מעשר עני שבששית וב/
ובמוצאי שבעית מפני פירות שביעות ובמוצאי החג שבכל שנה מפני גזל מתנות
15 עניים״ ארבע מידות באדם האומר שלי שלי ושלך שלך מדה בינונית ויש אומרי׳
מדת סדום שלי שלך ושלך שלי עם הארץ שלי ושלך חסיד שלך ושלי שלי רשע״
16 ארבע מדות בדיעות נוח לכעוס ונוח לרצות יצא שכרו בהפסדו קשה לכעוס
וקשה לרצות יצא הפסדו בשכרו קשה לכעוס ונוח לרצות חסיד נוח לכעוס וקשה
17 לרצות רשע״ ארבע מידות בתלמידים ממהר לשמוע וממהר לאבד יצא
שכרו בהפסידו קשה לשמוע וקשה לאבד יצא הפסידו בשכרו ממהר לשמוע וקשה
18 לאבד חכם קשה לשמוע וממהר לאבד זה חלק רע״ ארבע מידות בנותני צדקה
רוצה שיתן ואל יתנו אחרים עינו רעה בשל אחרים שיתנו אחרים והוא לא יתן עינו
19 רעה בשלו יתן ויתנו אחרים חסיד אל יתן ואל יתנו אחרים רשע״ ארבע מידות
בהולכי בית המדרש הולך ואינו עושה שכר הליכה בידו הולך ועושה חסיד לא הולך
20 ולא עושה רשע״ ארבע מידות ביושבי לפני חכמים ספוג ומשפך משמרת
ונפה ספוג שהוא סופג את הכל משפך שהוא מכנים בזו ומוציא בזו משמרת שהיא
מוציאה את היין וקולטת את השמרים נפה שהיא מוציאה את הקמח וקולטת את
21 הסלת״ כל אהבה שהיא תלוייה בדבר בטל דבר ובטלה אהבה ושאינה תלויה בדבר
22 אינה בטלה לעולם״ אי זו היא אהבה שהיא תלויה בדבר זו אהבת אמנון ותמר
23 ושאינה תלויה בדבר זו אהבת דוד ויהונתן״ כל מחלוקת שהיא לשם שמים סופה
24 להתקיים ושאינה לשם שמים אין סופה להתקיים״ אי זו היא מחלוקת שהיא לשם

25 שמים מחלוקת שמאי והלל ושאינה לשם שמים זו מחלקתו של קרח״ כל המזכה 148 a
את הרבים אין חטא בא על ידו וכל המחטיא את הרבים אין מספיקין בידו לעשות
26 תשובה״ משה זכה וזיכה את הרבים וזכות הרבים תלויה בו שנ׳ צדקת יי׳ עשה
27 ומשפטיו עם ישראל״ כל שיש בו שלשה דברים תלמידו של אברהם ושלשה
28 דברים תלמידו של בלעם״ עין טובה ונפש שפלה ורוח נמוכה תלמידו של אברהם
עין רעה ונפש רחבה ורוח גבוהה תלמידו של בלעם ומה בין תלמידיו של אברהם
לתלמידיו של בלעם תלמידיו של בלעם יורדים לגהינם שנ׳ ואתה אלהים תורידם
לבאר שחת אבל תלמידיו של אברהם יורשין גן עדן שנ׳ להנחיל אוהבי יש ואוצרותיהם
29 אמלא״ ר׳ יהודה בן תימא אומר הוי עז כנמר וקל כנשר ורץ כצבי וגבור כארי
30 לעשות רצון אביך שבשמים״ הוא היה אומר עז פנים לגהינם ובוש פנים לגן
עדן יהי׳ רצון מלפניך יי׳ אלהינו ואלהי אבותינו שתבנה עירך בימינו ותן חלקינו
31 בתורתך״ בן בג בג אומר הפוך בה והפך בה דכולה בה וכולך בה ומנה לא
32 תזוע שאין לך מידה טובה ממנה״ בן הֵא הֵא אומר לפום צערה אגרה״

חסלת אבות פרקים ה׳״

Although this is not the place to discuss the true form of the text of Aboth, we must not omit to notice the reading in Pereq iv. 23:

העולם הזה דומה **לפרוזדוד** לפני העולם הבא התקין עצמך **לפרוזדוד** כדי שתכנס לטרקלין.

It will be seen that there is good authority for reading פרוזדוד (or פרוסדוד) with two *Daleths*, as in our manuscript, in preference to פרוזדור.

An estimate of the character of the manuscript as a whole may be formed from the footnotes to Mr Lowe's edition of it, in which erroneous, doubtful or peculiar readings are briefly discussed, or are marked with asterisks and have attention called to them by the frequently recurring observation:

כן הוא בכתיבת היד.

No. 99.

CAMBRIDGE UNIVERSITY, Additional 491.

A fine copy of the first volume of the Machazor according to the Italian (Neapolitan ?) rite, on parchment, folio, with about 37 lines to the page.

Not dated, but of the first half of the 15th century, and written in an Italian Rabbinic hand by Shelomoh, son of a Shemuel צרפתי (fol. 84 a, 94 b), who was קדוש (fol. 138 a), that is *a martyr*.

It contains the five Peraqim and Pereq R. Meir, pointed, the former with Ibn Tibbon's rendering of Rambam's commentary (preceded by the Shemonah Peraqim), and the latter with an abridgment of R. Jacob ben Shimshon's commentary (No. 20), which is here, as elsewhere, attributed to Rashi (fol. 85 a—110 b).

It has the readings cited under No. 5, and likewise those in Pereq III. 9 and 17 cited under No. 12, and speaking generally it furnishes a good specimen of an Italian type of the text of ABOTH.

No. 100.

CAMBRIDGE UNIVERSITY, Additional 541.

An illuminated pocket Prayer-Book, of the Sepharadic rite, fourteenth century, Rabbinic character, on parchment, consisting originally of probably 210 leaves, of which all after fol. 190 are missing.

A text of the six Peraqim, pointed, commences on fol. 169 a, and breaks off with the words, ומוחל על עלבונו (VI. 1), at the end of the last remaining folio.

No. 101.

CAMBRIDGE UNIVERSITY, Additional 561.

A small codex of 228 leaves, parchment (except fol. 3, which is of paper attached to fol. 4), French Rabbinic character, with occasional illuminations.

The text of the manuscript is of the early part of cent. 14, the name of the original scribe פרץ (fol. 98 b), and the date of the marginal literature which has been added cent. 14—15.

On fol. 3 a is a statement in Italian, in Luzzatto's hand, to the effect that the date of the codex is 1329 A.D.

It contains on fol. 7 b—136 b a copy of the תפלות according to the Franco-Ashkenazic rite, in which is a text of the six Peraqim (85 b—94 a), with a marginal commentary abbreviated from R. Jacob ben Shimshon's (No. 20). Fol. 95, the next after ABOTH, is missing.

This text contains substantially the same baraithic matter as No. 20 at the end of Pereq v., and places the sayings of Ben He-he and Ben Bag-bag at the end of Pereq vi., but they have likewise been added in the margin of the preceding chapter (fol. 92 a).

No. 102.

CAMBRIDGE UNIVERSITY, Additional 655.

A small codex consisting of 60 leaves of paper, with 39 or 40 lines to the page, containing a commentary on the six Peraqim, written in a Sepharadic hand and in "Rashi" characters. It commences:

משה קבל תורה היה ראוי שיאמ' הקב"ה נתן תורה למשה ומשה מסרה וכו'. וי"ל שרצה להודיענו ב' עניינים גדולים הא' מהם מעלת התורה, הב' מעלת אדון הנביאים ע"ה :

The author is not named in the manuscript, but was in reality

ר' יוסף יעב"ץ

whose commentary has been printed in Adrianople (יקרה=1555 A.D.), and recently in Warsaw (1880).

The transcription was completed at Bologna, in the year רס"ד (=1504 A.D.). See fol. 59 a.

The author quotes, R. Joseph ibn Shoshan, Ralbag, R. Jonah, Ramban, R. Abr. ibn Ezra, Rambam, Rashi, R. Jacob (ben Asher ben Jechiel), author of the Turim. See pages 3 b, 5 b, 9 a, 9 b, 11 b, 19 a, 26 a, 46 b.

He has also frequent references to the great ISRAELI family of Toledo (fol. 3 b, 11 b, 51 b, 57 b, etc.).

In Pereq vi. (fol. 57 b) occurs the remark :

וכת' ר' ישראל הזקן ז"ל כי הז' הם בכלל הה' כי הכבוד בכלל העושר.

On this the scribe, who appears to have been one of the exiles from Spain or Portugal, writes in the margin, וכ"ש בארץ הזאת.

Another copy of the same is to be found in the "Imperial" Library of Paris (New Catalogue, No. 452).

No. 103.

CAMBRIDGE UNIVERSITY, Additional 662.

A Machazor, or the first volume of one, written originally on 246 or more leaves of parchment (of which some fifty at least are now missing from one place or other), folio, about twenty-two lines to the page, Ashkenazic "square" character of the 14th century.

It has numerous ציורים, or drawings.

From fol. 53 b to fol. 64 b is a pointed text of the six Peraqim.

1. *The different pronunciations of* רב *and* רבי.

Notice the remarkable pointing of רְבִּי in Pereq II. 1, and likewise of ר' (II. 15—19), corresponding to the current colloquial Jewish German pronunciation *Reb* for Rab.

Elias Levita in his ספר התשבי writes that this irregular pointing רְבִּי is found in many prayer books. He is at a loss to account for it; but thinks that it may have sprung out of the previous use of the abbreviation ךְ, in which the Shva may have been used merely to denote the absence of a vowel. He continues,

...אך קשה לי שאנחנו האשכנזים קוראים הברת הריש בקמץ חטוף ונאמר רֳבִּי
על משקל חֳלִי עֳזִי ולעולם לא מצאתיה כן.

In T. B. Sanhedrin 18 b and 36 a the words לא תענה על ריב (Exod. xxiii. 2) are taken to mean, Thou shalt not gainsay a scholar greater than thyself. This is evidence of a practice of pronouncing רב as ריב in former times, as is still done in the compound בּירִיבִּי, "son of Ribbi."

In one of the inscriptions discovered by Professor Julius Euting in the course of his travels in Syria and Arabia in the years 1883-4, and which is quoted in the *Athenaeum* for the 26th September, 1885, from the last number of the *Sitzungsberichte* of the Academy of Berlin, Βηρεβί is found as a transliteration of בירבי, thus:

Σαμου|ήλ Γάλ|λου Βηρ|εβί שלום.

2. *Readings in the text of* ABOTH.

Pereq I. 4, מתאבק בעפר רגליהן ו' is omitted. 12, הבאים אחריהם. 19, קַיָּם.

Pereq II. 4, עשה רצונך כרצונו. The saying is repeated in its usual form after IV. 19. 17, בִּקְרִיאַת שמע.

Pereq III. 1, לתן את החשבון (twice), and so in IV. 32. 2, מורא מלכות. 9, שלשה שנ' בקרב כו', followed by חמשה שנ' ואגדתו כו'. 21, after בצלם the clause חבה יתירה כו' is marked for omission. 25, om. החנות פתוחה. תדיר בכל יום. 26, אם אין חכמה אין דעת is marked for omission.

Pereq IV. 9, אל תַּעַשׂ. 12, שאין רשאין הם. And on ולא אתה there is a marginal note, אלא אתה.

Pereq V. 8, שְׁאָלִין. 9, ופי הבאר is omitted. 31, דכלה, with the marginal note, ס"א דכולה. It is from כלה written defectively that the reading סיב ובלה not improbably arose.

3. *The censorship of Jewish writings.*

This manuscript is remarkable for the extent to which it has been tampered with by the censors. See from fol. 183 b onward, where whole sections and entire pages have been blotted out. The censorship of Jewish writings dates from 1263 A.D., and has usually been conducted by converted Jews. PABLO (Paul) CHRISTIANI directed the first censors, who held their commission from JAYME (James) the First of Aragon. See TOURON'S *Histoire des hommes illustres de l'ordre de Saint Dominique* vol. I., pp. 486, 492 (Paris, 1743). The same king established the Inquisition in his dominions, as TOURON relates (pp. 40—1) on the authority of the *Lettres Apostoliques* of Gregory IX. and his successors, from 1236 to 1274 A.D.

No. 104.

CAMBRIDGE UNIVERSITY, Additional 667.

A codex of 228 leaves of vellum, quarto, double columns of thirty-nine lines each, elegantly written in Rabbinic character in a French Ashkenazic hand.

The main part of it, to folio 192, consists of a Machazor, compiled apparently by

נתנאל בן יוסף,

who is named in a poem on fol. 190 a, line 10.

From the calendar, which commences with the cycle רס"ב (fol. 185 b), it may be inferred that the codex is of the earlier part of the 13th century, a little later than 262 × 19 (=4978) A.M., or 1218 A.D. Say about 1220 A.D.

The compiler must therefore have been R. Nathanael ben Joseph *ha-Zaqen,* grandfather of the martyr, "Natanel (der heilige) de Chinon b. Joseph b. Natanel, abbrev. הקר"ן" (Zunz *Literaturgeschichte der synago-*

galen Poesie p. 363). Notice the reference to a R. Jose מקינון in No. 20, סימן שפ"ד.

The letters forming the word יעקב are marked on fol. 124 a, col. 1, to indicate the name of the scribe.

In the Machazor is an unpointed text of the six Peraqim (fol. 82 a—86 b), and also a commentary upon them (not always in agreement with the reading of the text), whose six sections commence at the pages

102 b, 104 a, 104 b, 106 a, 107 b, 110 a,

respectively.

The commentary stands next after the poem:

אשריך הר העברים על ההרים הגבוהים כו',

which is signed acrostically אברהם, and is attributed in No. 20 to Abraham Ibn Ezra.

The editor identifies himself with one of the Talmud commentators who wrote on יומא, by his short note on Pereq v. 8 (fol. 108 a, col. 2, line 2):

לא הפילה כו'. כבר פרשתיו היטב במסכ' יומא בפר' ראשון.

He must have been, like R. Isaac b. Dorbelo, a younger contemporary of the grandsons of Rashi, who are expressly referred to in other parts of the manuscript, thus:

fol. 66 a, col. 1, נשלמו דברי רבינו תם זכר צדיק לברכה.
fol. 91 a, col. 2. ואומר מורי רבינו שמואל...

Notice the reference to Rashi's son-in-law R. Simchah of Vitry:

בהילכות נידה תלמידי רש"י הרב ר' שמחה מויטרי סידר כו',

which occurs (fol. 169 b, col. 1) in the course of a section signed with the name of Isaac b. R. Shemuel, who was nephew of R. Tham and grandson of R. Simchah.

The commentary agrees and disagrees with the longer commentary in No. 20; and also with that cited as Rashi's by R. Isaac Israeli (No. 1), and printed as his in the דרך חיים of R. Löwe ben Beçaleel and elsewhere. But "Rashi" commented on the five Peraqim only, according to the express statement of R. Isaac Israeli on Pereq vi. 1:

רש"י ורמב"ם ורי"ול ורמ"ה לא פירשו פרק זו לפי שאינו ממסכתא זו.

It commences thus (fol. 102 b):

אתחיל פירושי אבות. מסרה, לימדה. ולא לזקנים שהיו בימי משה אלא זקנים שהיו בימי יהושע. שהיו רודים ושוטרים על ישר' עם יהושע כדכת' ויעבדו בני ישר' את יי' כל ימי יהושע וכל ימי הזקנים אשר האריכו ימים אחרי יהושע,

and it continues in agreement with the "Rashi" of the *Derek Chayim.*

In the last mishnah of Pereq I. the text (82 b) reads עומד, thus:

על שלשה דברים העולם **עומד** על התורה (*sic*) ועל הדין ועל האמת יעל השלום שנ׳ אמת כו׳,

but the commentary runs as follows (103 b, col. 2):

על שלשה דברים העולם **קיים**, ולא דמי לג׳ דברים העולם עומד דריש פירקין דהתם ה״פ שהק׳ מעמידן (*sic*) בהם והכי קאמ׳ שבני העולם קיימים ביניהם שאינם אוכלין זה את זה בדין שדנין את המעוות את חבירו, על האמת שמתוך כך מאמינים זה את זה דמלוה איש ומרויח, גם על השלום, שפטו בשעריכם, וכת׳ בתריה (?) אולי יחנן יי׳ צבאות שארית יוסף.

The note on Pereq II. 2 is as follows (104 a, col. 1):

וכל העוסק גרסי׳, ואתם מעלה כו׳, עתה מדבר כלשון התלמוד כשליח לפני המקום אותן העסוקין לשם שמים אעפי שזכות אבותם מסייעתן מעלה אני עליכם כאילו היא זכות עצמיכם, אינמי אפי׳ אין אתם מעלה אני וכו׳, אינמי אעפי שאני בעצמי עושה התשועה הואיל ולשם שמים אתם עסוקין מעלה אני כו׳. **כך שמעתי.**

In Pereq III. 9 the number *five* is connected with the clause ואגודתו כו׳ (105 a, col. 1), on the ground that

איגוד של אֶצבעות של אדם חמשה.

Rashi on the contrary, according to R. Isaac Israeli, connects the *five* with בקרב אלהים ישפט, explaining it as made up of

ג׳ דיינין וב׳ בעלי דין.

On **מסורת** in Pereq III. 20 (105 a, col. 2) the commentary has the short note:

מסורות, מסורת הגדולה, **סייג גדר וחיזוק** לידע בירור של מקראות.

Here R. Isaac Israeli writes:

סיג **פרש״י** גדר וחיזוק ויא׳ כי מסורת היא תורה שבעל פה והיא סיג לתורה שבכתב.

The note on Pereq III. 21 (105 b, col. 1) is directed against the forced rendering of Gen. ix. 26 "God made man *in imagine*" (Ps. xxxix. 7):

..שנ׳ כי בצלם אלהים עשה את האדם, בצלם אלהים נברא האדם, וכל המפטפט ודורש פני המקרא בדופי כי בצלם אלהים עשה את האדם, חיישי׳ שמא מין הוא.

This agrees with the note in No. 20 (vol. II. 114 b, end), of which it is apparently an *earlier* form.

The midrashic note on Pereq III. 25 (105 b, col. 1),

ר׳ עקיבא קאמ׳ להו, הכל נתון בערבון, אינמי בערבין, נשמתו של אדם ערב על כל האיברים, זכו זכתה היא לא זכו נידונת היא,

is quoted by R. Isaac Isr. as Rashbam's; and it is found in No. 20 (vol. II. 115 a).

In the short note on Pereq IV. 8 (106 b, col. 1, line 12),

על מנת לעשות, גדול הוא מהלמד על מנת ללמד, ·

there is *no mention of the peculiar reading which R. Isaac Israeli attributes to* RASHI,

רש״י ז״ל גורס ע״מ ללמד אין מספיקין בידו ללמוד וללמד וכו׳,

with the remark that Rashbam on the contrary reads מספיקין (without the negative),

וכן גרסת כל הספרים.

On Pereq IV. 10 (106 b, col. 1) the writer has a reference to his TEACHER:

המכבד את התורה, שמלמדה לתלמיד הגון ומחבב דברי תורה לבני אדם. ל״א׳ מכבד שמשמר ספר תורה בכבודו, ואינו מניחו לא על גבי מיטה ולא על גבי ספסל. ואין ר׳ מודה.

See below on Pereq IV. 19; and fol. 108 a, col. 1, line 8; 109 a, col. 2, line 1, &c.

In the last clause of Pereq IV. 19, on the Three Crowns, the text (84 b, col. 1) reads עולה על גביהן. The commentator, omitting עולה, writes (106 b, col. 2):

...וכתר שם טוב על גביהן על ידיהן בא שם טוב לאדם כו׳.

An alternative rendering is then dismissed as follows:

לא (*sic*) גר׳ ג׳ כתרים הן כמשמעו וכתר שם טוב על גביהן כלומ׳ גדול על כולם, ואין ר׳ מודה. דא״כ הכי הוה ליה למיתני ארבעה כתרים הם.

In No. 20 (vol. II. 122 a) on the contrary the latter interpretation is adopted, thus:

...כך קיבלתי ולי נר׳ על גביהן למעלה מכולן כו׳.

The ten temptations of Abraham are enumerated in their place in the note on Pereq V. 4 (107 b, col. 2); but the subject is resumed after the conclusion of the chapter, in the form of an extract from *Midrash Tillim* (109 b, col. 2). See on Psalm xviii. 31. In the former place references are also given to Pirqe R. Eliezer [chaps. 26—31], and the קרובה of Rosh ha-Shanah. See the סלוק for the second day in Ashkenazic Machazors.

Amongst the foreign words transcribed in this commentary notice, on Pereq V. 30 (109 a, col. 1, line 25), as in No. 20, אינגריש, thus:

הוי עז, אינגריש, אדוק ולהוט במצות.

There is a reading בן י״ב [for י״ג] למצות, in the course of the notes upon the AGES. After them is written (109 a, col. 1, line 6),

סליק מסכת אבות פירקין חמשא,

and after this,

תניא ר׳ נתן כו׳.

But the AGES are discussed over again in the sixth Pereq, and there the usual reading is given distinctly, thus (fol. 111 a, end of col. 1),

בן שלש עשרה למצות.

From the specimens given above it is evident that this commentary, while agreeing in style and more or less in subject-matter with the work commonly ascribed to RASHI is not identical therewith. It is a selection of notes from ancient sources by a compiler who added but little of his own. Some such collection of traditional interpretations must have formed the basis of the more extensive and more original treatise of R. JACOB BEN SHIMSHON (No. 20).

No. 105.

CAMBRIDGE UNIVERSITY, Additional 1176.

A defective Ashkenazic Siddur, of the 13th century, quarto, containing on the last leaf of its fourth remaining quire a fragment (Pereq I. 1—12) of a pointed text of ABOTH, which is called simply הפרקים.

Readings:

Pereq I. 3 על מנת שלא. 4 and 5, יוסף. 8, om. ואל תתחבר לרשע. 9, כזכאין וּכְשֶׁיְּקַבְּלוּ. 12, הבאים אחריהם, with which words the fragment ends.

Notice the pointings רֶ׳ and רְ׳, on the first and other folios of the codex, comparing No. 103, § 1 (p. 81).

No. 106.

CAMBRIDGE UNIVERSITY, Additional 1180.

A manuscript of the early part of the 15th century, excellently written in an oriental Sepharadic hand, in Rabbinic character. Quarto, double columns of 28 lines each. The folios are not yet numbered.

The codex contains *inter alia* a lengthy commentary on ABOTH, entitled

מגן אלהים,

which breaks off at Pereq v. 7 (... עשרה נסיונות), at the end of the third column of fol. 92 from the commencement of the commentary.

The next part of the manuscript begins with a philosophico-cabbalistic letter, of not quite nine pages, by Moses of Narbonne (fol. 2 a, 6 a), on the שעור קומה (fol. 2 a, col. 1, line 2), a tract printed in רזיאל, fol. 37 sq., Amsterdam 1701. The letter commences, כל הנקרא בשמי, but is distinct from the commentary on Aboth, although not unlike it in style.

Many lines in the manuscript end with the upper part of a ש, which may accordingly be assumed to be the initial letter of the scribe's name.

Each Pereq of the commentary is preceded by an introduction. The introduction to Pereq I. begins thus:

פי' מס' אבות הנקרא מגן אלהים" ויהי ביום השמיני. דרש לפרק ראשון ממסכת אבות. זה הדבר אשר צוה יי' תעשו וירא אליכם כבוד יי'. ת"ר בשעה שירד מ'שה ולוחות בידו בא שטן לפני הב"ה א"ל תורה היכן היא כו'.

Reckoning from this folio, the portions of the commentary on the five Peraqim (not counting the introductions to them) commence severally on the pages specified below, viz.,

Pereq I.	משה קבל	on fol. 4 b.
Pereq II.	ר' אומר	on fol. 18 b.
Pereq III.	עקביה	on fol. 43 b.
Pereq IV. 6, 7	ר' לויטס איש יבנה...	on fol. 67 a.
Pereq V.	בעשרה מאמרות	on fol. 85 a.

At the end of fol. 3 b is written,

ורבינו נסים מביא בענין אחר כבר ידוע שכל התורה שבכתב ושבע"פ נמסרה למשה כמו שדרשו ז"ל במגלה כו'.

The commentary on משה קבל begins with some very fanciful Gematria. Then follows a note on the difference between קבל and מסר. It is asked why it was said (fol. 5 a, col. 1, line 19),

משה קבל תורה מסיני ומסרה ליהושע... אנטיגנוס קבל כו'.

And the answer is:

מוכרח היה לומר במשה קבל ולא לשון מסר ' כי לשון מסר משמע כל סודותיה ופירושיה ולא הניח לו כלום אלו אמ' מסר הש' תורה למשה היה משמ' שהש' לא עכב לעצמו כלום ואין בתורה יותר אלא מה שמסר למשה. וזה לא יתכן שהרי לא נמסרו למשה כל נ' שערי בינה שהרי כתי' ותחסרהו מעט מאלהים ' ועוד כי לא תוכל לראות את פני כי לא יראני האדם וחי ' שהרי כל התורה שמותיו של הב"ה... ולפי' לא כת' במשה מסר אלא קבל ר"ל קבל כל מה שבכח אנוש ליגע כו'. אבל משה כשמכרה

ליהושע משה לא עכב לעצמו מכל מה שקבל דבר אלא הכל מסר ליהושע...אבל באנטיגנוס ואילך כתי׳ קבל.... קבל משמעון הצדיק מה שקבל כלומ׳ מה שהיה בכח שכלו לקבל ולפי׳ מימיו ואילך התחיל המחלוקת כו׳.

The saying, כל התורה שמותיו של הב״ה, is also cited by Ramban. See the introduction to his commentary on Genesis. Compare in the Zohar, on Exod. xx. 12 (fol. 90 b, Lublin), דהא אורייתא שמא דקב״ה הוי.

The author shews an acquaintance with the work of בעל הטורים (Exod. xxi. 1), when he writes near the end of fol. 7 b,

וכן הדין מצוה שיעשה פשרה טרם ישמע מדברים.

He names the *Sepher ha-Iqqarim* at the end of fol. 9 b.

He quotes Rashi near the end of fol. 20 a, col. 1; Rambam on the next page and elsewhere; the Zohar on fol. 39 a, col. 1, line 13; and gives cabbalistic interpretations in various other places. Notice his Gematria on the Tetragrammaton, which he calls שם השם (fol. 20 a, col. 1, line 11); and his express references to קבלה and חכמי קבלה (fol. 19 a, col. 2, line 3; 46 a, col. 2, line 20, &c.).

At the end of fol. 15 a notice the Gematria, which as it stands is inexact,

ואל תתחבר לרשע לרשע בנמ׳ ליצר הרע.

But לרשע may be written להרשע, and הרשע, ὁ πονηρός, is the gematric equivalent of יצר הרע.

The writer omits no opportunity of illustrating the strife between the two principles in man. Witness his extraordinary interpretation of the case stated at the beginning of Baba Meçia, *If two persons have hold of a cloak, and both claim it, &c.* The cloak (he says) is man, and the two persons are the spirit and the flesh (fol. 16 a, col. 2, line 6):

ומימרא בריש בבא מציעא שנים אוחזין בטלית...הם הצורה והחומר. או אם תרצה לומ׳ הנשמה והגוף, או אם תרצה לומ׳ יצר טוב ויצר רע, זה אומר הנשמה אומרת וכו׳.

A peculiar reading of Pereq II. 4 is mentioned on fol. 23 b, col. 2, line 17:

° יש שגורסין עשה רצונו כרצונך כדי שיעשה רצונו כרצונך.

The saying is repeated on fol. 74 b, col. 2, line 3, after the saying on the Three Crowns (Pereq IV. 19), thus:

הוא היה אומר עשה רצונו כרצונך, נ״ל שכתבתיה למעלה.

On the next mishnah (fol. 25 a, col. 1) he raises the question whether Hillel ha-Zaqen or some other Hillel is the speaker. This discussion illustrates his practice of attempting to account for the sequence and arrangement of the mishnioth throughout the masseketh.

In Pereq II. 15 he reads (fol. 30 b):

...צאו וראו אי זו היא דרך **ישרה** שידבק בה האדם.

And two columns later he writes, that R. Eleazar identifies the **דרך ישרה** with עין טובה, the quality of contentment, the lack of which is מדה רעה עד מאד, and makes the enjoyment of the world like drinking salt water, which only increases thirst.

On Pereq II. 18, ודע מה שתשיב כו׳, he writes that אפיקורוס may denote any man (whether a heathen, or a sceptical Jew), who does not believe in the oral Thorah. And he remarks on the words following that עמל כו׳ refers to a service that springs מיראה, and בעל מלאכתך to a service מאהבה (fol. 35 a, end).

In the introduction to Pereq V. (82 b) the ten מאמרות are compared severally with the ten דברות.

No. 107.

CAMBRIDGE UNIVERSITY, Additional 1200.

Yemen Machazor, folio, written near the end of the 16th century (fol. 166 b), on paper, in S. Arabian Rabbinic character, with the so-called Babylonian vowel points; on which see in the Palæographical Society's *Oriental Series*, Plate 91, with Schiller-Szinessy's description (1882). At fol. 18 b commences a text of the six Peraqim, of which the first only is pointed; except that in the remaining five a few words, here and there, are pointed *in the ordinary way*, and not uniformly with the rest of the codex. Folios 1—17 are missing; but their contents have been added in a modern hand, and with the ordinary vowel points, at the end of the codex.

The following readings will serve to shew the character of the text of ABOTH:

Pereq I. 2, משירי אנשי׳ כנסת הגדולה. 3, על מנת שלא. 4 and 5, יוסי בן יעזר, but יוסף בן יוחנן. 5, ...בני ביתך ולמד את כל בני ביתך ענוה. 15, משתיקה. 19, קיים.

Pereq II. 2, שכר כאלו עשיתם. 9, אם עשית טובה הרבה.

Pereq III. 21, בצלם (without אלהים) in both places. 24, לפי רוב המעשה.

IV. 15, פרקלט, without *yod*. 23, לפרוזדוד. בפרוזדור. 26, והשיב מעליו חרון אפו לא נאמר אלא אפו מלמ׳ שמוחלין כו׳. 32, שבשאול.

V. 8, נעשו לאבותינו. אש של עצי. שאלין. 18, וקשה לאבד חלק טוב.

No. 108.

Cambridge University, Additional 1213.

A codex of 80 leaves of paper, $8\frac{1}{8}$ by $5\frac{5}{8}$ inches, containing the commentary of R. Jacob ben Shimshon on the six Peraqim, somewhat abbreviated, and defective at the end, written in three Greek Sepharadic hands, in rabbinic character, of cent. 15—16. The second hand begins at fol. 60 b, and the third at fol. 69 a.

The six chapters commence severally on the pages,

2 a, 18 b, 27 b, 39 b, 53 a, 72 b,

the first opening with an introduction,

משה קבל ת(ורה מסי)ני ומסרה לי(הושע וכו'. כך היא תחלת)המשנה ומסכתא זו מסדר ישועות וסידרה אחר מסכת ע״ז למעלה מהוריות כו'.

The manuscript breaks off on Pereq VI. 6, thus:

...והעושה סייג לדבריו כשמורה דברי תורה נזהר לעשות סייג לדבריו כדי שלא יבשלו בו בני אדם ואף נזהר בתשובתו כמו שאמרו בפרק ראשון חכמי' הזהרו

1. R. Isaac Israeli's citations.

It has been shewn above, under No. 90 § 6 (pp. 52—5), that the passages cited by R. Israel from "R. Shemuel," and by R. Isaac Israeli after him from "Rashbam," agree with the commentary in No. 20. The last we took to be a recension (by R. Isaac ben Dorbelo) of the commentary of R. Jacob ben Shimshon, which is also contained in this manuscript. A few more examples of R. Isaac's citations from "Rashbam" will serve to complete the identification of the commentary which he cites with that in No. 20 and No. 108.

A.

On Pereq II. 5, 'הלל אומר אל תפרוש כו (ר׳), we read in 𝔅 28 b₁₄ (see p. 46, note):

כת' רשב״ם כי זה הוא הלל הזקן אבל המעתיק טעה בדלת מנין הבבות ונתחלפה לו ברי״ש וכת' ר' הלל ע״כ.

and in No. 108, fol. 21 a:

הלל כתוב במשנת ר' גרשום ור' אפרים בלא רי״ש והוא הלל הזקן.

The latter is an incomplete form of the note referred to by R. Isaac, which is found in its entirety in No. 20, fol. 105 a :

הילל כת׳ במשנת רבינו גרשום ור׳ אפרים בלא ר׳, והוא הילל הזקן, אבל המעתיקים קלקלו השורה וטעו בד׳ של מניין הבבות ונתחלפה להם ד׳ ברי״ש, וכתבו ר׳ הילל.

Thus we see that in No. 108 we have only an *abbreviation* of the commentary which R. Isaac cites as Rashbam's.

B.

On Pereq III. 4 we read in No. 108, fol. 28 b :

ומנין לאחד שיושב ... אין אנו גורסין זו במשנת ר׳ אפרים ושאר כל המשניות המדוייקות אבל מסיים הבבא ליראי ה׳ ולחושבי שמו.

and in 𝕭 50 a_{21} :

וכן כת׳ רשב״ם ז״ל אין גורסין זה במשנאות אלא מסיים הבבא ליראי יי׳ ולחושבי שמו ע״כ.

C.

On Pereq III. 9 Rashbam is quoted in 𝕭 54 a_5 as saying that מנין without ו should be read in each case for ומנין, thus :

כת׳ רשב״ם כל מנין הכתובי׳ כאן אין כתי׳ בהן ו״ו במשניות ע״כ.

This is wanting in No. 20 and No. 108, but is found in another copy of the commentary, the property of the *Beth ha-Midrash* of the Ashkenazic Jews in London (fol. 112 b) :

...יצאו יהושע וכלב הרי עשרה. כל מניין השנויין כאן בלא יוד כתובים במשניות. בקרב אלהים ישפוט כו׳.

D.

On Pereq III. 17 compare the following extract from 𝕭 60 a_8 :

ורשב״ם ז״ל גורס והמאדים פני חבירו ברבים... וכן מצאתי בשית׳ סדרי משנה שלי שכתו׳ מבחוץ והמאדים וכו׳,

with what is written in No. 108, fol. 31 b :

...והמאדים פני חבירו ברבים גרסין.

E.

On Pereq III. 24 Rashbam is quoted as below in 𝔅 65 b₁₃:

רשב״ם ז״ל כת׳ שקבל מרבותיו שכך היא הגרסה ובטוב העולם נידון **אבל לא לפי** רוב המעשה... והוא ז״ל כת׳ שמצא במשניות **והכל לפי** רוב המעשה כו׳.

This is found in No. 20, fol. 115a, and with some clerical errors in No. 108, fol. 34b, thus:

...אלא (sic) לפי רוב המעשה... כך קבלתי ואני מצאתי במשניות והכל (sic) רוב המעשה כו׳.

F.

On Pereq IV. 15 the reading תורה ומעשים טובים is cited in 𝔅 85 a₇ as the reading of Rashbam against כל הספרים, and in No. 108, fol. 45 b, we read accordingly:

תורה ומעשים טובים עומדין לו לאדם למגן כו׳.

Here No. 20 (vol. II. fol. 121 a) gives only the usual reading תשובה כו׳, and makes no mention of the reading תורה כו׳.

G.

On the verse, *Rejoice not &c.* (Prov. xxiv. 17), which is put into the mouth of Shemuel ha-Qatan in Pereq IV. 26, it is suggested in No. 108, fol. 50 a, that he meant it to be applied to the case of scholars engaged in controversy; and Rashbam is cited in 𝔅 92 b₁₁ as explaining the saying of Shemuel in this way, a part of the citation being written in the margin, but by the original scribe.

H.

In No. 108, fol. 27 b, there is a quotation in the name of the author's TEACHER, not found in any of the other copies which I have collated:

(Pereq III. 1)... מליחה סרוחה, וא״ת מה בכך מכל מקום הריני עתה חשוב בנוי ובכח ובקומה לכך דע לאן אתה הולך, וא״ת מה בכך שתמות ותנוח בקבר לכך דע לפני מי אתה עתיד ליתן החשבון. מפי מורי ה״ר שמואל הלוי ז״ל.

Thus we are led to infer that even No. 20, whatever later additions it may include, does not contain everything that was to be found in the original text of the commentary. Notice its omissions mentioned under §§ C and F.

2. The Author of the commentary.

Prefixed to Pereq v. in this manuscript are the acrostic verses:

יותן לי לבב להורות עמוקים דלות ראות ידות קושט יושר הגיד בצוואת וגלות
ברב כח בקע בצורות יאורי מים ויבלי נהרות שם קודש קורא דורות. צוררי
ימגר ביום עברות נמוג והלום יסוד ערות בעלי עיין בעשרה מאמרות,

From the verses even in this corrupt form one can gather that the name of the writer was יעקב. They are given more correctly in No. 42, thus:

יוֹתן לי לבב להורות. עְמוקים דלות ראות זרות. קֹושט יושר הגיד בצורות.
בּאר וגלות אמרות טהורות. בּרֹבֹ כח בקע בצורות. יאורי מים יבלי נהרות.
שֵׁם קדוש קורא דורות. שׁוררי ימגר ביום עברות. נמוג והלום יסוד ערות.
בנילי עין ביוד מאמרות,

and the preceding chapter is introduced in No. 42 by the verses:

יונתי בהסתר בנקרות הצורים. עְמודים תיכן בעשרת הדברים. קְפאון לי ישית
יקרים וקדורים. בּעליל הוֹציא תעלומות לאורים. בּאמונת עתים וחוסן ישועות.
רֹב חכמה ורב דעות. בּלתי סור ובלתי תעות. יסעד לי הבין שמועות. שְׁמוע
מֹוסר שְׁמוע מזמה. וְנתן לי השכל והחכמה. ולבי גם יהגה אימה. במושכי
שבט כבן זומא.

Thus the full name of the author is clearly given as,

יעקב ברבי שמשון.

On this R. Jacob see in vol. II. of Schiller-Szinessy's *Catalogue* under No. 92, where our MS. No. 108 is described. He was a man of great learning, who lived in the 11th and 12th centuries. From the Oxford MS. Opp. 317, No. 42 in this *Catalogue* (p. 33), we learn that he was engaged in writing his ספר האלקושי in the year 1123 A.D.

We have seen that he names as his teacher one R. Shemuel ha-Levi (p. 92). From the כתב תמים*, as printed in אוצר נחמד, vol. III. 59, we learn that he was also a disciple of Rashi, and that he was a teacher of Rashi's grandson Rabbenu Tham, and a commentator on ABOTH, it being there written, on the creation of man בצלם כו׳ (Pereq III. 21):

והר׳ יעקב בר שמשון שפירש מס׳ אבות כתוב (*sic*) שם שמי שמפרש בצלמו
בצלם אלהים ברא אותו חיישינן שמא מין הוא... והוא היה תלמידו של
רבינו שלמה זצ״ל ורבו של רבינו יעקב זצ״ל.

* A work of R. Mosheh תקו, who lived in cent. 13—14.

This note on בצלם כו' is found in our copies of R. Jacob's commentary. In No. 108 it appears in the mutilated form:

כי בצלם אלהים עשה את האדם חוששין הוא לומר מין הוא.

Granted that the commentary emanated from the school of Rashi, it would be a natural mistake to ascribe an anonymous copy of it to Rashi himself. But the most tempting explanation is that the name of its proper author רי"ש was corrupted into רש"י (p. 24). The former abbreviation is actually used in R. Isaac ben Dorbelo's Machazor (No. 20)*. It is suggested in Schiller-Szinessy's *Catalogue*, that this mistake of writing רש"י for רי"ש has been made in the דעת זקנים, fol. 23 b, col. 2 (Livorno 1783, folio), where an explanation of a clause in the Ages (בן י"ג למצות), found in our R. Jacob's commentary, is given in the name of Rashi. We have seen that its sixth Pereq is ascribed to Rashi in a number of Italian Machazors, where it is used to supplement Rambam's treatise on the five Peraqim.

R. Isaac Israeli, who (on vi. 1) expressly states that Rashi commented on the five Peraqim only, follows his ancestor R. Israel of Toledo (No. 90) in attributing the commentary to one R. Shemuel, or Rashbam, whom we may suppose to have been the grandson of Rashi of that name. The author being presumably known to be of the school of Rashi and yet not Rashi himself, and his grandson Rashbam being so famous as a Talmud commentator, the latter might easily come to be regarded by a Spanish rabbi as the writer of the commentary. But we have good evidence to the contrary in the acrostics which name Rashbam's elder contemporary R. Jacob ben Shimshon as the true author, not to mention the independent testimony of the כתב תמים to the effect that he was actually a commentator on אבות.

No. 109.

Cambridge University, Additional 1490. 1.

A French Ashkenazic Siddur, quarto, of the early part of the 14th century, written on vellum in a south German rabbinic hand, and containing an unpointed text of the six Peraqim (fol. 25 a—30 b).

The following are specimens of its readings, including some obvious clerical errors:

Pereq i. 1, נתונין .בדין. 6, כל המרבה שיחה. 12, הזהרו מדבריכם. 17, רב וקנה לך חבר...

* In vol. ii. fol. 69 a, col. 2 (סימן שס"ג), a section ends .מ"ר. רי"ש. עד כאן ת'. A possible explanation of the confusion of names in the two commentaries in No. 19 is that רש"י and רי"ש were first interchanged, and the latter (an unfamiliar abbreviation), perhaps with the addition of ע"ה, was then read as ר' ישעיה.

Pereq II. 1, הוי זהיר (for והוי). 2, סוף בטילה.

Pereq III. 9, בעדת אל *בקרב אלהים ישפוט, מניין אפי׳ שלשה שנאמ׳... 16, om. ויין .ר׳ דוסתאי ב״ר ינאי (אומ״ר) משום ר׳ מאיר אומר 12, .ואגודתו 17, (om. טובים) ומעשים .תורה 22 and 23 (but not 21), om. .של צהרים 24, בערבון .הכל צפוי 25, om. .והפנקס פתוחה 28, .חבה יתירה כו׳ .גופי תורה

Pereq IV. 23, .לפרוסדור .בפרוסדור 27, .הלומד תורה לילד .לזקן 28, .והלומד מן הגדולים 31, .שיש בשאול

Pereq V. 8, .נעשו לאבותינו בבית המקדש The chapter ends with the *baraithic* additions found in No. 20 and elsewhere.

No. 110.

CAMBRIDGE UNIVERSITY, Additional 1495.

A small Prayer Book, vellum, written in an Italian rabbinic hand, of the 15th century. It contains a text of the six Peraqim, of which a few words only, here and there, are pointed.

Its reading of Pereq II. 18 is as follows (fol. קפ״ג, end):

ר׳ אלעזר אומ׳ הוי שקוד ללמוד תורה מה שתשיב לאפיקורוס, ודע לפני מי אתה עמל ומי הוא בעל בריתך, ונאמן הוא בעל מלאכתך שישלם לך שכר פעולתך.

No. 111.

CAMBRIDGE UNIVERSITY, Additional 1523.

Five leaves of an Ashkenazic Siddur, of the early part of the 14th century, parchment folio, rabbinic hand, two columns to the page.

Two leaves, not consecutive, contain portions of R. Jacob ben Shimshon's commentary on ABOTH. The former of these has the conclusion of the fifth and the beginning of the sixth chapter; and the latter a portion of the sixth, ending (on § 9) with the words,

מלוין, לשון לויה.

These words are on the fourth page from the end of the commentary in No. 20 (fol. 142 a).

* No mention is here made of the number *five*.

No. 112.

CAMBRIDGE UNIVERSITY, Additional 1729.

A Yemen Machazor, folio, written before 1644 A.D., but with some parts supplied in a later hand. It contains, after the Sabbath *Minchah*, a text of the six Peraqim, of which the first Pereq and a few words besides are pointed, viz. with the Babylonian vowel-points, or ניקוד העליון, as in No. 107.

Readings:

Pereq III. 1, סרוחה .מלחה. 24, והכל לפי רוב המעשה אבל לא על פי המעשה.

Pereq IV. 17, חביב עליך ככבוד .חבירך. 23, ...בפרוזדור .לפרוזדוד כדי שתעלה לטרקלין.

No. 113.

CAMBRIDGE UNIVERSITY, Additional 1752.

A Provençal Machazor, defective, on parchment, quarto, well written in square characters, with some letters and sentences rubricated, of the 14th century.

It contains (at the end) an unpointed text of portions of ABOTH. The second, third, and fourth chapters are here reckoned the *first, second* and *third* respectively, the Pereq משה כו׳ being regarded as an Introduction. Compare No. 80.

Before משה קבל is written,

ממתן תורה ועד משנה תורה משה קבל תורה.

In this Pereq our manuscript reads briefly, וישתו התלמידים וימותו (12), and לא מדרש הוא עקר אלא מעשה, without the article (18). The *third* folio from the beginning of ABOTH ends at Pereq II. 8,

...מרבה עבדים מרבה גזל מרבה תור׳.

After this a leaf is missing, and the next begins, תורה שאינה ירושה לך (II. 16). In II. 18 the text agrees with No. 110, reading

...תורה מה שתשיב...ומי הוא בעל בריתך כו׳.

The chapter ends:

...ופועלים עצלים ושכר הרבה ובעל הבית דוחק ודע מתן שכרן של צדיקים לעתיד לבא.

Pereq III. (here called 'ב). 1, ולפני (sic) אתה עתיד לתת את החשבון. 5, גוזרין עליו (sic) מלכות ועול דרך ארץ, 8, אבל שלשה (sic) על שלחן אחד. This mishnah is given in the name of ר' חנינא בן חקנה, next come ר' חנינא בן דוסא כו' (13—14), and after these, ר' דוסא כו' (16), the mishnioth 9—12 and 15 being omitted. 24, אבל לא על פי רב המעשה. 25, הכל נתון בערבין.

The last page of the codex has the beginning of Pereq בן זומא, down to הלומד על מנת ללמד ה'ין (8), the ה'ין being written in the margin in rabbinic character.

No. 114.

CAMBRIDGE UNIVERSITY, Additional 1754.

Another Yemen Machazor, of the same character and date as No. 112. It contains the six Peraqim, pointed throughout with the Babylonian vowel-points, and accompanied by a marginal *Perush* running beyond the pages which contain the text.

The following are some of the readings of the text, which is on the whole a good one:

Pereq I. 4, בצמאה. 6, יירש גהנום. 9, כרשעים שלא קבלו עליהם... את הדין. 14, (*prima manu*) נגד שמא אבד שמא.

Pereq II. 3, שאין מקבלין לו לאדם. 14, שלשה שלשה דברים. 15, עין רעה.

Pereq III. 1, מלחה סרוחה. 2, חיים בלעו. 3 and 9, שכינה עמהן. 9, om. אבוא כו', after שמי. 17, פנים בתורה, om. שלא כהלכה. 19, מרגילין לערוה. 24, והכל לפי רוב המעשה אבל לא על פי המעשה.

Pereq IV. 3, לעולם הבא. 17, ככבוד חבירך. 23, לפרוזדוד. כפרוזדוד. 24, כחיי העולם הבא, for מכל חיי כו'.

Pereq V. 8, שאלין. 24, שמאי והלל. 26, וחטאת הרבים תלויה בו.

The commentary cites R. JONAH on the last mishnah of Pereq I. On Pereq III. 7, it has the note:

הניעור כמו הניחור בחלוף העין מאותיות אחהע והוא קול שמוציא האדם כשהוא ישן כמו נחרת סוסיו וזה למה ששומעין אותו לסטים וחיות רעות ובאות עליו.

No. 115.

Saint John's College, K. 7.

A codex of 132 leaves of paper, of which the eleventh is lost, quarto, usually twenty-five lines to the page, except when it contains portions of the text, which is written large. Presented to St John's College, Cambridge, in the year 1684 A.D., by Edmundus Castellus, Professor of Arabic in the University.

It consists (like No. 1) of a copy (but not so carefully written) of the commentary on the Six Peraqim by R. Isaac Israeli,

יצחק ס"ט בר' שלמה בר' יצחק בר' שלמה בר' יצחק* בר' ישראל הסופר בר' [צ"ל בן] ישראל ז"ל.

The six chapters commence severally on the pages,

1 b, 24 a, 47 a, 71 a, 97 a, 119 a.

The work was completed by the author (as he tells us) in the year 1368 A.D., in the 28th year of his age. On fol. 115 b_{14}† he refers to,

הר' יעקב בן הרא"ש ז"ל,

that is to say, to Rabbenu Jacob ben Asher ben Jechiel, who died after 1340 A.D.

The transcription, which is in a Sepharadic rabbinic hand, was finished on Tuesday, the 28th Elul, 5277 A.M., that is, 1517 A.D. The place of writing was אספי, and the name of the scribe,

משה בן יהודה בן אבי זמרא ס"ט.

A full and excellent description of another copy of this commentary is given by Herr S. Sachs in his as yet unfinished catalogue (written in Hebrew) of manuscripts in the Günzburg Library, now in St Petersburg.

1. The sources of R. Isaac Israeli's commentary.

The relation of this *Perush* to that of R. Israel may be gathered from our description of the latter (No. 90). It uses most of the authorities there named (p. 47), drawing especially from the commentaries of (or attributed to) Rashi, Rashbam, Rambam, R. Meir ha-Levi, and R. Jonah, as well as from R. Israel's own.

It also supplies a reference to R. Joseph ibn עכנין (or עקנין), a disciple of Rambam, which No. 90, being defective at the beginning, omits. This

* In the description of No. 1 a בר' יצחק has fallen out before בר' ישראל.

† In explanation of this mode of reference see above, p. 46, note.

R. Joseph is cited on Pereq I. 7, והוי דן כו׳, immediately after Rambam, thus:

...וכן לאדם חסיד (ו)ישר ונאמן אין לדונו לחובה [אף כי כל דבריו נוטים לחובה], כן כתב הרמ״בם [צ״ל וכן כת׳ הרמ״ה] ז״ל, והחכם ר׳ יוסף בן עכנין [ז״ל] תפש עליו וכת׳ כי דין זה שוה לכל [נ״א בכל] אדם בין צדיק בין רשע, וכת׳ הר׳ ישראל ז״ל לשון משנתנו מסייע לר׳ יוסי בין (*sic*) עכנין ז״ל והשכל מסייע להרמ״בם.

This is found in No. 115 at the end of fol. 11 a, a few lines only before the passage, at which No. 90 commences,

...כמו שנא׳ סורו נא מעל אהלי האנשים הרשעים [האלה] ואמרו עונותיו של רשע גרמו לסתור כותלו של צדיק ($11\ b_{10}$).

The readings in square brackets are from No. 1. This codex, which is in general superior to No. 115, omits the reference to R. Israel in the above passage [$13\ a_{17}$]. But it is found in the Günzburg manuscript, as described by Sachs, as well as in No. 115.

In No. 1, fol. 12 a, and in the Günzburg manuscript, but not in No. 115, which has lost a folio at this place, there is a citation, also on Pereq I. 7, from R. Joseph ibn Giqatilla:

וקנה לך חבר...ובמשלי ר׳ יוסי ן׳ גיקטיליא ז״ל למה חברים העוסקין בתורה דומים למדורה של׳ עצים הא׳ מדליק את חבירו כך החבירים הלומדי׳ זה שואל וזה משיב זה מקשה וזה מתרץ נמצאי׳ כלם דולקין ׳ אבל הלומד יחידי דומה לעץ יחידי דולק שאין האור מתאחזת בו ע״כ.

The Rabbenu Meshullam quoted on Pereq III. 25 ($67\ b_{10}$), whom Sachs inclines on the whole to regard as a צרפתי, proves on the contrary to be a רומי, his note on the סעודה, which our R. Isaac cites, being introduced thus in the earlier commentary of רי״ש, according to No. 20 (vol. I. $115\ b_{19}$):

ור׳ משולם בר׳ קלונימוס איש רומי פי׳ לסעודה ליום המיתה...

On Meshullam see in Schiller-Szinessy's *Catalogue*, under No. 53 (vol. I. p. 161).

Lastly, our R. Isaac quotes his father, א״א ז״ל ($3\ a_{22}$, $19\ b_5$, &c.), and his grandfather Isaac ($126\ b_{17}$, $127\ a_{24}$, &c.), whom he also calls זקני הר׳ יצחק ישראל ($122\ a_5$, &c.), at times with and at times without the addition of ז״ל.

On Pereq II. 13 we read in this codex ($38\ a_{13}$):

כאלו לוה מן המקום (ב״ה) מפרש בספר בן סירא לכך קורא מקום להק״בה לפי שהוא מקומו של עולם ואין העולם מקומו ומצאתי בפי׳ ההגדה שחבר

הר׳ ישראל זקני (*sic*) ז״ל שכת׳ על ברוך המקום שנתן תורה לישראל
וכו׳ כשתמנה שם של ד׳ אותיות תמצא מניינו עולה למנין מקום כיצד וכו׳*
ע״כ. וכת׳ הר׳ ישראל ז״ל...

But instead of הר׳ ישראל זקני we must read with No. 1 (39 a_{20}),

זקני הר׳ יצחק ישראל,

a reading further attested by the Günzburg manuscript (Sachs, *Catalogue*, col. 42), and by the context of this very passage, in which a genuine citation from R. ISRAEL immediately follows.

For some of our author's citations from the pseudo-Rashbam see on No. 108, comparing No. 90 § 6. Examples of comments cited by him as from RASHI on passages of ABOTH are given below.

2. R. Isaac Israeli's citations as from Rashi.

At the commencement of Pereq VI. (119 b_4) R. Isaac remarks:

רש״י ורמב״ם וריז״ל ורמ״ה לא פירשו פרק זו לפי שאינו ממסכתא זו.

On the earlier chapters RASHI is not unfrequently quoted. For example;

A.

On Pereq III. 4 (50 a_{20}) he is quoted as follows:

כת׳ רש״י ז״ל ולא מצינו במשנה כתי׳ ישב בדד וידום אבל רגילין העם לאומרו ע״כ.

This is a remark of some critical importance. It reveals the source of not a few interpolations in the written text.

B.

On the reading of Pereq III. 9 (54 $a_{7,\,19}$) he is quoted to the following effect:

ורש״י ז״ל גורס מנין שאפי׳ ה׳ שנא׳ בקרב אלהים ישפוט, ופי׳ אלהים לשון
דיינים [ג׳ דיינים] וב׳ בעלי הדין הרי בכאן חמשה. מנין שאפי׳ ג׳ שנא׳ ואגודתו
על ארץ יסדה ומצינו ג׳ שקרויים אגודה שאגודת אזוב ג׳ קלחים בו ע״כ.

* The explanation given is that the squares of the numbers represented by the letters of יהוה ($10^2 + 5^2 + 6^2 + 5^2$) together make up the numerical value of מקום (40 + 100 + 6 + 40).

C.

On Pereq III. 18 ($60\ b_5$) we read:

פרש"י ז"ל הוי קל לראש כשאתה בחור הוי קל כנגד היוצר ונוח לתשחורת וגם בעת זקנתך תהא נוח לו תשחורת מלשון זקנה כמו כי הילדות והשחרות. וי"א הוי קל לראש לשר הבירה וכו'.

D.

On Pereq III. 25 ($67\ b_9$) a remarkable note is given in the name of RASHI:

...והכל פרש"י אע"פ שהדין דין אמת " הכל מתוקן לסעודה א' רשעי' וא' צדיקי' יש להם חלק לעולם הבא לבירה הגדולה ע"כ.

E.

On Pereq IV. 8 ($78\ b_{17}$),

רבי ישמעאל בנו אומר הלמד על מנת ללמד מספיקין בידו ללמוד וללמד,

a reading אין מספיקין is given as RASHI's, and as peculiar to him, thus:

רש"י ז"ל גורס ע"מ ללמד אין מספיקי' בידו ללמוד וללמד וכו', ופי' הלומד ע"מ ללמד לקרותו רב או' ר' אין מספיקי' וכו'. ורשב"ם גורס מספיקי' וכן גרס' כל הספרי'.

And it is written in the margin of the text,

רש"י גורס על מנת ללמד אין מספיקי' בידו וכו' ובכל הספרי' כתו' מספיקי'.

F.

In Pereq IV. 17 ($85\ b_{17}$) the reading ככבוד חבירך has the support of the commentary quoted as RASHI's, thus:

פרש"י ז"ל ככבוד חבירך משמע קרוב לכבוד חבירך וכן במורא רבך קרוב למורא רבך וכן וכבוד רבך קרוב לכבוד שמים ע"כ.

Over against this reading, which R. Isaac himself gives in his text, it is written in the margin of the codex, י"נ חביב עליך כשלך.

G.

On Pereq V. 8 two passages are quoted as from Rashi:

($102\ b_{16}$) וכת' רש"י ולא כבו הגשמים ולא נצח' הרוח כמדומה (שהוא) שיבוש דהא ביומא אמרי' הא משנה אגב גררה ולא קתני בה הני תרתי ומוסיפי' להו בברית' והנך תלתא עומר ובשתי הלחם ובלחם הפנים בתלתא קא חשיב להו והוו להו נמי י' ע"כ.

(102 b_{24}) ולא אמ׳ אדם לחבירו וכו׳. פרש״י לפי שכל הדרים בתוכו היה מזמין להם שהם (*marg.* השם) פרנסתן ולא הוצרך א׳ מהם לצאת משם וכת׳ הר׳ ישראל ולפי זה יש לגרוס שאלין בירושלם ופי׳ שאתקיי׳ ואדור כמו נפשו בטוב תלין ע״כ.

But R. Isaac himself, after "Rashbam" and R. Jonah (103 a_4), reads כשעולין לירושלם.

H.

On Pereq v. 29,

יהודה בן תימא אומר הוי עז כנמר כו׳.

"Rashi" is quoted to the following effect (115 b_7):

פרש״י ז״ל משנה זו שנויה (להלן) בזבחי׳ (*sic*) בפרק מקום שנהגו תכף לאות׳ של ר׳ עקיבה שהיה אומ׳ עשה שבתך חול ואל תצטרך לבריו׳ ובא ללמדנו שלא דבר ר׳ עקיבה אלא במי שהשעה דחוקה לו ביותר אבל צריך אדם לעשות עצמו עז כנמר וקל כנשר לעשות רצון אביו שבשמים לקבל שבתות וימים טובים ע״כ.

See also fol. 4 a_{12}, 40 $b_{7,11}$, 50 a_{24}, 61 b_{10}, 66 b_{20}, 68 a_{21}, 70 b_9, 81 b_3, 96 b_{26}, 100 a_{15}, 103 a_{16}, 103 $b_{7,9}$, &c.

These comments, or some of them, may perhaps be rightly attributed to Rashi. They are more or less in his style, and one cannot doubt that he expounded the tract Aboth in his lectures, although he may not himself have written down his notes upon it. In copies of R. Jacob ben Shimshon's commentary (Nos. 20, 108, &c.), which (as we have seen) our R. Isaac quotes as Rashbam's, sundry references are given to Rashi, but not as a writer on Aboth.

Thus much will suffice to indicate the character of R. Isaac's *Perush;* but full justice could not be done to it without collating it in detail. It is indispensable to any critical commentator on Aboth, and would itself amply repay the labour of careful editing.

3. The date of R. Israel's commentary.

R. Isaac Israeli, who was born in 1340 A.D., being of the sixth generation in descent from and including

ר׳ ישראל הסופר בן ישראל,

that is, R. Israel ha-Sopher Israeli, the latter would have been born in the 12th or the 13th century according as we reckon on an average more or less than 28 years to a generation. If he was the R. Israel whose Arabic commentary our R. Isaac cites, the author of this, as we assumed in our description of it (p. 46), may have been born late in the 12th century or early in the 13th. In either case his commentary might have been written not later than the middle of the 13th century; nor is there apparently any internal evidence to the contrary, according to No. 90, the latest author of ascertained date quoted therein being RABBENU JONAH (p. 47), who died about 1230 A.D.

Sachs, however, in his *Catalogue* takes the author to be a different R. Israel, who died in 1317, or possibly 1322 A.D. He was without doubt (writes he) the R. Israel of Toledo (col. 26) who was engaged in controversy with R. Asher ben Jechiel (שו"ת הרא"ש כלל נ"ה סי' ט'). But the reasons assigned are, as they stand, not quite conclusive. They are to the effect that the R. Israel last named was a great scholar, who composed works in Arabic, and is styled "R. ISRAEL" simply by HA-ROSH; and that the R. ISRAEL cited by our R. Isaac was a scholar of like calibre, who wrote in Arabic, and is referred to always as R. Israel, without further specification, *if* we assume him to be a different person from R. ISRAEL HA-SOPHER ISRAELI. But one's first impression from our R. Isaac's preface is that the R. Israel ha-Sopher named in his pedigree is the R. Israel whose work on ABOTH he cites; and so perhaps thought the careful scribe of No. 1, when he copied as far only as the name of ר' ישראל in large letters, as below:

פי' מסכת אבות חברו יצחק בר' שלמה בר' יצחק בר' שלמה
בר' יצחק בר' ישראל הספר בן ישראל תנצ"בה. תחלת דברי וראשית
אמרי כו' ... (2 a_6) ולקטתיו מהים הגדול ורחב ידים פי' החכם הפילוסוף
האלהי התורניי הר' ישראל ז"ל אשר הרחיב בפי' מסכתא זו בלשון ערב ...
ועוד לקטתיו משאר חיבורי המפרשי' ז"ל והוספתי אני מאשר חננוני מן
השמים לקשר דברי כל תנא ותנא כפי השגת שכלי' ועוד סיימתי כל משנה
ומשנה בפסוק לפי שכך הורגלתי להגידה ברבים ...

On either hypothesis, R. Israel's commentary on ABOTH may have been written within the half century 1250—1300 A.D., and on neither can it have been written much before or much after.

פרקי אבות

Nos. 116—170.

(PARIS, 116—136. HAMBURG, 137—150. BERLIN, 151—155.
ST PETERSBURG, 156, 157. LONDON, 158—168. PARMA, 170.)

I. Commentaries with or without the text

Name	Number
Rashi	116, 117, 170
Jacob ben Shimshon	118–121, 151, 152, 158, 161
Maimonides (Hebrew)	121, 122, 152, 153
Bachja ha-Dayyan	160
Joseph ibn Shoshan	129, 130, 160
R. David (Arabic)	126
Isaac Israeli	123–125, (130)
Shem Tob ben Shem Tob	128, 160
Shim'on ben Tsemach Duran	127
Joseph Ja'betz	131
Shabbethai ha-Sofer	159
Aharon de Shelomoh Antones	169
Abraham Taussig	158
Anonymous	117, 132, 141
Translations	132, 144

II. The text alone

Nos. 133–140, 142, 143, 145–150, 154–157, 162–168.

The codices in the Imperial or as it is now called National Library of PARIS numbered respectively in the new *Catalogue* of Hebrew and Samaritan manuscripts,

152, 169, 306, 327, 328, 330, 387, 448, 452, 455, 583, 589, 636, 643, 644, 646, 719, 739, 769,

contain manuscripts of the text of ABOTH or of commentaries upon it as below, where the PARIS *Catalogue* numbers are given in brackets.

Nos. 116, 117.

(PARIS 644, 769.)

Each of these contains a copy of the commentary having the unique reading in Pereq IV. 8,

אין מספיקין בידו ללמוד וללמד,

which R. Isaac Israeli quotes as RASHI's (p. 101 E).

No. 116, which is a fine Machazor transcribed shortly before 1264 A.D. by one Eliezer, contains also the text of the Six Peraqim separately (fol. 78 a—89 b). It reads in Pereq III. 9,

...שנ׳ אלהים נצב בעדת אל בקרב אלהים
ישפוט מניין שאפילו חמשה שנ׳ ואגודתו על ארץ יסדה מניין שאפילו שלשה
שנ׳ בקרב אלהים ישפוט.

In Pereq IV. 23 it has בִּפְרוֹזְדוֹר, לִפְרוֹזְדוֹר; and it places רב׳ אומר עשה רצונו כו׳ (II. 4) after IV. 19.

The commentary (fol. 237 a—266 a) reads, on Pereq I. 3,

ושמעתי שצדוק ובייתוס תלמידיו היו,

instead of referring (as some copies here do) to the ערוך, which would limit its age.

Pereq VI. is also commented upon, and it is remarked that for "FIVE possessions" the reading should be THREE.

No. 117 contains two commentaries, of which the former is that attributed to RASHI (fol. 91 a—95 b). See also under No. 130.

Nos. 118—120.

(Paris 327, 387, 646.)

These contain copies of the commentary of R. Jacob ben Shimshon, or רי"ש. See above pp. 90, 94.

No. 118 reads on Pereq v. 9, marking שנתגל for omission

ופי הבאר (שנתגל) פי' הבאר שהיה מגלגל עם ישר' במדבר מנחליאל כו'.

In this mishnah the true reading may perhaps be והבאר, the interpolation of פי *mouth* being due in part to a misreading of the abbreviation 'פי in some ancient *Perush*.

No. 119 contains Rashi's *Sepher ha-Pardes*, followed by the commentary of רי"ש on Aboth. Notice in this the reading in the introductory part (fol. 202 a, line 4),

אין ניקוד טברני דומה לניקוד שלנו,

and the reading on Pereq iii. 18,

ויש מפרשין הוי קל ראש הקל את ראשך כלומר הוי זריז במלאכתך בבחורות'
כדי שתנוח בזקנתך. וי"א הוי קל לראש לשר הבירה.

No. 120 is a fine Machazor transcribed a little before 1396 A.D. In the commentary we miss such critical notes as ובתפלה ל"נ (ii. 17). In Pereq ii. 1 it reads לעושָׂה תפארת.

Nos. 121, 122.

(Paris 328—9, 330.)

These contain Rambam in Hebrew on Aboth, in its place as a tract of the Mishnah; and the former adds the commentary of רי"ש on Pereq vi., but under the name of Rashi.

Nos. 123—125.

(Paris 152, 169, 448.)

The commentary of R. Isaac Israeli on the Six Peraqim.

No. 124, which contains a roughly written copy of the commentary (fol. 119 a—196 b), breaks off on Pereq iv. 31 with the words

ומהו השחד אלא שהכוונה בזה.

No. 125 begins on the *Great Synagogue*, and a leaf is missing before fol. 29, which commences at Pereq ii. 5 with the words צבור שמעשיהם כעורים.

The copy of the same commentary which should be in No. 130 is missing

No. 126.

(Paris 583.)

At the beginning and up to fol. 134 a is a commentary in Arabic "attribué à R. David... Le ms. a été exécuté au Caire à une époque récente." If the author is R. DAVID (ben Jehoshua) ben Abraham ben Mosheh ben Maimon, it may be put down to the middle of the 14th century.

No. 127.

(Paris 739.)

The work מגן אבות of R. Shim'on ben Tsemach Duran, completed in 1559—60 A.D., including a commentary on ABOTH (fol. 199 b—269 a), first printed at Livorno in 1763 A.D.

No. 128.

(Paris 719.)

This includes a copy of R. SHEM TOB BEN SHEM TOB'S commentary on the Six Peraqim, defective at the end.

The Peraqim begin respectively on the pages,

107 a, 123 b, 128 a, 133 b, 135 b, 139 b.

Nos. 129, 130.

(Paris 455, 769.)

No. 129 is an excellent copy (but with three pages in a later hand) of the commentary of R. JOSEPH IBN SHOSHAN on ABOTH, dated (?) 5148 A.M. (=1388 A.D.). He sometimes gives Arabic equivalents for Hebrew words, as for ספוג and משמרת in Pereq v. 21.

No. 130 is a defective copy of the same, dated 1496 A.D., commencing near the beginning of Pereq II. with the words,

וחוזר אותו הכח ומתצמצם כו',

which are found at fol. 24 a, line 14 in No. 129, so that the contents of 23 out of the 91 folios of that copy are missing in this.

The scribe Isaac ibn Shoshan writes that he transcribed "these commentaries of R. Isaac Israel and R. Joseph Shoshan at גוליטא on the coast of Tunis." The former of these is not in the codex.

No. 131.

(Paris 452.)

An unnamed commentary, which proves to be that of

ר׳ יוסף יעבץ,

described above on p. 80.

No. 132.

(Paris 589.)

The volume begins with a German translation and commentary on Aboth in Hebrew characters. On a fly leaf is written,

295. *Liber Cabbalisticus. Lingua Theutonica.*

Nos. 133—136.

(Paris 306, 636, 643, 647.)

Codices containing the text of Aboth without commentary.

No. 133 has some remarkable correspondences with the text in the Cambridge Manuscript of the Mishnah, No. 98 (pp. 69—78). The following are specimens of its readings:

Pereq II. 5, שאיפשר לשמוע שסופו להשמע. 14, שְׁלֹשָׁה שלשה. 18, מה without ודע.

Pereq III. 9, as in No. 98. 18, הוי קל ראש, with a small ל inserted above the line before ראש, in brown ink like the points, the letters of the text being black.

Pereq V. 9, ופי הבאר omitted. 28, the order as in No. 98, and שנ׳ אתה כו׳ is omitted. 31, omitting שאין לך כו׳,

...הפוך בה וְהַפֵּךְ בה דכולה בה ומלך בה ובה תהוי ומנה לא תזוע.

The reading ומלך is clearly a corruption of וכולך (No. 98).

Nos. 137—150.

These are the codices of the Stadtbibliothek of HAMBURG numbered respectively,

34, 42, 89, 105, 109, 116, 129, 171, 200, 205, 208, 212, 234, 243;

and consisting mostly of Prayer Books which were examined by the writer in the year 1876. The corresponding numbers in the *Catalogue* of 1878 by Steinschneider are given below in brackets, with the letter S prefixed.

No. 137 (S. 85) contains portions of ABOTH, pointed, on seven folios, not arranged in their true order, namely,

From Pereq II. 13 to III. 17 on folios 36, 43;

From Pereq V. 3 to כל מה שנברא, in VI. on folios 2, 3, 8, 4, 5.

In Pereq III. 9 it reads, but with בקרב אלהים unpointed and marked for omission,

...בעדת אל (בקרב אלהים) מניין שאפילו שלשה שנ׳ ואגודתו כו׳,

thus deliberately omitting the number FIVE.

No. 138 (S. 87) contains a pointed text of ABOTH (fol. 60 a—7 b), with several omissions, some of which are supplied in a later hand.

Pereq II. 4 is omitted, but added below in the margin. In the text it stands after Pereq IV. 19, with the reading שיבטל רצונך. It is remarked by commentators on the received text that רצונו was to have been expected here, but רצון אחרים was put for it by way of euphemism.

No. 139 (S. 88) contains the Six Peraqim unpointed (fol. 38 b—48 b). It reads in inverted order,

ר׳ א׳ עשה רצונך כרצונו,

and places the saying after Pereq IV. 19, instead of at II. 4.

No. 140 (S. 89) has the Six Peraqim, pointed (fol. 74 a—93 b). It omits Pereq IV. 20, and in its place gives a short reading of II. 4,

ר׳ אומר עשה רצונך כרצונו בטל רצונך כו׳.

No. 141 (S. 56) consists of ten folios, modern, and has the beginning of a commentary on Job, followed by fragments on ABOTH (fol. 7—10).

No. 142 (S. 84) is a "Thephillah" of date 1459 A.D. in which Pereq VI. ends thus,

ארבעה קניינים...בן בג בג...בן הא הא...יהי רצון כו׳.

No. 144 (S. 157) contains a Latin translation of ABOTH, written in an interleaved copy of a printed edition, by L. JOH. AD. SCHERZIUS, Leipsiae, 1664.

Nos. 143, 145—9 (S. 90, 93, 101, 94, 95, 97), contain the Six Peraqim, pointed or unpointed.

No. 150 (S. 98) has the Six Peraqim, pointed. It reads in

Pereq III. 9, repeating בקרב כו׳,

...בעדת אל בקרב אלהים ישפוט...חמשה שנ׳ בקרב...שלשה שנ׳ ואגודתו כו׳.

22, שנברא בצלמו חבה יתירה לו שנברא בצלם כו׳.

Pereq V. 31, הפוך בה והפי בה ובה תהוי ומנה כו׳.

Nos. 151—155.

These manuscripts of the Royal Library of BERLIN, numbered respectively in the Oriental Collection,

361, 498, 567, 627, 629,

were collated in 1876. Their numbers in the *Verzeichniss* of Hebrew Manuscripts by Steinschneider forming Part II. of the general catalogue of manuscripts belonging to the above-mentioned Library and published in 1878 are given below in brackets.

No. 151 (S. 51) is a small German Machazor with marginal "Scholien," which "erklären den Inhalt und behandeln das Ritual häufig nach ויטרי." The commentary occasionally takes fantastic shapes, as of an ape, or a flamingo. On fol. 94 b (cf. 114) it forms the name of the scribe בנימן הלבלר, and on fol. 95 a that of his patron יצחק בן חננאל.

It has the Six Peraqim, pointed by a later hand, and accompanied by the commentary of רי״ש (fol. 70 a—95 a). It omits ובתפלה in Pereq II. 17; תורה in II. 18; and חבה יתרה כו׳ in III. 22; reads גוּפֵיה תורה in the text of III. 28, with הֲלָכוֹת in the margin; and reads on III. 18, in the commentary,

הקל את ראשך והוי בקנה שהולך כו׳.

No. 152 (S. 60) has the Five Peraqim with Rambam's commentary, in Hebrew, followed by Pereq vi. with that of ר״ש.

No. 153 (S. 24) has Aboth in its place in the Mishnah, with the commentary of Rambam in Hebrew (fol. 166 a—176 b).

No. 154 (S. 89) is a Yemen Siddur, containing the Six Peraqim with the נקוד העליון (fol. 16 b); the sixth Pereq is here of peculiar form, like that of No. 84. After בשם מרדכי it adds ושאינו או׳ דבר בשם אומרו כו׳. Then come a number of Beatitudes, and lastly the saying on the י״ש עולמות (T. B. Sanh. 100 a), and ר׳ חנניה בן עקשיא כו׳. This chapter is named קנין תורה, and is expressly said to be בריתא and no part of the genuine Aboth.

In the Five Peraqim this manuscript, like No. 98, reads בצמאה (i. 4); עמלים כו׳ (ii. 2); ככבוד חברך (iv. 7); פרוזדוד, with two *Daleths* (iv. 23); שמאי והלל (v. 25). It omits תורה in ii. 18, and חבה יתרה כו׳ in iii. 22 and 23.

No. 155 (S. 91) is another Yemen Prayer Book, folio, having the Six Peraqim, with occasional points (fol. 12 b—17 b). Twelve folios from the end of the full-sized pages is a calendar beginning at 1654 A.D.

Nos. 156, 157.

These are the manuscripts 147 and 148 in the first Firkowitz collection which I collated in the course of a visit to the Imperial Library of St Petersburg one day in September 1876. They are Prayer Books with the text of Aboth, both incomplete.

No. 157 reads עין רעה (ii. 15); לִפְרוֹזְדוֹד כו׳ (iv. 23); אֲבִיָּה (iv. 27); שלי ושלך שלך כו׳ (v. 16); שמאי והלל (v. 25).

No. 158.

This is the copy of the commentary of ר״ש referred to above on p. 91 as belonging to the Ashkenazic Jews' College in London. See under No. 6 in Neubauer's *Catalogue* of the Hebrew manuscripts belonging to the College (1886). No. 9 in the same collection is described as ספר עץ אבות, a commentary on Aboth by Naphtali ben R. Abraham Taussig "Neun Greschel," a descendant of Judah Löwe of Prague. The commentary in No. 6 (fol. 90 a—147 b) is written for the most part in a "Magna-Graecian" hand of from 1275 to 1325 A.D. The following account of it is from a transcript of the commentary made for me by Dr Schiller-Szinessy.

The scribe wrote from a copy which was defective in Pereq v., and used another commentary to supplement it.

Passing over the gap inadvertently in the first instance, he goes on at once from עם הארץ in v. 15 to עין טובה כו׳ (v. 28). But on perceiving the omission he writes in the margin at the end of v. 15, "see on the next folio," עיין בדף שני (fol. 136 b).

On the next page (fol. 137 a), after v. 28, he writes (with reference to what he is about to insert to supply the omission):

מכאן עד יהודה בן תימא אומ׳ הוי עז כנמר לא מצאתי בהעתק והעתקתיו מפי׳ אחר ושכחתי מלכותבו במקומו לפיכך כתבתיו הנה,

and he accordingly gives notes extracted from this "other commentary" on the omitted sayings, from ארבע מידות בדיעות כו׳ (v. 16) onward, on a smaller scale and not quite covering the whole ground. These extracts reach to the beginning of fol. 138 a. The saying of יהודה בן תימא (v. 29) is then commented upon from the original manuscript.

Many of the Rabbinic commentaries on Aboth are of this composite character; but this note explaining how a part of one has come to be embodied in another is quite exceptional, and of great interest. In other cases, especially in short marginal commentaries, the writer, while following one *perush* on the whole, will frequently work into it notes from another which seem to him more edifying or to the point, till the distinctive features of the original are more or less completely obliterated.

The sayings of בן הא הא and בן בג בג are commented upon in this manuscript as part of Pereq v., whereas in No. 20 they are placed at the end of Pereq R. Meir. See above, p. 23.

No. 159.

This belongs to the same collection as No. 158, and is No. 37 in Neubauer's *Catalogue* of it. It is a Siddur, of "about 1610," including a pointed text of the Six Peraqim, and with a grammatical commentary by one Shabbethai ha-Sofer. The text of Aboth has the accented syllables marked and Scripture passages accentuated. It is a feature of the commentary on Aboth that it discusses the pointing of words in the text.

Nos. 160—168.

The BRITISH MUSEUM manuscripts, Additional 26922, and Oriental 2389, 2390, 2417, 2418, 2673, 2735, 2736, 2772.

No. 160 (Additional 26922, Almanzi collection), which is in a Sepharadic Rabbinic hand, contains

(1) A commentary on the Five Peraqim by דון יוסף בן שושן (fol. 99 a—190 a), followed by a commentary on Pereq VI. by

ר׳ שם טוב ן׳ שם טוב.

(2) A commentary on the Six Peraqim by רבי׳ בחיי הדיין (fol. 217 a—285 b), copied by David Hassoun in the year 1534 A.D. (fol. 286 a), for ר׳ שלמה הלוי בכ̄ר החכם השלם ר׳ משה הלוי בן אלקאבץ. It begins,

ראשית חכמה יראת ה׳. עליון הנמצא הקדמון השוכן ברום חביון.

The author, who lived in the 13th century, quotes his teacher, the famous Shelomoh ibn Addereth, וכן כתב מורי ר׳ שלמה נ̇ר (236 b), and Rashi, Redaq and Rambam (229 a). On "Bachja" and his other works see Dr Bela Bernstein's *Die Schrifterklärung des* **Bachja b. Asher ibn Chalâwa** *und seine Quellen* (Berlin, 1891), an extract from the *Mag. f. d. Wiss. des Judenthums.* Dr Bernstein does not notice this *Perush.* See also Luzzatto in Steinschneider's המזכיר, vol. IV. 56 (Berlin, 1861).

Pereq V. ends with יהודה בן תימא... הוא היה אומ׳ עז פנים כו׳.

Pereq VI. is headed

פרק ששי , בן בג בג.

and contains comments on the sayings:

בן בג בג אומ׳ הפוך בה והפך בה כו׳. לפום צערא אגרא. שמואל הקטן אומ׳ בן חמש כו׳. ר׳ אבא אומ׳ אשרי מי שגדל בתורה כו׳. ר׳ חנניה כו׳.

No. 161 (Oriental 2735) is an Ashkenazic Machazor, of the 14th century, on vellum, containing the Six Peraqim in square character, pointed (fol. 51 a—78 a), with the commentary of רי״ש in the margin of the text and on the whole of the page preceding it. It shews a transitional state of the ending of Pereq V. where, after שבשמים, come the sayings:

שמואל הקטן כו׳. בן חמש כו׳. עז פנים כו׳ (with *baraitha*). אשרי מי שגדל בתורה כו׳.

These are followed by:

סליק פירקא, מכאן ואילך היא תוספת העולם,

and the sayings of בן הא הא and בן בג בג are not contained in this chapter, but come at the end of the next.

In the margin, however, after שבשמים (fol. 71 b), is written, on the right hand,

הוא היה אומ׳ עז פנים כו׳. בן הא הא כו׳. בן בג בג כו׳,

and on the left hand,

סליקו לך מסכת אבות,

and the saying of בן בג בג is commented upon at the end of Pereq v., and not in its place in Pereq vi., where it stands in the text.

No. 162 (Or. 2736) is an Italian Siddur in Sepharadic handwriting, dated on the last page but one (fol. 479 a), Bertinoro, 5150 A.M., or 1390 A.D. It contains the six Peraqim, in square characters and with points (fol. 280 b —314 a).

No. 163 (Or. 2772) is an Ashkenazic Machazor, written a little before the year 1314 A.D., with which its calendar begins (fol. 297 a), and containing the Six Peraqim, in square characters and with points (fol. 92 a—122 a).

Nos. 164—168 are Prayer Books of the rite of Yemen.

No. 164 (Or. 2389) contains the Six Peraqim unpointed (fol. 16 b—22 a).

No. 165 (Or. 2390) the Six Peraqim with the נקוד העליון, except in the sixth and part of the fifth (fol. 18 a—24 a). Pereq vi. begins in the usual way, but ends with a series of Beatitudes, like No. 84.

No. 166 (Or. 2417) the Six Peraqim unpointed (fol. 44 a—48 b), with here and there a short marginal note.

No. 167 (Or. 2418) the Six Peraqim with the נקוד העליון (fol. 12 a—17 a).

No. 168 (Or. 2673) the Five Peraqim with the נקוד העליון (fol. 15 a—19 a).

No. 169.

Among Aboth manuscripts in the possession of the writer may be mentioned an autograph eclectic commentary of date 5423 A.M. by Aharon de Shelomoh Antones, a Sepharadi living in the neighbourhood of Amsterdam.

No. 170.

This is Codex 184 of the de-Rossi collection, now in the Royal Library of PARMA. It contains a commentary on the Five Peraqim followed by two fragments inserted to fill blank spaces; additional notes on Pereq III. 24, 25 ending כך פי' ר' משולם בר' קלונימוס מרומי; and a short Hebrew Lexicon from אבל to תפוח. De-Rossi ascribed the commentary to R. Meshullam; but it is clearly of different authorship from the detached notes above mentioned, and it proves to be a recension of a well known work attributed to Rashi with additions from Maimonides. The notes by R. Meshullam are from the *Aruch*, which is also referred to by name on fol. 8 b.

The codex contains 108 leaves of paper, now measuring about 5½ by 4¼ inches. The writing is Spanish rabbinic, of about cent. xv. The volume is described as follows by Joh. Bern. de-Rossi in the published catalogue of his *MSS. Codices Hebraici &c.*, vol. I. p. 120 (Parma, 1803):

COD. 184

1. PIRKE AVOTH seu *Capitula patrum* cum *Comm.* R. Mescullam fil. Kalonymi de Roma.

2. ANON. *Lexicon breve heb.* chart. rabb. in 12 sec. xv.

Commentarii auctor colligitur ex verbis, quibus explicit, si ea quidem, ut videntur, de expositione integri libri sunt intelligenda, *Sic exposuit R. Mescullam fil. R. Kalonymi de Roma. Finitus et absolutus.* Hunc scriptorem vix memorat Wolfius T. I p. 102, de hoc autem opere silet profunde.

BENIACOB in his אוצר הספרים, No. 102 p. 458 (Wilna, 1880), follows de-Rossi in ascribing the commentary to R. Meshullam, without mention of his expression of doubt, "si ea quidem, ut videntur &c."

RAPOPORT accepted de-Rossi's conclusion, and even imagined that he had confirmed it. Finding the detached notes from R. Meshullam (fol. 68 a—69 b) in the *Aruch*, and not doubting that they belonged to the commentary, he called it R. Meshullam's, and added ומובא ממנו כבר מן הערוך (ערך סער). See letter I. p. 16 in *S. L. Rappoport's Heb. Briefe an S. D. Luzzatto*, ed. Eisig Gräber (Przemysl, 1885).

De-Rossi's "Pirke Avoth cum *Comm.*" comprises the commentary, two minor fragments written to fill up its last folio, and the detached notes from R. Meshullam.

1. Perush Rashi-Rambam.

A collation of the *Perush* in the manuscript with an edition of "Rashi" and Rambam's commentaries on the Five Peraqim (Mantua, 1560 A.D.) shews that it is a recension of the former with considerable additions from the latter, its longer notes in particular being more or less compounded of Rambam's.

Fol. 1 a—5 a. The Peraqim have for preface an expansion of כל ישראל יש להם חלק כו׳ with Rambam's enumeration of the thirteen foundations of the Law. See on Mishn. *Sanh.* xi (*al.* x) 1.

The Peraqim begin severally on

fol. 5 b, 15 b, 26 a, 36 a, 50 a.

The following extracts are given partly for the sake of their readings in the text of Aboth, and partly as specimens of the *Perush.* Passages in **Rabbinic** type are from Rambam.

Pereq i. 3, על מנת שלא לקבל פרס. For the story of צדוק וביתום the ערוך is referred to (8 b_4).

4, ושותה בצמאה. 4—5, יוסף. 6, יורש.

6, ובאבות דר׳ נתן מוקים לה באשתו נדה...ואנן גרסי׳ ואפי׳ באשתו טהורה ומפני שמתבטל מדברי תורה.

7, ואמרי לה חבר ממש. וקנה לך חבר, ספרים. 7—8, מתאי.

8, הרחק (*marg.* רַחֵק), and afterwards (*sic*) התחבק, רחק.

19. The Pereq ends thus,

שפטו בשעריכם וסמיך ליה אולי יחנן ובמשנה אין כתי׳ מקרא זה. והדין הוא הנהגת המדינה ביושר... והסלוס מעלות המדות.

The edition reads ובמשנה טברנית אין כתיב שם פסוק, and adds the note that אולי יחנן כו׳ is not סמוך לשפטו בשעריכם, the one verse being in Amos and the other in Zechariah.

Pereq ii. On 1, 3, 6, 10, 15 there are extracts from Rambam. The note on § 1 gives his enumeration of the eight gradations of negative commandments with the penalties attached.

5, ואל תאמר דבר שאפשר לשמוע שסופו להשמע.

6, השתדר כמו השתדל ותעסוק בצרכי צבור...תרגו׳ ויאבק ח׳ים ואסתדל

7, צפה (for שצפה). 9, עשית (*marg.* למדת).

14, שלשה שלשה דברים...כל אחד אמ׳ שלשה...ונחש שרף לוחש בפיו
שִׁיבְלֵייר כדרך שהאווזין שורקין זה לזה.

שיבלייר] *Sifler.* The לע״ז of the edition agrees generally with that of the MS.

17, הוי זהיר בק״ש לקרותו בשעתו. ותפלה ותפילין לא גר׳.

The scribe has interpolated ובתפלה in his text; and in the same saying רחמים ו׳, where אלא תחנונים is the true reading of the *Perush*.

Pereq III. On 1, 4, 9, 17, 18, 19, 24 &c. there are extracts from Rambam.

4, אחד שיושב ודורש. The compiler has recourse to Rambam for the note,

ופי׳ וידוס מן הדבור... כאלו נתינת התורה כלה היתה בעבורו לבד,

having (we need not doubt) in his "Rashi" the note quoted as from Rashi by R. Isaac Isr. (p. 100, A),

ולא מצינו במשנה כתי׳ י״ב בדד וידום אבל רגילין העם לאומרו.

5, הרי אלו כאוכלי זבחי מתים. 7, הנעור, הצועק.

9. R. Isaac Isr. quotes Rashi for the reading חמשה שנ׳ בקרב כו׳ and its interpretation (p. 100, B). The MS. gives this, and after it, with a ויש גורסין, the view of Rambam.

13. Fol. 30 ends on ר׳ חנינה בן דוסא כו׳ with the line,

שמתרחק מן האסור והחטא,

and, *a leaf having been lost*, fol. 31 begins on § 17,

את המועדות והמלבין כו׳.

17, והמגלה פנים בתורה אעפ׳ שיש בידו תורה ומעשים טובים.

The *Perush* combines "Rashi" and Rambam thus,

מלבין הוא שמביים חבירו. וי״א מאדים כו׳.

מגלה פנים בתורה, דורש אגדות של דופי. וי״א שעובר על מצות התורה בפרהסיא...כיהויקים בן יושיהו.

והמפר בריתו, שלא מל. וי״א המושך לו ערלה.

18, הוי קל לראש, בראשיתך (*sic*) בחור הוי קל כנגד היוצר... תשחורת לשון זקנה... וי״א הוי קל לראש לשר הבירה... לתשחורת לגזברו מְנֶשְׁטְרֵל... וי״א קלות [קל ?] ידוע, ונח הוא היסוב והנקת.

The beginning of this agrees with R. Isaac Israeli's "Rashi" (p. 101, C); the לע״ז with the edition; and the end with Rambam.

25. The *Perush* quotes from Rambam הוא מסל על המות, and continues according to Rashi as quoted by R. Isaac Isr. (p. 101, D).

27. The Scripture proofs said to be not במשנה. 28, וגימטריא.

Pereq iv. 7. Story from Rambam to illustrate מאד מאד הוי שפל רוח. *ib.*, ה״ג אחד בשוגג ואחד במזיד בחילול השם. *No.* 98 *is defective here.*

8. R. Isaac Isr. quotes as distinctive of Rashi the negative reading אין מספיקין (p. 101, E); and the MS. reads ה״ג אין מספיקין בידו ללמוד וללמד (40 a_5).

9, וכך היה הלל דורש. Note from Rambam.

11, ה״ג ר׳ ישמעאל בנו. 14, ממעט בעסק. 15, בפני.

17, R. Isaac Isr. quotes Rashi as reading ככבוד חבירך (p. 101, F). And this is the true reading of the MS., which, after some clerical errors, concludes thus (44 a_1),

...משמע קרוב לכבוד חבירך, וכן כבוד חבירך קרוב למורא רבך.

23, פרוזדור, פורקא בל׳... שכל מי שטרח בערב שבת יאכל בשבת וי״מ טרקלין היכל ופרוזדור בית סער.

27, אֲבִיָּה. 28, קהות... אגרייש בלעז.

Pereq v. 2, שבכל הדורות ... לפניו ... מי המבול.

5—6, ועשרה על הים הס קבלה... ומנינו בקבלה ג״כ... (53 a_1).

8. The MS. has the note ...וכמדומה לי שהוא שבוש on the two sayings לא כבו כו׳ ולא נצחה כו׳; and a note beginning צר לי המקום ללון בתוכו, pointing to the reading שאלין בירושלם; both of which are quoted as Rashi's by R. Isaac Isr. (p. 101, G).

9, נ״א צבתא בצבתא מתעבדא צבתא קמייתא במאי עבדא.

29, יהודה בן תימא... תכפה לאותה שלר׳ עקי׳...עשה שבתך חול כו׳. This note is quoted as Rashi's by R. Isaac Isr. (p. 102, H).

30, עז פנים ...בימינו. עד כאן כת׳ במשנה, ומוסיפין בו עז פנים. ר׳ אליעזר אומ׳ ממזר... ושנינו במס׳ כלה... ר׳ חנינה בן עקשיא אומ׳. אינו לא מן המשנה ולא מן הבריתא אלא סיום יפה הוא ונהגו העם לאמרו בסיום הפרקים לפי שאין אומ׳ על המשנה קדיש אלא על ההגדה כדאמ׳ מר ואמ׳ יהא שמיה באגדתא.

31, הפוך בה והפך בה... ואל תתמה במשנה זו שהיא בלשון ארמי....

The *Perush* ends on fol. 67 a thus,

בן בג בג פי׳ בן גיורת בן גיורת שלא רצו חכמי׳ להלבין פניהם לפי שהיו גרים ורמזוהו בזה הלשון. ג״כ בן הא הא ר״ל אל״ף מאברהם וה״א משרה כמו שהיו מגיירין לאנשים ולנשים דכת׳ ואת הנפש אשר עשו.

2. Minor Fragments.

1. The lower half of fol. 67 a is filled up with the fable of the Ant and the Grasshopper, written in four lines, thus:

אמ׳ ליה שושפויי לאנמלתוי· הב לי מן
חטוי· אמ׳ ליה ואת בקייטא מאי עבדת·
אמ׳ ליה זמירנא· אמ׳ ליה השתא זיל
רקוד דלא אכלת מן חטוי דאגירנא בקיטוי.

שושפויי] See in Buxtorf שׁוֹשִׁיבָא, under ששב. The title of the fable in Landsberger's *Fabulae aliquot Aram.* p. 28 (Berol. 1846) is שושמנא וטיטיכום. Lewysohn, in *Zool. des Talm.* § 391 n, p. 294 (Frankf. a. M. 1858), wrote conjecturally "שושיבא mag mit שושיפא verwandt sein," apparently not knowing that שושיפא was in actual use for a kind of *locust*. But it is so used in *Tosaphoth Chullin* 65 b, ד״ה ואלו כללי, where it is defined as מין חגב. See Kohut's *Aruch Completum* under סוסבל (1890). On the authority of Cod. de-Rossi 184 we may now add the form שושפא for מין חגב, a kind of *locust* which says זמירנא, *I was singing*, or the Greek טיטכום*. On the "locust" or "bird" כְּרָזִי see *Aruch Compl.* and *Zool. des Talmud* § 393, noting that the τέττιξ was often classed with birds, as by the authorities named in the writer's *Dirge of Coheleth*, p. 35 (1874). It is called טיטכום ציפרא in Landsberger's text of the fable.

* Thus the τέττιξ is מין חגב. This is of interest to commentators on Ecclesiastes, since in ויסתבל החגב (xii. 5) it has been suggested that the חגב is the τέττιξ, and the objection has been made that חגב could not have that meaning.

2. The spare page fol. 67 b is filled with Rambam's explanations of some Aboth words in Arabic, beginning,

פרוזדור הו אל דהליז. טרקלין הו אל קצר.
בור ועם הארץ וגולם וחסיד וחכם.

This fragment is written in a comparatively small hand, so as to fit into the blank space which marked the conclusion of the *Perush*. For the substance of line 1 in Hebrew see above under Pereq iv. 23 in Rabbinic type. The explanations of the words in line 2, which fill the remainder of the page, are from Rambam on שבעה דברים בגולם כו' (v. 10).

3. R. Meshullam ben Qalonymos.

Fol. 68 a—69 b. Four pages of additional notes on Pereq iii. 24, 25, to which rather more than three pages had been given in the *Perush* (fol. 33 a—34 b).

In the upper margin of fol. 68 a is written ורצוני לפר״ש, and then follow notes commencing הכל צפוי ואית דאמרי הכל צפון, and ending,

והכל מתוקן לסעודה, זה כינוי של מיתה... ולמה נקראת מיתה סעודה ללמדך כשנקראין בני אדם לסעודה הכל נכנסין בפתח אחד אבל ביושבין אין יושבין אלא כל אחד ואחד לפי כבודו אף בשעת פטירתו מקרה אחד לצדיק ולרשע ולענין כבוד כל אחד כפי מעשיו. כך פי' ר' משולם בר' קלונימוס מרומי.

A later hand has added תם ונשלם.

These notes are from the Art. סעד in the *Aruch*.

No. 20 quotes R. Meshullam on the סעודה (p. 22), and has on the preceding page (fol. 115 a),

ואית דאמרי הכל צפון מלמד שכל מעשיהם של בני אדם צפונין הן אצל הק' שנ' הלא הוא כמוס עמדי.

The *Magen Aboth* gives הכל צפון as a reading of some of the נאונים, without mention of the name of R. Meshullam.

R. Isaac Israeli quotes R. Meshullam on the סעודה (p. 99).

THE TALMUD TRACTS.

THE TALMUD TRACTS.

A. TALMUD JERUSHALMI.

This Index shews where the several Tracts begin in the Editio Princeps.

I סדר זרעים. ברכות (2 *a*). פיאה (15 *a*). דמאי (21 *c*). כלאים (26 *d*).
שביעית (33 *a*). תרומות (40 *a*). מעשרות (48 *c*). מעשר שני (52 *b*).
חלה (57 *a*). ערלה (60 *c*). בכורים (63 *c*):

II סדר מועד. שבת (2 *a*). עירובין (18 *a*). פסחים (27 *a*). יומא (38 *a*).
שקלים (45 *c*). סוכה (51 *c*). ראש השנה (56 *a*). ביצה (59 *d*). תעניות (63 *c*).
מגילה (69 *d*). חגיגה (75 *d*). מועד קטן (80 *a*):

III סדר נשים. יבמות (2 *a*). סוטה (16 *a*). כתובות (24 *c*). נדרים (36 *c*).
גיטין (43 *a*). נזיר (51 *a*). קידושין (58 *a*):

IV סדר ישועות [נזיקין]. בבא קמא (2 *a*). בבא מציעא (7 *c*). בבא
בתרא (12 *d*). סנהדרין (17 *d*). מכות (30 *d*). שבועות (32 *c*). עבודה
זרה (39 *a*). הוריות (45 *c*). סדר טהרות. נדה (48 *d*):

The Editio Princeps (Venez. 1523—4) of what remains of the Palestinian Talmud, or Talmud Jerushalmi (abbrev. T. J.), makes one volume consisting of four parts, in which the folios of the text are numbered 1—65, 1—83, 1—66, 1—51 respectively, and each folio has four columns, which we call (in italics) *a*, *b*, *c*, *d*. Frankel numbers them א׳ ב׳ ג׳ ד׳ in his edition of T. J. Berakhoth, Peah and Demai (1874—5). The same order and pagination are kept in the editions of Cracow (1609) and Krotoschin (1866). These are furnished with short marginal comments, and the latter has הגהות and מראה מקום by Mordecai Weissmann Chayoth.

There is a Zitomir edition of the T. J. with commentaries in four volumes, dated in their order 1866, 1860, 1867, 1865. It pages the tracts separately, but places them in the order of the Editio Princeps, except that it puts מכות after עבודה זרה.

Raphael Kirchheim first edited (Frankf. a. M. 1851) שבע מסכתות קטנות ירושלמיות, from MS. Carmoly, namely 1 מס׳ ספר תורה. 2 מס׳ מזוזה. 3 מס׳ תפילין. 4 מס׳ ציצית. 5 מס׳ עבדים. 6 מס׳ כותים. 7 מס׳ גרים. They have been reprinted in the new Wilna edition of the Talmud Babli (1883), in the order 7, 6, 5, 1, 3, 4, 2.

B. MISHNAH. TALMUD BABLI. TOSEFTA.

This Index gives the names of the Mishnah Tracts in the order of the editions of Surenhusius (p. 64), Rabe (Snolzbach, 1760—2) and Jost (Berl. 1832—4). Rabbinic type indicates that a Tract has no Babylonian Gemara.

I סדר זרעים. ‎1ברכות· ‎2פאה· ‎3דמאי· ‎4כלאים· ‎5שביעית· ‎6תרומות·
‎7מעשרות· ‎8מעשר שני· ‎9חלה· ‎10ערלה· ‎11בכורים:

II סדר מועד. ‎1שבת· ‎2ערובין· ‎3פסחים· ‎4שקלים· ‎5יומא· ‎6סוכה·
‎7ביצה· ‎8ראש השנה· ‎9תענית· ‎10מגילה· ‎11מועד קטן· ‎12חגיגה:

III סדר נשים. ‎1יבמות· ‎2כתובות· ‎3נדרים· ‎4נזיר· ‎5סוטה· ‎6גיטין·
‎7קדושין:

IV סדר נזיקין. ‎1בבא קמא· ‎2בבא מציעא· ‎3בבא בתרא· ‎4סנהדרין·
‎5מכות· ‎6שבועות· ‎7עדיות· ‎8עבודה זרה· ‎9אבות· ‎10הוריות:

V סדר קדשים. ‎1זבחים· ‎2מנחות· ‎3חולין· ‎4בכורות· ‎5ערכין· ‎6תמורה·
‎7כריתות· ‎8מעילה· ‎9תמיד· ‎10מדות· ‎11קנים:

VI סדר טהרות. ‎1כלים· ‎2אהלות· ‎3נגעים· ‎4פרה· ‎5טהרות·
‎6מקואות· ‎7נדה· ‎8מכשירין· ‎9זבים· ‎10טבול יום· ‎11ידים·
‎12עוקצין:

For a good comparative Index of the Tracts in MSS. and editions of the Mishnah and the Talmudim see Strack's *Einleitung in den Thalmud*. It is not possible to make a compendious Index which will suit all editions of the Talmud Babli (abbrev. T. B.), but it is easy to index an edition for private use. Thus, if a *Massekheth* be denoted by the number of its SEDER with its own number in it as above, Berakhoth being I. 1 and so on, the order of the מסכתות or מסכות (No. 98, f. 69 a) in the Amsterdam edition of 1644—7 (as I have it in an old binding) may be expressed by

    I. 1—11 [vol. 1]. II. 1. 2 [vol. 2]. 3. 12. 7. 11 [vol. 3]. 8. 5. 6. 9. 4. 10 [vol. 4]. III. 1. 2. 7 [vol. 5]. 6. 3. 5. 4 [vol. 6]. IV. 1. 2 [vol. 7]. 3. 4 [vol. 8]. 5. 6. 9. 10. 7. 8 [vol. 9]. V. 1. 3 [vol. 10]. 2. 4. 5. 8. 11. 9. 10. 7. 6 [vol. 11]. VI. 7. 1—6. 8—12 [vol. 12].

In the Tosefta (which omits IV. 9 and V. 9—11) the order in Dr M. S. Zuckermandel's edition (Trier, 1882) is

    I. 1. 2. 6. 10. 3. 5. 4. 7—9. 11. II. III. IV. 1—8. 10—12. V. 1. 3. 2. 4—6. 8. 7. VI. 1—4. 7. 6. 5. 8. 9. 11. 10. 12.

C. TALMUD CITATIONS.

The Mishnah is cited by *pereq* and *halakhah*, as Shabbath II. 3, with or without the word Mishnah.

The Talmud Babli is cited by the *folio* and *'ammud* of the tract referred to, as Berakhoth 6 a, with or without the prefix T. B.

We shall cite the תלמוד ארץ ישראל or Talmud Jerushalmi by *folio* and *column*, as in the Krotoschin edition, calling the two columns on the one side of a folio *a*, *b* and the two on the other side *c*, *d*, thus T. J. Nazir 52 *c*, and sometimes giving the *line* also. The folio number 52 belongs to Seder III., the division of the volume in which the tract Nazir is found. The T. J. will also be cited by *pereq* and *halakhah*. It would be convenient if it were customary to refer to the Zitomir edition, which numbers the *halakhoth* clearly and has less of the text in a page than ed. princ. in the 75 lines or thereabout of a column.

Before the age of printing, the *peraqim* in Talmud citations were indicated by their initial words, as we still speak of the *Te Deum* from its commencement in the Latin. Thus ר"ש, near the beginning of his *perush* on Aboth, writes במאימתי קורין, meaning *In Berakhoth cap.* I, which commences מאימתי קורין את שמע בערבין. A chapter cited in this way, without mention of the tract to which it belongs, may be found with the help of the alphabetical list of the 524 פרקים of the Mishnah in Mr Lowe's *Fragment of T. B. Pesachim*, pp. 50 sq (Camb. 1879).

In Shabbath 31 a the words of Is. xxxiii. 6 אמונת עתיך חוסן ישועות חכמה ודעת are made to correspond to the names of the six *Sedarim* in their customary order. Thus the fourth becomes ישועות, as נזיקין is euphemistically named in editions of the T. J. and elsewhere. In Bemidb. R. XIII. 16 and Midr. Tillim, on תורת ה' תמימה כו' (Ps. xix. 8—10), the six are named in the order III. I. VI. II. V. IV. An authority for the order I. II. III. V. VI. IV. is given by Neubauer in ANECD. OXON. *Mediaev. Jewish Chronicles* p. 3 (1887).

The Mishnah tracts are 60 in number according to Midr. R. on Cant. vi. 9 אחת היא יונתי, where it is said of verse 8 ששים המה מלכות המה ששים מסכתיות של הלכות [מ' הלכות]. The usual reckoning makes 63, but the three בבות (IV. 1—3) are merely subdivisions of מס' נזיקין (p. 65). Thus the number is reduced to 61. The further reduction to 60 is effected in various ways, as by omitting Aboth, which does not consist of הלכות, or by counting Shabbath and 'Erubin as one, or Sanhedrin and Makkoth as one. The question is fully discussed by Chaim M. Horowitz in *Uralte Tosefta's Abth.* I. (Frankf. a. M. 1889).

T. J. Niddah and other tracts mentioned by Strack have an incomplete Gemara. Sheqalim in the T. B. has a Gemara borrowed from the T. J., and Horaioth there has usually both T. B. and T. J. Gemara. Mr Lowe's alphabetical list shews by the use of small type when a chapter of the Mishnah has no Gemara.

The tracts in the Babli are paged separately* and arranged more or less arbitrarily in volumes, there being no complete tradition as to their order. The relative order of Rosh ha-shanah and Ta'anith is determined by Ta'an. 2 a, תנא מר"ה סליק: of Nazir and Sotah by Sot. 2 a: and of Shebu'oth, Makkoth by Makk. 2 b, end. Aboth is said by רי"ש to belong to סדר ישועות, its place in that Seder being said to be after 'Abodah Zarah and before Horaioth.

There are some variations in the names of the tracts, as below:

I. 7 מעשרות or מעשר ראשון.

II. 3 פסחים or פסח. 5 יומא or יום הכפורים or כיפורים (p. 64). 7 ביצה or יום טוב, the tract beginning ביצה שנולדה ביום טוב. 9 תענית or תעניות. 11 מועד קטן or משקין. 12 חגיגה or ראייה (Tosefta).

III. 1 יבמות or נשים (No. 98, f. 77 b). 4 נזיר or נזירות (Tos.).

IV. 1—3 are parts of one tract נזיקין (p. 64). In the Tosefta כלים also is divided into three *Baboth.* 7 עדיות or עדויות. 8 עבודה זרה or עבודת אלילים or עכו"ם, but this is "lediglich Erfindung der Censur" (Strack).

V. 1 זבחים or שחיטת קדשים. 3 חלין or חולין or שחיטת חולין (p. 65).

VI. 2 אהלות or אֳהִילוֹת (Tos.). 8 מכשירין or משקין.

Editions of the T. B. contain, usually at the end of the fourth Seder, certain so-called מסכתות קטנות, which however are not Mishnah Tracts. These minor tracts are אבות דרבי נתן (called also as by רי"ש the בריתא or משנה of R. Nathan), מס' סופרים, מס' אבל רבתי (or euphemistically שמחות), מס' כלה, מס' דרך ארץ רבה, מס' דרך או"ץ זוטא and פרק השלום. The new Wilna edition has also מס' כלה רבתי והברייתא. For the seven מס' קטנות ירושלמיות see p. 125.

* Except the tracts without Gemara and the short tract Tamid, and except the tracts V. 5. 8. 11. 9. 10. 7. 6 in ed. Amst. above mentioned. Note that this is not always bound in twelve volumes, and that the volumes of the copy indexed on p. 126 are not numbered. The MISHNAH as contained in editions thereof is sometimes called המשנה שבמשניות.

ABOTH.

NOTES ON THE TEXT.

ABOTH.

NOTES ON THE TEXT.

CHAPTER I.

The manuscripts described above are hereinafter referred to by their numbers, except that the letters 𝔄 𝔅 ℭ 𝔇 𝔖 are used as below, namely

𝔄 for No. 98, which contains the text of Aboth, pp. 69—78.

𝔅 for No. 115, a copy of the commentary of R. Isaac Israeli or "Bar Shelomoh".

ℭ for No. 104, the Machazor of R. Nathanael ben Joseph, grandfather of "Natanel der heilige de Chinon."

𝔇 for No. 20, which contains a recension of the commentary of רי"ש (p. 24) by R. Isaac Dorbel. For the *Notes* I have used a transcript of this commentary made for me by the late Dr Schiller-Szinessy.

𝔖 for No. 159, which contains the commentary of Shabbethai ha-Sofer.

A few printed works on Aboth may be briefly mentioned here

R. Jonah (Berl. 1848). מלאכת שלמה (abbrev. M. Shelom.) printed with ha-Meiri's בית הבחירה (Wien, 1854): it consists of notes on the text cited mostly from יהוסף אשכנזי (Ashk.). מגן אבות by Duran (Leipz. 1855). See No. 127*. מדרש שמואל (Midr. Shem.) by ש' די אוזידא (Wars. 1876). עץ אבות by Jacob Emden (Amst. 1741). S. Baer in the Siddur עבודת ישראל, pp. 271—294 (Rödelheim, 1868). Geiger on Aboth I. II. III. in *Nachgelassene Schriften*, bd. IV. (Berl. 1877). Cahn on Aboth I. (Berl. 1875). Strack *Die Sprüche der Väter* (ed. 2 Berl. 1888). In the Jewish *Authorised Daily Prayer Book* the six Peraqim are accompanied by a translation into English, pp. 184—209 (ed. 2 Lond. 1891).

* The date of transcription only is given on p. 109. Add that Dur. lived 1361—1444 A.D.

The Midrash Rabbah on the Pentateuch is cited by section *and subsection* according to the Wilna edition of 1878.

The Aboth de Rabbi Nathan should be read along with Aboth. The best edition, to which we shall sometimes refer by *pages*, is Mr Schechter's (Wien, 1887). This contains two parallel texts *A* and *B*, consisting of 41 and 48 chapters respectively, of which the former only had been printed previously.

The Baboth in Aboth.

Mr Schechter has transcribed from the Bodleian MS. Opp. 497, No. 1575 in Neubauer's *Catalogue*, a statement by R. El'azar of Worms of the number of בבות or (so to say) "verses", in the chapters of Aboth, elaborately illustrated with Scripture parallels for each number. He gives the numbers for the six chapters as 16, 13, 18, 25, 32, 11, and adds that the total for chaps. I—V. is 103, the number expressed by the initials of the words quoted above from Is. xxxiii. 6, namely א' ע' ח' י' ח' ו' (p. 127), whereas the sum of 16, 13, 18, 25, 32 is 104. It does not at once appear how the discrepancy is to be accounted for; but possibly the number 103 should be altered to 104, there being a species of Gematria called הכולל, which allows a word to count as *one* in addition to the number otherwise obtained. Buxtorf under גמט writes on Gen. xi. 1, "Hic שָׂפָה אֶחָת valet 794. Totidem לְשׁוֹן הַקֹּדֶשׁ," although this amounts to 795.

In רי"ש on Aboth the saying *All Israel have a portion in the world to come &c.* is called בבא, and the word is used again in this way in the remarkable note on ר' הלל in II. 5. Cf. בבא דרישא and בבא דסיפא in Shabb. 3 a. The word מִשְׁנָה is also used for *baba* or *halakhah*.

The clause כל ישראל יש להם חלק לעולם הבא of the בבא above mentioned is found in Mishn. Sanh. XI. (𝔄 X.) 1, but is perhaps only a תוספת. Sanh. X. in 𝔄 omits it and begins (p. 68),

אלו [ואלו not] שאין להם חלק לעולם הבא.

1. קִבֵּל is used in the Kethubim. תּוֹרָה, for התורה or את התורה, means here, according to רי"ש and others, *the whole Torah* שבכתב ושבעל פה. Torah, which is sometimes personified, may be used without the article "like proper names" (Geig.), but its omission here may be regarded as an abbreviation, the result of frequent repetition. Cf. in the *Didachê* (chap. 7) εἰς ὄνομα Πατρὸς καὶ Υἱοῦ καὶ ἁγίου Πνεύματος, following the full form εἰς τὸ ὄνομα τοῦ Πατρὸς καὶ τοῦ Υἱοῦ καὶ τοῦ ἁγίου Πνεύματος. Ecclus. xxiv. 23, νόμον ὃν ἐνετείλατο Μωυσῆς, takes תורה for התורה in Deut. xxxiii. 4 תורה צוה לנו משה. But Torah is something less than *the* Torah in Makkoth 23 b (end): 613 commandments were spoken to Moses, 365 negative, according to the days of the year, and 248 positive, according to the mem-

bers of the human body. What then means, Moses commanded us תורה? This by Gematria is 611 only. The two אנכי and לא יהיה לך we heard מפי הגבורה. וּמְסָרָהּ. מסר twice in the Bible, Numb. xxxi. 5, 16. On מסורת, *traditio*, see chap. III. 20. Tradition from the point of view of reception is קַבָּלָה, doctrine received. Cf. ὃ καὶ παρέλαβον (1 Cor. xv. 3), τὴν παράδοσιν τῶν πρεσβυτέρων (Matt. xv. 2). Rabbinic commentators sometimes introduce interpretations with a כך קיבלתי (p. 54). לִזְקֵנִים (𝔖) is explained by Josh. xxiv. 31 (Jud. ii. 7) וכל ימי הזקנים כו'. The usual pointing is לַזְּקֵנִים, to correspond to the following וזקנים; but we may regard this too as an abbreviation, like תורה for התורה. On the same principle we should then read לַנְּבִיאִים וּנְבִיאִים. The chain of קבלה is traced backwards in Tosefta Yad. II. 16 (p. 683) ר' אליעזר אמר ... מקובלני מרבן יוחנן בן זכאי שקיבל מן הזוגות והזוגות מִן הַנְּבִיאִים וּנְבִיאִים ממשה הלכה למשה מסיני. On משה קבל ומסרה see also No. 106 (p. 87). הֱיוּ. 𝔖 הֱוִוּ, Geig. *oder* הֱווּ. 𝔄 in I. 1, 3 היו. 𝔖 remarks that the ע"ו form הֱוֵה sing. (but not הֱווּ pl.) is Biblical. See Gen. xxvii. 29 הוה גביר לאחיך, and cf. Is. xvi. 4. Job xxxvii. 6. מְתוּנִים. מתן for חִכָּה in Targ. Job xxxii. 4 הוה מתן ית איוב. תַּלְמִידִים. 1 Chron. xxv. 8 תלמיד. סְיָג (𝔖). Baer סְיָג. al. סייג. Targ. דסייגו להון...אנשי כנשתא רבתא for Cant. vii. 3 סוגה בשושנים.

2. שִׁמְעוֹן, Greek Συμεών. There is a short form סימון, Σιμών. מְשְׁיָרֵי (Baer Strack Auth. P. B.), from מִן and a form of שאר with *yod* for *aleph*, but the pointing is doubtful. See Weiss משפט לשון המשנה p. 81 (Wien, 1867) and Mich. Cahn on Aboth, p. 8. Geig. שְׁיָרֵי. 𝔖 here מִשְּׁיֵּרֵי, the *shin* followed by *yod* with dagesh and shva, and that by *yod* unpointed; and with single *yod* in the Mishnah Lesson איזהו מקומן (f. 10 b. Cf. Auth. P. B. p. 11), מעכבת שְׁיָרֵי הדם; giving the *diqduq* of the word as pl. from שְׁיוּר. For a pl. שיורים see Kohut's *Aruch Completum* VIII. 69 והקבוץ במד"ר פי"ט אותם שְׁיוּרִים * שיצאו ממצרים. ℭ 102. 4 משירי לשון שיריים. כְּנֶסֶת הַגְּדוֹלָה, the adj. with, the substantive without the article, as in § 1. Cf. Ab. I. 12 (?), II. 15 יצר הרע.

* But the true reading in Bemidb. R. XIX. 21 seems to be as in ed. Wilna שיירות, *caravans*, on which Loria remarks כ"ה בתנחומא. With Kohut agrees Midr. ed. Frankf. 1705 A.D., while Jalq. I. 764 and Buber's Tanchuma read שיריים.

Gen. i. 31 יום הששי, ii. 3 את־יום השביעי, xli. 26 פרות הטובות. Ps. civ. 18 הרים הגבוהים. Shabb. ix. 3 שעיר המשתלח. **הָעֲבוֹדָה,** ἡ λατρεία (Rom. ix. 4), the Temple service, for which a substitute had to be found בזמן שאין בית המקדש קיים (Megil. 31 b, Ta'an. 27 b). Cf. Baba Q. 82 b כל זמן שעוסקין בעבודה. Sifré ii. § 41 on Deut. xi. 13 gives prayer as a meaning of *'abodah*, ולעבדו בכל לבבכם זו תפלה, comparing Ps. cxli. 2, although תפילה אינה דבר תורה (T. J. Berak. 3 b_6).

גְּמִילוּת חֲסָדִים. al. הח׳. Is. lxiii. 7 חַסְדֵי יהוה אזכיר...כעל כל אשר גְּמָלָנוּ. Targ. גמלי חיסדא in Hos. iv. 1. T. J. Ta'an. 68 *a* recites Ab. i. 2 and finds the Three Things in Is. li. 16 ושלשתן בפסוק אחד ואשים דברי בפיך זו **תורה** ובצל ידי כסיתיך זו **גמילות חסדים**...לנטוע שמים וליסוד ארץ אלו **הקרבנות**. Here again תורה stands for התורה as in § 1.

3. **אַנְטִיגְנוֹס,** Gk. Ἀντίγονος. 𝔖 אַנְטִיגְנוּס, Lat. Antigonus. 𝔄 אנטיגנס here and in Bekor. vi. 3, 4, 11, 12, vii. 2, 6. Duran והגירסא הקדומה אנטיגנס הנו״ן פתוחה, and see Baer. But *Antignas* is a degenerate form, perhaps from a primitive אנטיגונוס. Cf. for the termination 𝔄 in Ab. ii. 10, 11 הורקנס, 18 אפיקורוס, Baba M. xvi. 6 סומכוס, Bekor. vi. 13 אנדרוגינס. **אִישׁ סוֹכוֹ.** 𝔄 ℭ 𝔇 𝔖 (comm.) סוכו. Others the Bibl. forms שוכה, שוכו. Dur. וסוכו היא עיר בארץ ישראל...כמו שנזכר בספר יהושע...שוכו ועזקה והוא כתוב בסין ויש בשופטים פסוק איש שוכו. For the use of איש see Ab. i. 4, 5, iii. 9, 10, iv. 7, 28. Challah iv. 10. 'Orl. ii. 5, 12. Gitt. vi. 7. 'Ed. vi. 2. Midd. i. 2. Dur. explains גדול החכמים באותו מקום. 𝔅 גדול שבשכה. Geig. merely *abstammend aus*, and Bibl. איש אפרים, איש ישראל *von sämmtlichen Bewohnern*.

הַמְשַׁמְּשִׁים, followed by ין—(𝔄). Dan. vii. 10 יְשַׁמְּשׁוּנֵּהּ. **פְּרָס** pause-form from פְּרַס. 𝔖 הפ״א בשבא והרי״ש בפתח. Jacob Emden ובהפסק קמוץ. Levy compares φόρος, but it is perhaps from פרס, to *divide*. Hence *ration*, 𝔇 פרוונדא, provianda, provende; with the alternative או שמא לשון משאת הוא באחת הלשונות. See also on פְּרָס, פַּרְסִין in Prof. Bevan's *Daniel*, p. 106 (Camb. 1892). Targ. 1 Chron. xviii. 2 נָטְלֵי פְּרַס מקרבי דורון, 6 נָטְלֵי פְּרַס מסקי מסין* (ed. Dav. Wilkins, Amst. 1715, from MS. Cant.). Baer פְּרָס מתנה ומנחה. 𝔖 פירושו לשון שכר, but Maim. חילק בין פרס לשכר (𝔅). The scribe in 𝔄 144 a_3 has written the letters לק prematurely and marked them for omission. **עַל מְנַת שֶׁלֹּא** [𝔖 מְנַת. Baer מְנָת]. Teb. Yom. i. 2 המכנים (𝔄) חלות על מנת שלא

* Quoted by Geig. p. 287. But the MS. (414 b) has מִיסַּק, probably for מיסין, cf. Levy *Chald. Wörterbuch* s.v. מסא (S. S.).

NOTES ON THE TEXT. 135

להפריש. Megil. 29 a על מנת שלא לעשות קפנדריא. 𝔖 Auth. P. B. שלא על מנת, but the emendation is not wanted. 𝔅 on text והר׳ ישראל ז״ל כת׳ כי גרסת הספרים היא הנכונה, but No. 90 (R. Isr.) begins on I. 8. Dur. זאת היא גירסת המשנה ויש משנין אותה וגורסין שלא על מנת...ואין ראוי לשנות הגירסא. Joseph Ja'betz (No. 102, f. 4 b) ועוד אחרת הוקשה להם גרסת הספרים...ע״מ שלא לקבל פרס...והוצרכו לשנות הגרסא מפני זה׳ ואני אומ׳.... Text 𝔄 𝔅 (marg. שלא ע״מ) ℭ 𝔇 Nos. 92, 95, 105, 107, 170 (Rashi), R. Ephraim in Midr. Shemuel, חובות הלבבות שער הבטחון cap. 4 *sub fin.* (c. 1050 A.D.), Geig. (p. 287) Cahn. The received text of 'Abod. Zar. 19 a quotes Ab. I. 3 ending שלא על מנת לקבל פרס כי אם בתורת ה׳ חפצו, but Rashi in comm. has preserved the true reading ע״מ שלא לקבל פרס. **וִיהִי מוֹרָא.** 𝔅 וִיהֵא. 'Abod. Zar. omits ויהי מורא שמים עליכם. 𝔅 conjectures that it was added by Antigonus to explain his former words, lest others should be led astray by them like צדוק and ביתוס. No. 101 omits the preceding clause אלא כו׳ פרס doubtless through homœoteleuton, but the original saying may have consisted of the אל תהיו clause only. **שָׁמַיִם**, to avoid saying God, as in § 12 שם שמים. See Chagigah 12 a in Mr Streane's edition (Camb. 1891). Nachum איש גם זו says on Gen. i. 1 that, but for the preceding את, he would have taken שמים there to be שמו של הקב״ה. *Shamayim* is Rabbinically resolved into שָׁם מַיִם and אֵשׁ וָמַיִם. That to Heaven, or God, is a journey of 500 years comes out of שַׁדַּי (Aq. Sym. ἱκανός Ezek. i. 24), a name of Him שֶׁאמר דַּי, *who* limited the extension of the world by saying *enough*; for the name spelt out would be שי״ן דל״ת יו״ד, and the "concealed" letters י״ן ל״ת ו״ד amount by Gematria to 500. See Tosafoth Chag. 12 a ד״ה מסוף העולם, where this is given in the name of ר׳ מנחם בר׳ עזריאל. Nestle well suggests that שִׁקּוּץ שֹׁמֵם (Dan. xii. 11) is for בַּעַל שָׁמַיִם. With שמם cf. ירושלם for ים—. Prof. Bevan illustrates the word-play from Gen. Rab. IV. 7 שמים שהבריות משתוממים עליהן [Jer. ii. 12 שֹׁמּוּ שָׁמַיִם].

4. **יוֹסֵף**, 𝔅ℭ𝔇 Ashk. Nos. 95, 101, 105, 170. Ps. lxxxi. 6 יְהוֹסֵף. יוסי (𝔄𝔖 Baer) is an abbreviation frequent in Talm. See the forms יוסי, יוסה (𝔄 1 b_6, 170 b_{10}), יסא in T. J. Berak. 3 *c*, lines 1—27 from end. No. 107 יוסי בן יועזר but יוסף בן יוחנן, and so Ab. R. N. (pp. 27, 33), Mishn. Chag. II. 2 in T. B. 16 a, with יוסף for יוסי in the margin, but יוסי in Tosafoth. **יְרוּשָׁלַיִם** (𝔖). 𝔄𝔅ℭ𝔇 ירושלם. **מֵהֶם** or מהן, 𝔄𝔅ℭ𝔇 Baer Strack. מִמֶּנּוּ 𝔖 (ref. to Midr. Shem.) Ashk. No. 23. The pl. would mean from Shim'on and Antigonus (𝔅), or משירי כנסת הגדולה (ℭ), or מאנשי פ״ה (𝔇). **בֵּית וַעַד** or בית וועד. Job xxx. 23 ובית מועד לכל

ח׳. מִתְאַבֵּק, Baer בַּק—. No. 103 omits ו׳ מתאבק בעפר רגליהם. Gen. xxxii. 25 ויאבק איש עמו (*niph.*). וְשׁוֹתֶה or והוי שותה.

בְּצָמָא (𝔖) or בַּצָּמָא [Jud. xv. 18], 𝔅ℭ𝔇 Baer Strack Auth. P. B. 𝔄 Nos. 23, 114, 170 בצמאה, Jer. ii. 25 וגרונך מִצִּמְאָה. Ashk. בְּצָמְאָה. There is a reading כַּצָּמָא with *caph*, which may have come out of Rashi's comment כאדם שהוא צמא.

5. לִרְוָחָה. Ex. viii. 11 (15) כי היתה הָרְוָחָה. בֵּיתֶךָ (𝔖), No. 107 adds (cf. Ab. R. N.) ולמד את כל בני ביתך ענוה. שִׂיחָה. Ab. III. 16 שיחת הילדים. עִם הָאִשָּׁה. Cf. Nedarim 20 a, Ab. R. N. VII. (p. 35). Ecclus. ix. 9 μετὰ ὑπάνδρου γυναικὸς μὴ κάθου τὸ σύνολον, Syr. (cf. Geig. p. 289) עם אנתת גברא לא תסגא ממללא. See also *The Quotations from Ecclus. in Rabb. Literature* by Mr Schechter in the *Jewish Quarterly Review*, vol. III. (1891).

6. בְּאִשְׁתּוֹ. This בבא, which is a תוספת, takes the preceding האשה in the sense *the* (man's own) *wife*. Mr Schechter in Ab. R. N. מבוא פ״ב (p. x) refers to the ספר יחוסי תנאים ואמוראים contained in the Bodleian Heb. MS. No. 2199 (Opp. 391), and in פ״ד (p. XIX) quotes from it on the reading באשתו נדה the remark כך מצאתי במשנה אמרו ק״ו באשת חבירו דוקנית וכן משמע בתנא דבי אליהו... לפי ששמעתי דלא גרסינן באשתו נדה אלא באשתו. 𝔅ℭ𝔇 Rashi No. 170 (p. 118) mention and reject the reading באשתו נדה. Ashk. י״ם דגרסי בסיפא כל המרבה שיחה עם האשה כשהיא נדה גורם וכו׳. קַל וָחוֹמֶר. On the form קל וחומר (pl. קולין וחומרין) see Geig. p. 288. מִכַּאן*. 𝔄 מיכן. כָּל הַמַּרְבֶּה (𝔖). 𝔄 כל זמן שהאדם מ מרבה, the מ written after האדם *to fill up the line* being taken from the following word, like the letters מל six lines lower down. יוֹרֵשׁ גֵּיהִנֹּם (𝔖), or יורד לגיהנם (cf. v. 28). No. 114 יירש. ℭ יורש ל׳. Ecclus. x. 11 κληρονομήσει ἑρπετὰ καὶ θηρία καὶ σκώληκας.

7. נִתַּאי הָאַרְבֵּלִי, the usual reading. 𝔄 Nos. 92, 170 (cf. Baer Streane *Chag.* p. 95) מתאי, for which Strack adds the authority of a Frankf. Siddur of 1306 A.D., while himself reading נִתַּי as abbrev. of *Nethanja*. 𝔄 in Chag. II. 2 מתיי הארבלי, Chall. IV. 11 נתיי איש תקוע. Ashk. ברוב הספרים גרסינן מאתאיה במ״ם ואלו״ף (*sic*) ותי״ו ואל״ף ויו״ד וה״י.

* See Zunz *Gesam. Schriften* III. 31 (Berl. 1876) on Das Adverbium כאן.

8. הַרְחֵק. No. 170 (p. 118) רְחַק. Ashk. found רחק in some copies. וְאַל תִּתְחַבֵּר לָרָשָׁע, omitted by No. 105. No. 95 ואל תהי חבר לרשע.

9. טַבַּאי (𝔖). Strack טָבִי. 𝔅 טִבַּאי. Cf. טָבִי in Berak. II. 7 (Jost), fem. Tabitha (Acts ix. 40). Geig. "abgekürzt aus טוביה." שָׁטַח (𝔖), al. שָׁטָח, 𝔅 שֶׁטַּח with *dagesh* in *teth*. Cahn שֶׁטַח. כְּעוֹרְכֵי [from Heb. ערך] or כאורכי in the same sense, 𝔇 ויש גורסין כארכי והיא היא. 𝔄 כשרכי. 𝔅 (=Greek *arch* as in *patriarch*) וי"מ כעורכי כמו כארכי, comparing חושי הארכי and (of Ephron) אותו היום מינוהו ארכי. See in Git. I. 5 (Jost) כל הַשְּׁטָרוֹת העולים בְּעַרְכָאוֹת של נכרים...כשרים, where 𝔄 (94 b₁) has ארכיות for ערכאות. הַדַּיָּנִין. Auth. P. B. הַדַּיָּנִים. וּכְשֶׁיִּהְיוּ. 𝔄 וכשהיו. כְּצַדִּיקִים (𝔅 Ashk.). 𝔇 כזכאים, ℭ𝔖 ין—. כְּשֶׁקִּבְּלוּ, or שקיבלו without *caph*, al. לכשקבלו. No. 101 ואף כשקבלו.

10. שִׁמְעוֹן (𝔖). 𝔅 שֶׁמַא, but in § 11 שְׁמֵא with *shva*, *segol*. Baer Strack Auth. P. B. שְׁמָא. ℭ in text זריז for זהיר.

11. שְׁמַעְיָה (Ezr. x. 21, 31). 𝔖 quotes the grammarian השמשוני for the pointing of the *'ayin* בשב"א נח לבדו ולא בחטף פת"ח. וְאַבְטַלְיוֹן, "Pollion römisch, und gräcisirt, vor λ oft ein τ, wie πόλεμος, πτ-, πόλις, πτ-" (Geig.). אֱהֹב (𝔖). 𝔄ℭ𝔇 אהוב. הָרַבָּנוּת, 𝔖 following כל הסדורים, but with the suggestion that the *resh* should have *chireq* to correspond to Targ. Mal. iii. 1 רִבּוֹנָא, Gen. xxiii. 6 קביל מננא רִבּוֹנָנָא. Cf. ver. 15 רִבּוֹנִי קביל מני. 𝔄 repeats ואל תתיאש מן הפורענות by error from § 8.

12. בְּדִבְרֵיכֶם. No. 109 מדבריכם. מַיִם הָרָעִים (ℭ𝔇𝔖). 𝔄𝔅 המים הרעים. Berak. III. 5 בְּמַיִם הרעים (Jost). אַחֲרֵיכֶם. ℭ Nos. 92, 95, 103 אַחֲרֵיהֶם. No. 113 omits ו' הבאים אחריכם. מִתְחַלֵּל (not מחולל as Ezek. xxxvi. 23), cf. Is. lii. 5 ותמיד כל היום שמי מנואץ (𝔖).

13. הלל ושמאי. 𝔇 הילל ושמאי ולשון המקרא הלל בדברי הימים, where it would be more correct to read הלל [בשופטים ושמאי] בדברי הימים. Or the MSS. (cf. No. 108) may have a defective reading of the state-

ment that הלל was of the sons of Ne'ariah, whose name is found בדברי הימים. He is so described in the chain of esoteric Qabbalah by R. Abr. of Granada (c. 1300 A.D.) in ברית מנוחה (*Introd.*). But the former explanation is preferable. Jud. xii. 13, 15 הִלֵּל (Ἑλλήλ), cf. הֵילֵל in Is. xiv. 12. שַׁמַּי is found in 1 Chron. ii. 28—45, iv. 17. Some think it a contraction of שְׁמַעְיָה or שמעיה.

14. נגד שְׁמָא אבד שְׁמֵהּ (Ashk.). 𝕮 שמיה (comm. שמה) *bis.* 𝕭𝕯𝕾 (cf. Midr. Shem.) שמא...שמיה. וּדְלָא מוֹסִיף יְסִיף (𝕮*𝕾 Cahn). 𝕭 וּדְלָא...יְסוּף. Baer Auth. P. B. וְדְלָא...יְסֵף. Strack דִּילָא...יְסוּף. 𝕯 (cf. No. 4) ודלא מוסיף יסיף ודמוסיף יוסיף, and in comm. (see Ta'an. 31 a) ודלא מוסיף שאינו סובר בתלמודו ללמד דבר מתוך דבר ואף אינו... מוסיף מן הלילות על הימים יסיף יאסף [יֶאֱסֵף No. 95]. This note agrees with Rashbam's *perush* on Baba B. 121 b. וּדְיִשְׁתַּמֵּשׁ, 𝕭𝕾 (ולא ודאשתמש באל"ף). 𝕬 ודי אשתמש. 𝕯 ודאש(ת)מש. Cf. Ab. IV. 9. בְּתָגָא, 𝕭𝕾 (ref. to Targ. Sheni Esth. ii. 17), al. בְּתָגָא or בתאגא. 𝕾 says that it is a rare word, the use of which is accounted for by הרמ"ב (that is ר' משה בוטריל) on Sepher Jeçirah, f. 34 a [Mant. 1562 A.D.].

15. אֵימָתַי. Targ. for מתי. So 𝕾, with ref. to מתי in the *Aruch*, where it is maintained that ממתי should be read for מאימתי in Berak. I. 1. But see Kohut's *Aruch Compl.* vol. v. 287. Notice the remark of 𝕾 והלא התרגום ברוח הקדש נאמר.

16. בְּסֵבֶר. 𝕾 כ"ה בכל הסדורים, but with preference for סְבַר as in Targ. Gen. xxxi. 2 ית סבר אפי דלבן. פנים יָפוֹת fem. as Ezek. xxi. 21 אנה פניך מועדות (𝕾).

17. אוֹמָדוֹת (𝕭𝕾). See other pointings in Cahn. Ashk. ס"א עומדות.

18. גָּדַלְתִּי (𝕾), usually גָּדַלְתִּי. See Cahn. אֶלָּא שְׁתִיקָה (𝕬 Ashk.). 𝕭𝕮𝕯𝕾 משתיקה. ולא המדרש הוא הָעִקָּר. 𝕯 עקר. No. 113 לא מדרש הוא עקר אלא מעשה. 𝕾 condemns ולא המדרש עקר. These readings exemplify the tendency to abbreviate familiar expressions by omission of the article (p. 132).

* The manuscript 𝕮 is quoted for the consonants only (p. 83).

19. קַיָּם (p. 84), not עומד as in the saying of Shim‘on הצדיק in Ab. I. 2. שנ׳ אמת כו׳. The Scripture proof Zech. viii. 16 is a תוספת. T. J. Ta‘an. 68 *a* (end) quotes the saying of R. Sh. b. G. (with עומד as in the saying in Ab. I. 2 cited just before) and adds ושלשתן דבר אחד הן נעשה הדין נעשה אמת נעשה שלום. אמר רבי מנא ושלשתן בפסוק אחד אמת ומשפט שלום שפטו בשעריכם. Of the three things on which the world stands (עומד) according to Simon Justus it had been said in like manner in T. J. Ta‘an. ושלשתן בפסוק אחד (p. 134). The inference in both cases alike is that the פסוק was no part of the saying. The speaker in each *baba* being a שמעון, it was the more natural for scribes to fall into the error of writing על ג׳ דברים העולם עומד in the later saying. ℭ in text (p. 84) and No. 101 repeat עומד על התורה from I. 2.

CHAPTER II.

1. רַבִּי. 𝔖 רִבִּי with *chireq* under the *resh*. 𝔅 רְ, cf. II. 19 רְבִּי טרפון, and see No. 105 (p. 86) and Baer on Ab. II. 1. "Rabbi" is called רבי רבה in Chullin 51 a. On רׄבנות see chap. I. 11, and note that רבוני is found once in the Mishnah according to 𝔄 (64 a_{19}), for the usual רבונו של עולם (Ta‘an. III.). Rapoport in בכורי העתים vol. x. pp. 104 § 9, 109 § 14 (Wien, 1829) discusses the signature of the poet El‘azar בירבי יעקב קליר (or קיליר) מקרית ספר, explains בירבי as abbrev. of בן רבי [cf. No. 103, p. 81], and remarks that Ashkenazic scribes have been wont from of old to write יו״ד יתירה for *segol* or *chireq* and וא״ו יתירה for *cholem* or *qameç*. לְעוֹשָׂה וְתִפְאֶרֶת (𝔖 כ״ה הנכון בלא יו״ד אחר השי״ן), or לְעוֹשֶׂהָ ו׳. 𝔄 לעושה תפארת. R. Israel (cf. Magen Ab.) כל שהיא תפארת לעושהו. 𝔅 והר׳ ישראל ז״ל [No. 90, p. 51 לעושיהו] תפארת לו מן האדם פי׳...ועלה בדעתי לומ׳ כי הגירסא היא כל שהיא תפארת לעושהו...ופי׳ לעושיהו הוא האל ית׳ העושה את האדם כמו אם מעושיהו יטהר גבר...ויהיה עתה הפי׳ הפך כוונת המפרשים ז״ל ר״ל שלא יברור האדם הדרך שיהא מפואר בה עם הבריות בלבד רק שיברור הדרך שיהא מפואר בה לפני האל ית׳...וראיתי נוסחא ישנה נראה שהיא ירושלמית וכתי׳ בה תפארת בלא וא״ו [𝔄] וכן מצאתי בגירסת ר׳ יצחק בן גיאת ז״ל וזה העירני לפרש כן. 𝔅 adds ואני יש לי שתא סדרי משנה ב׳ מדוייקים ומנוקדים שנכתבו בירושלם עיר הקדש וכתי׳ בהם תפארת לעושה ותפארת כמו שכתו׳ בכל ספרי ספרד וצרפת. With this com-

pare the extract from No. 90 given on p. 50. כְּבַחֲמוּרָה (𝔖). 𝔄 כחמורה. 𝔅 כמצוה חמורה. מַתַּן שְׂכָרָן שֶׁל מִצְוֹת, 𝔖 taking מתן as not סמוך, and adding that if it were the תי״ו should still be קמוצה as in Prov. xviii. 16 .מַתָּן אדם ירחיב לו 𝔅 (*sic*) מַתָּן, Baer מַתַּן. Some copies add [No. 23 עבירה] שֶׁל עֲבֵירוֹת [Ashk. ועונשין] וְעוֹנְשָׁן.

הִשְׁתַּכֵּל בִּשְׁלֹשָׁה דְבָרִים (𝔖). 𝔄ℭ והסתכל. Ashk. ס״א בארבעה דברים. דַּע מַה־לְּמַעְלָה. ℭ דע למעלה without מה.

עַיִן רוֹאָה. 𝔄 ראה for רואה (II. 12, 13), and so וראה in Middoth II. ($185\ b_{22}$). 𝔅𝔖 בְּסֵפֶר (al. 'בַּ), and above הֶפְסֵד.

2. סוֹפָהּ בְּטֵלָה וְגוֹרֶרֶת עָוֹן (𝔖), 𝔇 לסוף. 𝔄 לגורר. Ashk. בְּטֵלָה לְגָרֵר (*sic*) עון וכתב שכך מצא ברוב הספרים. ℭ text omits ...וכל תורת עון. וְכָל הָעוֹסְקִים עִם הַצִּבּוּר יִהְיוּ עוֹסְקִים (𝔖), al. עמלים for עוסקים in one or both places. 𝔇 יהיו...והעמלים העוסקין עוסקין ועמלים. מַעֲלֶה אֲנִי, the usual reading. 𝔄 מעלין, Ashk. ואתם מעלים עליכם שכר כאלו וכו׳ וכתב שכן מצאתי בכל הספרים. The pl. might refer to the פמליא של מעלה, cf. St Luke vi. 38 *δώσουσιν εἰς τὸν κόλπον ὑμῶν*. שָׂכָר הַרְבֵּה (𝔖). 𝔄𝔅ℭ Ashk. No. 107 omit הרבה.

3. לאדם (𝔄), usually לו לאדם. נִרְאִין. 𝔄 ונראין. בְּשַׁעַת הֲנָאָתָן...דּוֹחֲקוֹ (𝔖), Baer בִּשְׁעַת הֲנָאָתָם...דָּחֳקוֹ, 𝔇 הנייתן.

4. עֲשֵׂה רְצוֹנוֹ כִּרְצוֹנְךָ כְּדֵי שֶׁיַּעֲשֶׂה רְצוֹנְךָ כִּרְצוֹנוֹ. Nos. 103, 139 עשה רצונך כרצונו. No. 106 י״נ...שיעשה רצונו כרצונך. Some copies have this *baba* after IV. 19 only, and some in both places. See Nos. 10, 103, 138—140. M. Shelom. ובמדר״ש בשם ר״י ן׳ נחמיאש כתב שבמשנה ירושלמי הגי׳ ברצונך בבי״ת והכוונה...ברצון ובשמחת לב כדי שגם הוא יעשה רצונך ברצונו שלפעמים יעשה הקב״ה רצונו של אדם באף וחימה להענישו באחרונה כענין להשמידו עדי עד אבל כשהוא ברצון אחריתו ישגא מאד. שֶׁיְּבַטֵּל רְצוֹן אֲחֵרִים. No. 138 שיבטל רצונו (p. 111), which was wanted to complete the parallel, אלא שאין דרך כבוד של מעלה לומר כדי שיבטל רצונו מפני רצונך (𝔇). M. Shelom. Baer notice that

some add the *baba* ראובן בן איצטרובלי אומר אין אדם נחשד בדבר אלא א״ב עשהו כו׳ (Mo'ed Q. 18 b), see Aboth R. N. pp. 63, 78.

5. הִלֵּל. Ashk. ר׳ הלל אומר כן הוא רבי הלל ברוב הספרים. On the other side see No. 108 (p. 90). אַל תִּפְרוֹשׁ. 𝔄ℭ add עצמך unnecessarily. דָּבָר שֶׁאֶפְשַׁר לִשְׁמוֹעַ שֶׁסּוֹפוֹ לְהִשָּׁמַע, Nos. 90, 133, 170. In 𝔄 add להשמע after שסופו. Rashi אל תאמר על דבר של תורה שאתה יכול לשמוע עכשיו שתשמע לבסוף אלא לאלתר הט אזנך לשמוע. 𝔇 (see p. 54) ואל...דבר שאיפשר לשמוע וסופו [שסופו ?] להישמע... תאמר שאי איפשר לשמוע אם אינך טרוד ועסוק במלאכה ואיפשר לך לשמוע דבר תורה עכשיו אפי׳ אם סופו לישמע בפעם אחרת אל תאמר הרי סופו להישמע ואותו הפעם תלך ותשמיענו (*sic*). No. 23 (cf. Ashk.) שאי אפשר להשמע. 𝔅 quotes Maim. as reading דבר שאי איפשר לשמוע וסופו להשמע, in the sense שבתחלתו יראה מכוער וסופו נעים ומקובל, and "Rashbam" as reading שאיפשר לשמוע. לִכְשֶׁאֶפָּנֶה... תִּפָּנֶה, 𝔖 מבנין הקל, but usually *niph.* לִכְשֶׁאֶפָּנֶה...תִּפָּנֶה.

6. בּוֹר (𝔅𝔖), Baer בּוֹר. 𝔖 הוא תאר למי שאין בו תורה ולא דרך ארץ והוא לשון תרגום כמו... (משלי ל׳) מטול דבורא דבני נשא אנא ובסוטה פרק היה נוטל דף כ״ב ע״א אמרו שנה ולא קרא הרי זה בור. Here we have an example of the old way of quoting a *pereq* by its opening words, together with the modern way of quoting by *folio* and *'ammud*. יְרֵא חֵטְא, 𝔖 comparing אשרי כל ירא יי׳ (תלי׳ קכ״ח). 𝔅 יְרֵא. וְלֹא הַבַּיְשָׁן לָמֵד, 𝔖 הבי״ת בקמ״ץ חטף... כמו... בָּשְׁנָה אפרים יקח (הושע י׳), adding that some copies have הבוישן with *vau* after the *beth* [ℭ𝔇 No. 95]. 𝔅 Baer Strack Auth. P. B. הַבַּיְשָׁן with *pathach* under the *beth*. It is the practice of 𝔖 to use the *raphé* mark (as over the *daleth* of לָמֵד), to write *mappiq* under instead of within *he* (as לַעֲשׂוֹתָהּ), to mark accented syllables, and to accentuate citations from Scripture in the text of Aboth. הַקַּפְּדָן, 𝔖 מענין קפדה בא (יחזקאל ז׳). מַחְכִּים*. 𝔇 מחכם. שֶׁאֵין אֲנָשִׁים. 𝔇 שאין איש... ובמקום שאין אנשים להשתדל ולעמוד בפרץ תשתדל להיות איש...ובירושלמי (?) בתר דלית גבר תמן תהי גבר והיא היא באתר דלית גבר in T. B. Berak. 63 a. הִשְׁתַּדֵּל. No. 170 (p. 118)

* See מס׳ כלה והבריתא [cf. p. 128] in Nathan Coronel's חמשה קונטרסים, fol. 11 a (Vindob. 1864 A.D.), for a reading בסחורה חכם.

ס"א השתדר ברי"ש וכן משמע דגרים רד"ק שכת' M. Shelom. השתדר.
בס"ם השרשים השתדר כמו השתדל וגם הרמב"ן בפ' משפטים בפ' כי יפתה
כתב דיש נוסחאות דגרס השתדר ברי"ש וכן הגיה הרי"א ז"ל בשם רוב הספרים.

7. גֻּלְגֹּלֶת אַחַת שֶׁצָּפָה, S (איכה ג') מים על ראשי (sic) כענין צפה.
עַל דְּאַטֵּפְתְּ אַטְפוּךְ, C No. 170 צפה without *shin*. D גולגולת שצפה.

S the *daleth* with *shva* כמו שכתבתי בקדיש ... he finds בכל הסדורי' the pointing *teth* בשב"א נח and *pe* בפת"ח ... quotes (דברי' י"א) אשר הציף תרגומו די אטיף האל"ף בפת"ח ... and finds the pointing אַטֵּפְתְּ which he adopts באחת מכדורי קלף בגליון. Auth. P. B. דְּאַטֵּיפְתְּ אֲטִיפוּךְ. D יש משניות שכת' בהן דעמפת עטפוך והיא היא שאותיות א"ח ה"ע מתחלפות אשה אל אחותה. ויש שכתוב בהן על דאקפות (sic) אקפוך בערוך הביאו בערך עטף בעי"ן על דעטפת M. Shelom. מתרגו' וקפא ברזלא. see Kohut on טָף and עָטֵף. Observe that the narrative part of the *baba* is in Biblical Hebrew, while the saying is in a Targumic dialect.

8. מַרְבֶּה דְאָגָה. D מרבה דַוון [דָוֹן=] דוי ודאבון נפש שמפחד תמיד כו'. M. Shelom. דוון כך הוא הגרסא בערוך תרגום יגון דוונא. Midr. Shem. (p. 63) כתב הר' אפרים ז"ל כי יש משניות מדוייקות שכתוב בהם מרבה תורה מרבה חיים קנה שם טוב קנה לעצמו וכו'. There would thus be left the *six* clauses מרבה בשר ... נכסים ... שפחות ... עבדים ... נשים ... תורה answering to the comment חוזר לומ' שכל הרבויין אין בהם תועלת זולתי ריבוי התורה בלבד (D). AB (comm.) CD Ashk. put the נשים clause next before מ' תורה (נ"א צדקה) מ' חיים. Ashk. omits after חיים to שלום, and M. Shelom. adds וכמוהו ברוב הספרים ל"ג זה. D in text חכמה (for חיים), followed by מ' עיצה מ' תבונה מ' ישיבה מ' שלום מ' חכמה מ' צדקה קנה וכו'. No. 90 puts מ' עבדים before מ' שפחות. No. 23 מ' חכמה מ' ישיבה, with marg. מ' עצה מ' תבונה. Eccl. i. 18 ויוסיף דעת יוסיף מכאוב.
קָנָה לוֹ. Ashk. קנה דברי תורה קנה חיי העולם הבא ... ומחק מלת לו.

9. מְהַלֵּל. No. 95 מְהַלֵּל. אִם לָמַדְתָּ תּוֹרָה הַרְבֵּה, S כ"ה הנוכח במשניות ובכבר מדרש שמואל אבל הר"י אברבנאל ולב אבות ומלי דאבות וחסדי אבות ופרקי משה ומדרש שמואל בשם הר"ם אלאשקור (sic) גורסין אם עשית תורה הרבה ונותני' טעם לגירסתם והוא טעם לשבח A עשית תורה, cf. Nos. 23, 107 (טובה), 170. CD Nos. 95, 101 עשית תורתך. B comm. [in text only as far as תור is legible] אם עשית תורתך הרבה אם למדת כל

ימיך בתורה ועשית כל המצות. Some such comment or the same words in Ab. II. 19 may have suggested the reading למדת תורה הרבה in II. 9.

תַּחֲזִיק (𝔖), al. תחזק. נוֹצַרְתָּ. 𝔄ℭ נוצרתה.

10. אֱלִיעֶזֶר...אֶלְעָזָר. 𝔄 frequently has the Jerus. forms ליעזר, לעזר without *aleph*, the latter once with points לָעְזָר (p. 66, line כ״א), Gk. Λάζαρος. On *pathach* for *qameç* see chap. III. 11. הוֹרְקְנוֹס. 𝔖 הוֹרְקְנוֹס with note that הָרְקְנוֹס is יותר נכון. 𝔅 הוֹרְכְּנוֹס *prima manu*, with *caph* altered to ק. ℭ חנינא for חנניא or —יה. ℭ omits ואילו הן. 𝔇 (text) אילו without *vau*. 𝔅𝔖 וְאֵלּוּ. al. וְאֵלּוּ with *dagesh*, cf. bibl. אֵלֶּה. 𝔇 in comm. ואילו הן ר׳..ר׳...ור׳ אלעזר בן ערך with *vau* before the last name only, quoting bibl. ראובן שמעון לוי ויהודה.

שבחן (𝔖). 𝔅 שְׁבָחָן. R. Jochanan calls the five severally by name without title, ℭ בלא שום סמיכה, 𝔇 שאין דרך הרב לקרות לתלמידיו ר׳. Strack Dur. notice readings which make him call the first or the last רבי.

סיד (𝔄𝔅ℭ), bibl. שִׂיד. Nos. 23, 158 סוד, in favour of which against כל הסדורים 𝔖 quotes (Dur.) ר׳ שמעון בר׳ צמח. 𝔄𝔅ℭ𝔇𝔖 מעין without *caph*.

11. מאזנים or מ׳ אחת (cf. Strack) to balance שניה. 𝔅ℭ𝔖 אף עמהם 𝔇 —ו. 𝔄 om. אף.

12. צאו וראו. Abarbanel gives a reading בואו ראו in this *baba*, but צאו (of ד׳ רעה) in the next. Geig. "bibl. לך geh! z. B. Is. xx. 2, Hos. iii. 1, Koh. ix. 7...vgl. πορευθέντες μάθετε Matt. ix. 13, syr. זלו ילפו."

דֶּרֶךְ טובה. ℭ No. 106 ד׳ ישרה, cf. II. 1. 𝔅 in text טובה altered to יְשָׁרָה, comm. לבקש איזו היא הדרך הטובה. שֶׁיִּדְבַּק (𝔖). Emd. *niph.* שֶׁיִּדָּבֵק. רוֹאֶה אֲנִי...מִדִּבְרֵיכֶם, cf. Sheqal. IV. 7 רואה אני את דברי ר׳ אליעזר מדברי ר׳ יהושע (𝔄 IV. 9, f. 54 a_{18}). ℭ once רואה אני without מדבריכם, cf. Rosh ha-Sh. II. 8 רואה אני את דבריך (𝔄 II. 10, f. 61 b_{10}), Baba B. IX. 1 רואה אני את דברי אדמון (𝔄 XXIX. 1, f. 122 a_2).

13. אֶחָד הַלֹּוֶה מִן הָאָדָם כְּלֹוֶה מִן הַמָּקוֹם without ברוך הוא (𝔖), al. לוה or לווה without art. 𝔇 (?) לפי הק׳ הוא קורא מקום ומפורש בסיפרי שהוא מקומו של עולם ואין העולם מקומו שנ׳ ומתחת זרועות עולם, והקדוש ברוך הוא תכף שאנו מזכירין שמו אנו צריכין לברכו שנ׳ זכר צדיק לברכה ואו׳ כי שם יי׳ אקרא הבו גודל לאלהינו. No. 108 ספר יצירה, 𝔅 בן סירא (p. 99) for סיפרי. 𝔅 adds that יהוה by a kind of Gematria amounts to the same as

כצ"ל אכן ה"ר יהוסף ז"ל M. Shelom. .וְצַדִּיק חוֹנֵן וְנוֹתֵן מקום.
כתב ברוב הספרים ל"נ רק ולא ישלם וגו'.

14. הֵם אָמְרוּ שְׁלֹשָׁה דְבָרִים (𝔖). Read שלשה שלשה (Strack *genauer*) with 𝔇 Nos. 90 (p. 54), 95 (marg.), 114, 133, 170, M. Shelom. Dur. כל אחד מהם אמר שלשה דברים ולזה נכפל במשנה שלשה ב' פעמים. 𝔅 has a second שלשה but unpointed* and with a line drawn through it, and reads ממון חברך, marg. נ"א כבוד תלמידך. The three sayings of ר' אליעזר are (1) יהי כבוד, (2) אל תהי נוח, (3) שוב יום אחד. Ashk. on (3) ס"א וכי יודע אדם באיזה יום ימות כו', see Ab. R. N. p. 62, Shab. 153 a, Midr. R. on Eccl. ix. 8 בכל עת. בְּגַחַלְתָּן שֶׁלֹּא (𝔖). Baer בְּגַחַלְתִּי, 𝔄𝔅𝔇 מג' (𝔇 ם—). 𝔄𝔅ℭ שמא. שׁוּעָל. R. Isr. gives a reading נחש but prefers שועל (p. 54). The saying והוי מתחמם וגו' is a תוספת from Aboth R. N., for which 𝔇 makes room by reckoning R. Eli'ezer's (1) and (2) as one. M. Shelom. כתב הר"מ די לונזאנא ז"ל מכאן עד סוף המשנה נראה מפ"ט [עי' ס"פ ט"ו] דאדר"נ שאינו משנה ובהכי אתי שפיר דלא פשו מ"ג.

15. עַיִן רָעָה (𝔄𝔇 No. 90) as in Ab. II. 13, v. 28 is to be preferred. ℭ𝔖 Ab. R. N. (p. 62) עין הרע, by assimilation to the following יצר הרע. Notice in No. 106 the Gematria הרשע=יצר הרע, ὁ πονηρός, and the expression שם השם (p. 88). ℭ חנם for הבריות. Joma 9 b שנאת חנם.

16. מָמוֹן. Syr. ממונא. Sanh. III. 1 דיני מָמוֹנוֹת בשלשה. Geig. *blos Erweiterung von* המון...*spätbibl.* חָבִיב עָלֶיךָ כְּשֶׁלָּךְ (𝔖), cf. IV. 17. ℭ om. חביב. Berak. 61 b שממונו חביב עליו מגופו, Sifré 73 a. וְהַתְקֵן (𝔖), or התקן (𝔄 ין—) without *vau*. Cf. Ab. IV. 23. 𝔖 notes that the *aphel* is used in Targ. as for אתה הֲכִינוֹתָ מאור ושמש (Ps. lxxiv. 16), but התקן is preferred here in the Mishnah as a biblical form, although itself not found in the Bible, כי המשנה היא שנויה בלשון המקרא כמו שכתב הרד"ק בהקדמת המכלול. שאינה ירושה לך. 𝔇 כת' במשניות ונקוד מלמעלה לומ' שאין גורסין אותו.

17. הֱוֵה זָהִיר בִּקְרִיאַת שְׁמַע וּבִתְפִלָּה (𝔖), 𝔇 in text ותפילה. Read זהיר בק"ש without תפלה. 𝔇 (comm.) ותפילה אין אנו גורסין במשנה. No. 170 ותפלה ותפילין ל"נ. אֶלָּא רַחֲמִים וְתַחֲנוּנִים (𝔖). 𝔄𝔅ℭ𝔇 omit רחמים ו', which was perhaps suggested by רחום in the following proof-

* 𝔅 III. 4 and from III. 9 to the end (exc. v. 27, 28) is mostly unpointed.

text. Berak. IV. 4 העושה תפלתו קבע אין תפלתו תחנונים. ℭ comm. בעצמך for בפני עצמך. Cf. Nos. 2, 54, 90, 92, 103.

18. שָׁקֵד. 𝔅ℭ𝔇𝔖 שקוד. וְדַע מַה־שֶּׁתָּשִׁיב. 𝔖 כ"ה הנוסח בספר נחלת אבות ולב אבות ומלי דאבות גם במדרש שמואל. 𝔖 continues גם בספר חסדי אבות הביא שתי הנוסחאות והוכיח שהנכון הוא לגרוס ודע וגם בסנהדרין [Sanh. 38 b] הובאה משנה זו בלא מלת *ודע ובעל עין יעקב הגיה בה מלת ודע. But in Sanh. *l.c.* the insertion of ודע may be accounted for by the *perush* כדי שתדע להשיב. 𝔅 ודע, 𝔄ℭ𝔇 Nos. 95, 133 omit it. No. 73 (cf. 𝔇 comm.) כדי שתשיב. Nos. 23, 39 ללמוד מה שתשיב without תורה. M. Shelom. א׳ית דלא גרסי׳ מלות (*sic*) תורה ודע מה שתשיב כצ"ל ולפי מה שראיתי בספר מסורת התלמוד שם בסנהדרין (דל"ח) דלא גרסינן מלת תורה אין צורך לגרוס מלת דע ומ"מ איני יודע מי הגיד לו זו הגרסא וברמב"ן פ׳ ויקרא גבי חלבו האליה כתבה בלשון זה הוי שקוד ללמוד תורה כדי שתשיב לאפיקורוס. לְאַפִּיקוֹרוֹס (𝔖), Baer לְאֶפִּי׳ with *segol*, al. פ *raphé*. 𝔅 את ה׳ (𝔇 את) for ל׳. On אפיקורוס see Sanh. 38 b, 99 b, cf. Moreh Neb. III. 17. Thus far, omitting ודע, we have but one saying.

וְדַע לִפְנֵי מִי אַתָּה עָמֵל. 𝔇 הרי השניה, i.e. the 2nd of R. El'azar's three sayings. ℭ adds ומי הוא בעל בריתך, cf. Nos. 95, 110, 113.

וּמִי הוּא בַּעַל מְלַאכְתְּךָ, his 3rd saying according to 𝔄 Ashk., to which 𝔅𝔖 add שישלם לך שכר פעולתך. ℭ ונאמן בעל מלאכתך הג׳ הרי ג׳. 𝔇 ואין נאמן הוא כת׳ במשניות, cf. § 19. Dur. ובמשניות שלנו אין כתוב אלא ומי הוא בעל בריתך ואין שם ונאמן הוא בעל מלאכתך, the three sayings according to his *perush* being (1) הוי שקוד. (2) ודע לפני מי. (3) ומי הוא בעל בריתך. See also No. 106 (p. 89).

19. ר׳ טַרְפוֹן. 𝔖 כ"ה...ולא ר׳ שמעון. קָצֵר. *In der Bibel nur Stat. constr.* (Strack). בֶּן חוֹרִין or ים— (𝔄). Cf. Ab. VI. 2. ℭ ולא בן חורין אתה. Eccl. x. 17 בן חורים. לבטל (𝔄), which may be read as *qal* (No. 23 לִבְטֹל) or *niph.* 𝔅ℭ𝔇 ליטבל. 𝔖 לְהִבָּטֵל. ℭ adds הימנה, 𝔇𝔖 ממנה.

* See authorities for the omission of ודע or of תורה ודע מה in Rabbinovicz דקדוקי סופרים (IX. 107, Mogunt. 1878). The *Well of Jacob* (No. 291, p. 437 in Benjacob's *Oçar*) was first printed in the year הראינ"י לפ"ג, that is 5271 (=1511 A.D.), in Rashi type. Benjacob's No. 311, p. 526 is the הקונים of R. Shimsh. ha-Naqdan referred to by 𝔖 on Ab. I. 11 (p. 137), a MS. of which is in the British Museum.

CHAPTER III.

1. בֶּן מַהֲלַלְאֵל (𝔖), Geig. *Mahallel.* בנ׳ דברים כו׳ as in Ab. II. 1. Ab. R. N. *B.* XXXII. יסתכל אדם בד׳ דברים, cf. *A.* XIX. Dur. 𝔄 את for אתה here and in Baba Q. IX. (110 b_8), Qinnim III. (191 b_{24}). Numb. xi. 15 ואם ככה אַתְּ־עֹשֶׂה לִּי. מֵאַיִן בָּאתָ וּלְאָן אַתָּה הוֹלֵךְ (𝔖). 𝔄ℭ𝔇 Dur. באתה. 𝔄𝔅 No. 23 Ashk. Strack ולאין, ℭ𝔇 Dur. Emd. ולאן. 1 Sam. x. 14 אָן הֲלַכְתֶּם, Jud. xix. 17 אָנָה תלך וּמֵאַיִן תבוא. Ashk. מאין באתה מליחה סרוחה. 𝔄 דע מאין. 𝔇 Nos. 92, 108, 158 מליחה, 112, 114 מלחה. 𝔄 Shebi. II. (13 b_6) הַלָּחָה, Makhsh. VI. 7 (Jost) וְהַלֵּחָה סרוחה. מְטִפָּה, 𝔖 with 𝔅ℭ𝔇 (comm.), cf. Mekhilta on נורא תהלות (Fr. f. 42 a) נותן לאדם בן מטפה של מים. 𝔄 לרמה ותולעה, No. 23 marg. ר׳ ות׳ למקום. 𝔅𝔇𝔖 Dur. למקום עפר ר׳ ות׳, ℭ ורימה with *vau* conj. את החשבון for דין וח׳, No. 103 here and in IV. 32, cf. Dur. No. 113 לתת את הח׳. Ashk. לפני מלכי המלכים (*sic*) ברוך הוא וכתב כן מנֹאֹתי.

2. רַבִּי חֲנַנְיָה סְגַן הַכֹּהֲנִים. 𝔇 Baer חנינא, 𝔄𝔅ℭ𝔖 (text) Ashk. *Fragm. of T. B.* ed. Lowe (pp. 41, 42, 45) חנניה. Ashk. גם ר׳ חנניה בן תרדיון...חכינאי...דוסא (Ab. III. 3, 7, 13). סגן pl. only in Bible (Ezra ix. 2, Dan. ii. 48, iii. 2).. סגן כהניא Targ. 2 Kings xxiii. 4, Jer. xx. 1. Emd. סֶגֶן with שש נקודות, cf. Baer. שֶׁאִלְמָלֵא מוֹרָאָהּ (𝔖), cf. Emd. Baer. Tos. Megil. 21 a ד״ה אלמלא quotes from R. Tam דהיכא שיש אל״ף בסוף אלמלא רוצה לומר א׳ילו לא והיכא דכתיב אלמלי ביו״ד רוצה לומר א׳ילו היה. 𝔄 שאילולי, cf. bibl. לולי, לולא. Dur. ובמשניות שלנו גרסינן שאלולי מורא מלכות. No. 103 מוראה שהיה קשה עלינו, but why קשה? בלענו, 𝔄𝔅ℭ (חיים בלענו גרסי׳) Dur. Geig. (*richtiger als* בלעו *wegen* חיים). 𝔖 בְּלָעוֹ objecting that the speaker would not have included himself, Emd. ובמשניות מדוייקות כת׳ חיים בלעו. 𝔇 בלעו, ℭ text בְּלָעוֹ שני קמצין. No. 23 בלעונו. Psalm cxxiv. 2, 3 לוּלֵי יי׳ שהיה לנו...אזי חיים בְּלָעוּנוּ.

3. אֲבָל שְׁנַיִם שֶׁיּוֹשְׁבִין וְיֵשׁ בֵּינֵיהֶם דִּבְרֵי תוֹרָה שְׁכִינָה שְׁרוּיָה בֵּינֵיהֶם, 𝔖 with 𝔅ℭ𝔇 (exc. כאלו שכינה). ℭ שיושבין ועוסקין

NOTES ON THE TEXT. 147

בתורה שכינה עמהם. 𝔄 ביניהם...בדברי ת׳...שהיו. Like variations are found elsewhere. No. 114 in III. 3, 9 שכינה עמהן.

4. אחד שיושב ושונה (𝔄). 𝔖 אֵין לִי אֶלָּא שְׁנַיִם מִנַּיִן שֶׁאֲפִלּוּ אֶחָד שֶׁיּוֹשֵׁב וְעוֹסֵק בַּתּוֹרָה שֶׁהַקָּבָּ״ה קוֹבֵעַ לוֹ שָׂכָר, with text of 𝔅ℭ𝔇 (ומניין אפילו). 𝔇 comm. (cf. p. 91 B) does not find this במשנת ר׳ אפרים ובשאר משניות מדוייקות. 𝔅 (p. 100 A) כת׳ רש״י ז״ל ולא מצינו במשנה כתי׳ ישׁב בדד וידום אבל רגילים העם לאומרו, ...R. Isaac Isr. finds it only in the margin (מבחוץ) of his two Jerus. ש״ס משנה MSS. (p. 139), ...ופרש״י ז״ל ויוום משמע כמו כאשר דמיתי כלו׳ שיהיה מחשב בדברי תורה. כי נטל עליו כי נטל שכרו באותו עסק וי״א נטל כמו סכך וסכות על הארון מתרגמי׳ ותטלל (*sic*) ע״כ. Cf. "Rashi" in ed. Mantua above-mentioned (p. 118); but in some editions his *perush* has here only the six words איש אל רעהו הרי כאן שנים, or these followed by בסוף משנת ר׳ חלפתא מצאתי כתוב (בפי׳ רש״י) וז״ל לא מצינו...ומתרגמינן ותטיל, see Midr. Shem. p. 93, and Leb Aboth (Salonika, 1565 A.D.). On the latter *baba* (III. 9), with reference to R. ʻObad. of Bertinoro, M. Shelom. has עוד בפירושו ז״ל כי נטל עליו לשון סכך אמר המלקט זו הגירסא של ראיית פסוק כי נטל לא נמצאת אצלי בשום מקום אלא במתני׳ דלעיל גבי חנניא בן תרדיון. M. Shelom. on III. 3, 4 השכינה ביניהם עי׳ בתיו״ט חילופי גרסאות בזה. Ashk. after ס״א אחד שיושב ודורש [= No. 170] deletes the rest (§ 4), but adds ...שנ׳ and reads like 𝔄 exc. כולה. Dur. quotes Rashi on כי נטל עליו in both places, ending here with ואין במשניות שלנו אין לי אלא שנים וכו׳.

5, 6. שאכלו or שהיו אוכלין. 𝔅ℭ𝔇𝔖 omit הרי. No. 170 הרי אלו כאוכלי זבחי מתים. ℭ𝔖 של מקום without ב״ה. 𝔄 אליו for אלי.

7. ומפנה, 𝔄𝔅𝔖 (ref. to Leb Ab. and Midr. Shem.) No. 23 Ashk. (וה״ק הניעור...או המהלך...ומפנה לבו...באחת משניהם ה״ז מתחייב). ℭ𝔇 Geig. והמפנה. לְבַטָּלָה (𝔖) or להבטלה, see Dur. Geig.

8. נותנין עליו. 𝔇 No. 113 גוזרין עליו. Gen. xxvii. 40 וּפָרַקְתָּ עֻלּוֹ מעל צוארך.

9. ר׳ חֲלַפְתָּא (𝔖), No. 95 חֶלְפְּתָא. Baer adds בן דוסא and notes that §§ 13, 14, 16, 17 precede this *baba* in some copies, cf. Nos. 10, 113. Perhaps because some omit it Dur. writes זאת המשנה נכתבה בסדורי תפלות. אִישׁ כְּפַר חֲנַנְיָה (𝔖), 𝔅 הבבלי, No. 17 חמרתא. Maim.

(cf. Dur.) עשרה שהיו יושבין בדין, R. ‘Obad. שיוש׳. The number *five* may be connected with בקרב אלהים ישפוט and the number *three* with ואגודתו על ארץ יסדה (𝔄𝔇) or *vice versa* (𝔅ℭ𝔖). M. Shelom. בפי׳ ר״ע ז״ל וי״ם שכתוב בהן וכו׳ אמר המלקט עי׳ תוס׳ פ״ק דסוכה ד׳ י״ג [R. ‘Obadiah], see the rest quoted above in § 4. 𝔇 quotes Rabbi's דיני ממנות בחמשה against the customary בשלשה, but the *baba* as a whole seems to refer properly to תורה and not דין. The words בקרב אלהים ישפוט are part of the verse quoted for the number *ten* and should perhaps be struck out—and with them the number *five*, which is not mentioned in Berak. 6 a or Mekh. Jethro בחדש xi. on בכל המקום. No. 101 omits it and reads:

...בעדת אל בקרב אלהים ישפוט מנין שאפי׳ שלשה שנ׳ ואגודתו על ארץ יסדה...

and ℭ has a transitional reading, agreeing with this up to ישפוט, continuing חמשה שנ׳ ואגודתו...שלשה שנ׳ בקרב אלהים ישפוט, and thus *repeating* the 2nd hemistich of Psalm lxxxii. 1. See also Nos. 9, 10, 12, 22, 23, 39, 68, 73, 81—3, 90, 92, 95, 99, 103, 109, 113, 116, 133, 137, 150, 170. Ab. R. N. p. 36 makes ג׳ שיושבין an אגודה. On מִנַּיִן without *vau* conj. see Nos. 108 (p. 91), 158 and Midr. Shem. 𝔇 comm. מניין אפי׳ חמשה...מניין אפי׳ בג׳...מניין שאפי׳ שנים שנ׳ אז נדברו ואין כת׳ יותר במשנה. See שנים...שנ׳ אז נדברו in III. 4 also, and the notes there on כי נטל עליו. ℭ comments upon § 9 next after § 6.

10. 𝔄 לעזר, 𝔅ℭ𝔇 אלעזר, 𝔖 אליעזר. Some omit בן יהודה. אִישׁ בַּרְתּוּתָא (𝔖), cf. Baer Geig. Strack. 𝔇 cites מכילתי (*sic*) בפרשת* [Ex. xiv. 30] ויושע as reading איש כפר תותא, but under xiv. 15 the Venice edit. of 1545 A.D. (f. 12. 1) and the editions of Weiss and Friedmann have אליעזר בן יהודה איש ברתותא. In the parallel in Jalq. I. רל״ג as Friedmann remarks (Mekh. 29 b, note 17) the reading is אלעזר בן עזריה איש כפר ביתר; but Jalq. II. תקס״ה on Hab. iii. 14 reads אלעזר בן יהודה איש ברתותא. 𝔄 64 b has בית תר in two lines for ביתר (Jost Ta‘an. IV. 6 בֵּתֵּר). See also Ta‘an. 24 a with Rabbinovicz ד״ס III. 142 (ז); and see Bacher's *Agada der Tannaiten*, I. 442, note 2. 𝔖 Baer שָׁאַתָּה the *shin* with *qameç* as Jud. vi. 17 שָׁאַתָּה מדבר עמי. Dur. וגם זאת המשנה אינה בסדורי תפלות.

* See מכילתי likewise in No. 108, f. 61 b, presumably for ין—, as R. Jonah on ר״נ בנו של ר״י הנשיא (Ab. II. 2) quoting the Mekhilta כענין שאמרו במכילתין. I have not seen a *parashath* ויושע in any edition.

NOTES ON THE TEXT. 149

11. רַבִּי יַעֲקֹב אוֹמֵר הַמְהַלֵּךְ בַּדֶּרֶךְ (𝔖). al. שמעון or עקיבא, see 'Beth Habchira'. Rashi ℭ𝔇 ל"ג יחידי. Job xxx. 28 קודר הִלַּכְתִּי. 𝔄 מִשְׁנַתוֹ* with *pathach* for *qameç*, which was illustrated by the annexed footnote in the first edition of דברי אבות העולם. 𝔅𝔖 ממשנתו. מַה־נָּאֶה אִילָן זֶה (𝔖). 𝔄 repeats this, No. 101 omits it and repeats the ניר (al. נירא) clause. Dur. וגם זו המשנה אינה כתובה בסדורי תפלו' ולשון המשנה מה נאוה אילן זה. Dan. iv. 7 וַאֲלוּ אִילָן. מַעֲלֶה עָלָיו הַכָּתוּב, 𝔖 כ"ה בכל הנוכחאות. Baer Targ. Job xxx. 4 not הכתוב וחס ושלום לא דיבר 𝔇 הרי זה מתחייב...דהא לא כת' ביה קרא ℭ ממש. הכת' בדבר כזה לפיכך הוא או' כאילו מתחייב בנפשו ולא נתחייב ממש מעלין עליו כאילו מתחייב וכו' וכן הגיה ג"כ במתני' דבסמוך Ashk.

12. 𝔄 No. 109 אומר...אומר. ℭ אומר בר' ינאי אומר משום... ר' מאיר אומ' with marks of erasure over the first אומר. כָּל הַשּׁוֹכֵחַ דָּבָר אֶחָד מִמִּשְׁנָתוֹ (𝔖). 𝔅 om. אחד. No. 95 מתלמודו. ℭ𝔇 תלמיד חכם ש' as 𝔄. ℭ ושכח תלמודו מעלה עליו כאילו מ' בנ'. ℭ abbrev. וגו' for אשר ראו עיניך and כל ימי חייך (𝔄𝔖). Ashk. עד הא אינו מתחייב

* כ"א ממשנתו: וא"ת למה נורת הפתח תחת הנון בכ"י שלפנינו וי"ל שבס"י דומה נורת הקמץ לפתח שתחתיה חירק אבל לפעמים הפתח בלבד עומד במקום הקמץ לגמרי. והרי דבר נפלא שראיתי בספר גור אריה (וזה פרוש לפרוש רש"י על התורה להגאון מהר"ל מפראג) על הפסוק בראשית י"ח ג' וז"ל: לגדול שבהם אמר וקראם כלם אדוני' פי' הא דכתי' אדוני דמשמע לשון רבים מדלא כתי' אדוני בחירק וא"כ אמר אל נא תעבור דמשמע לשון יחיד אלא האמירה היא לאחד וקראם כולם אדוני' לכך קאמר אדוני בלשון רבים. וא"ת אי לשון רבים הוי למכתב אדני בפתח דמשמע לשון רבים וי"ל בקמץ משמע לשון יחיד וגם לשון רבים וכן מורה הנקודה שהוא קמץ והוא מורכב מן פתח שהוא לשון רבים ומן חירק שהוא לשון יחיד ולפיכך השם שהוא קדוש נקוד בקמץ לפי שהקב"ה יחיד ודרך כבוד אומרים לו לשון רבים ומפני שכאן הוא מדבר לגדול וקראם כולם אדונים לכן קאמר אדני בקמץ שהו' ליחיד ומדבר אותו בלשון רבים וזה שכיון רש"י לפרש על ויאמר ה': לגדול שבהם אמר וקראם כולם אדונים כדי לתרץ לשון אדני בקמץ.

שישב לו...ומחק מלת בנפשו, 𝔄𝔅𝔇𝔖 שישב ויסירם מלבו, ℭ שיסירנו. Dur. ומצאתי נוסחאות משניות קדומות עד שישביל וידיחנה מלבו.

13. No. 107 וכל שאין יראת חטאו קודמת לחכמתו אין חכמתו מתקיימת, so Midr. Shem. with אית דגרסי׳. ℭ חנינא for חנני׳.

14. 𝔇 וכל שמעשיו מרובין מחכמתו חכמתו מתקיימת, omitting הוא היה אומר (here and in §§ 15, 20) and the clause וכל שחכמתו. No. 107 וכל שאין מעשיו מרובין מחכמתו אין חכמתו מתקיימת, against which Midr. Shem. writes שאין צורך להחליף הגרסא. ℭ text omits the *baba*.

15. שֶׁרוּחַ הַבְּרִיּוֹת נוֹחָה הֵימֶנּוּ (𝔖). No. 95 הַבְּרִיּוֹת. Mishnah Shebi. (end) רוּחַ חכמים נוֹחָה הֵימֶנּוּ (Jost), 𝔄 17 a המנו and המינו.

16. No. 95 ארכינס, cf. Strack. 𝔖 הָרְכִּינַס the *he* with short *qameç*. שֵׁינָה שֶׁל שַׁחֲרִית וְיַיִן שֶׁל צָהֳרַיִם...וִישִׁיבַת בָּתֵּי כְנֵסִיּוֹת (𝔖). Ashk. ר׳ דוסא בן ארכינס אומר שְׁנַת שחרית וְיַיִן צהרים...וישיבת כנסיות. No. 109 om. ויין של צ׳. 𝔄𝔅𝔖 הילדים, ℭ𝔇 ילדים. ℭ𝔇 Nos. 95, 101 om. בתי. Baba M. 24 a בבתי כנסיות של נכרים.

17. 𝔖 (after המועדות) וְהַמַּלְבִּין פְּנֵי חֲבֵרוֹ בָּרַבִּים והמפר בריתו של אברהם אבינו והמגלה פנים בתורה שֶׁלֹּא כַהֲלָכָה אף על פי שיש בידו תּוֹרָה ומעשים טובים. So editions of Sanh. 99 a*, but with והמלבין next before אע״פ שיש בידו. 𝔅 expounds it before והמגלה פנים. 𝔇 reads והמאדים, cf. No. 108 (p. 91 ᴅ). Ashk. הגיה המאדים...וכתב עוד שברוב הספרים ל״ג והמאדים פני חבירו ברבים כלל. 𝔄 Ashk. Nos. 23, 39, 114, 170 om. שלא כהלכה. 𝔇 שלא כהלכה אין אנו גורסין במשנה. 𝔅 quotes Rashbam as reading מעשים טובים without תורה [𝔇 תורה ל״ג], and adds וכן מצאתי בשית׳ סדרי משנה שלי ומפו׳ בירושלמי דפאה. T. J. Peah I. 1 (16 b_{26}) הפורק עול והמיפר ברית והמגלה פנים בתורה אע״פ שיש בידו מעשים טובים, cf. Ab. R. N. (p. 82). No. 10 תורה תשובה ומ״ט, cf. Baer. No. 109 om. טובים. ℭ שלא כהלכה והמלבין...תורה ומ״ט.

18. הֱוֵה קַל לְרֹאשׁ וְנוֹחַ לְתִשְׁחֹרֶת, 𝔖 without note or comment. 𝔄 הוי קל ראש ונוח תשחורת, omitting *lamed* perhaps by error before תשחורת but rightly before ראש. 𝔇 הקל את ראשך והוי רך בקנה שהולך לכאן ולכאן וזריז כאדם קל להקביל פני ראש העיר ושופטיה, see Nos.

* Rabbinovicz ד״ס IX. 297 (ז) shews that והמלבין... is an interpolation in Sanh. *l.c.*

119, 133, 151. Ab. R. N. *B.* xxxi. (p. 68) ג׳ דברים מאהבין את האדם לבריות יד פשוטה ושולחן ערוך וקלות ראש. See in Kohut's *Aruch* under קַל (vii. 90 *a*) ...בפ׳ עקביה הוי קל לראש. ראש דמאי, and in three Cambridge University MSS. of the *Aruch* (1) Addit. 376 הוי קל לראש. ראש דמאי (198 a), (2) Addit. 472 הוי קל ראש. בר׳ דמאי (249 a), (3) Addit. 473. 2 הוי קל. ראש דמאי (2 b). 𝕮 קל לראש.

19. מרגילין לערוה, 𝕭𝕯𝕾. 𝕮 לדבר עבירה. 𝕬 ins. את האדם.

20. מַסּוֹרֶת סְיָג לַתּוֹרָה (𝕾). Ashk. ס״א מסרות, cf. 𝕬𝕮 comm. (p. 84) No. 95. 𝕯 מסורות כגון אילו שכותבין בגליון הספרים היא מסורת הגדולה. בכל הספרים מַעַשְׂרוֹת סְיָג לָעוֹשֶׁר, 𝕾 with 𝕭𝕮𝕯. Ashk. וי״א מעשרות סייג לא מצאתי זה, cf. 𝕬 No. 23. Kohut *A. C.* on סג (vi. 14), לתורה, cf. תשובות הגאונים, p. 18 *b* (Lyck, 1864 A.D.), and Tos. Yomtob. 𝕭𝕮𝕯𝕾 omit הוא היה אומר (𝕬) and begin with מסורת (𝕭𝕮 ומ׳ 𝕾) or מעשר·ת (𝕯).

21. Between שנ׳ and שנברא בצלם (𝕬), 𝕮𝕯 No. 101 insert the four words חיבה יתירה נודעת לו, to which 𝕭𝕾 add שנברא בצלם (al. בצ׳ אלהים). 𝕾 (on שֶׁנִּבְרָא בְּצֶלֶם) כן הוא הנוסח הנכון בשני הפעמים הראשוני׳ בלא זכירת אלדים עד שמביא הפסוק כי בצלם אלדים והטעם מבואר במדרש שמואל. 𝕮 text ברא (Gen. i. 27) for עשה (ix. 6). 𝕯 חיבה יתירה נודעת לו כלומ׳ חיבה יתירה חיבבו שנברא בצלם אלהים עצמו שנ׳ כי בצלם אלהים בצלם אלהים עצמו עשאו המקום. ואית דלא גרסי הא [ר״ל אלהים] דכיון דאין לצור דמיון ולא תמונה מי שאומר כזה חיישי׳ שמא מין הוא. ואף כי בצלם אית מתרג׳ ארו בצלמא יי׳ עבד ולא בצלמא דיי׳ ובעברי היקף (*sic*) גדול בצ׳דין של בצלם לפיסוק הטעם להבין פתרונו כמו שפירשו בהכל חייבין בויעלו עולות וכן נקוד כי בצ֜לם בצלם. I have not seen בצלם with *zaqef gadol* in the Bible. 𝕯 refers above to לפיסוק טעמים in Chag. 6 b where the punctuation of Exod. xxiv. 5 by accents is discussed, cf. Megil. 3 a ויבינו במקרא אלו פסקי טעמים, Nedar. 37 a שכר פיסוק טעמים. Abarbanel on this *baba* gives בצלמא יי׳ ברא...עבד as Targ. אונקלוס (Gen. i. 27, ix. 6). Modern texts of Onqelos do not give these renderings, but see Targ. Jon. Gen. i. 27 בצלמא יי׳ ברא יתיה. Berliner's Targ. Onk. has בְּצֶלֶם אל׳ in both verses.

22. חביבין ישראל שנקראו בנים למקום, 𝕬𝕭𝕮𝕯𝕾. al. בנים without למקום. חיבה יתירה נודעת להם שנ׳ בנים, 𝕮𝕯 omitting שנקראו בנים למקום (𝕬𝕭𝕾) before שנ׳.

23. חֲבִיבִין יִשְׂרָאֵל שֶׁנִּתַּן לָהֶם *כְּלִי חֶמְדָּה (𝔖). 𝔄 Ashk. כלי
חיבה יתירה נודעת להם כלי חמדה שבו 𝔅ℭ𝔇, שבו נברא העולם
כלי חמדה 𝔅, שניתן להם כלי שבו נברא העולם 𝔄 (ℭ). שנ׳ כי לקח טוב
חיבה יתירה נודעת להם 𝔇 omits. כלי חמדה שבו... 𝔖 Dur. on
§§ 21—3 ומצאתי בתפלות צרפתות נוסחא יפה... בצלם... בצלם אלהים.
בנים... בנים למקום. כלי חמדה... כלי חמדה שבו נברא
העולם. ולפי נוסחא זה החיבה היתירה תוספת היא על החיבה הראשונה...
אדם עולה מ״ח ומ״ם. He gives the Gematria וכן נראה מאבות דרבי נתן.
ולא גרסינן במשניות ה״א בשלימותו עולה פ״ו כמנין אלהים, and remarks
שנאמר בנים... Ashk. שלנו אלא בקצת נוסחאות שנא׳ כי לקח טוב...
שנאמר כי לקח טוב... בס״א ל״ג הני תרי שנאמר.

24. הַכֹּל צָפוּי. Ashk. אית דאמרי הכל צפון, cf. p. 122.
וְהָרְשׁוּת, 𝔖 Emd. (ה״א קמוצה ורי״ש שוא״ת), but in I. 11, II. 3 רָשׁוּת as
if מגזרת ראש, see in רד״ק *s. r.* רשה. וּבְטוּב הָעוֹלָם נִדּוֹן (𝔖).
Emd. וּבְטוּב (בי״ת פתוחה רפויה. טי״ת חלומה דגושה) נָדוֹן (נו״ן קמוצה).
והכל לפי המעשה (𝔄), 𝔅𝔇𝔖 לפי רוב. 𝔅 marg. נ״א אבל לא על פי המעשה,
אבל לא על פי רוב המעשה... 𝔇 אע״פי שיש. לא הכל לפי רוב ℭ
בעולם חוטאי׳ ויש עושין צדקה וזכות, העולם נידון בטובתו של הק׳ שאינו
הולך אחר רוב מעשיהן המקולקלין ...שהעולם ניזון בטובתו של הק׳ כך קיבלתי
אבל לא לפי רוב המעשה כדפרי׳. ואני מצאתי במשניות הכל לפי רוב המעשה.
Midr. Shem. finds in a *perush* ascribed to R. Ephraim with a doubt
whether it is not Rashbam's ...ובמשניות הרב ר׳ אפרים גרסינן ובטוב
העולם נדון והכל לפי רוב המעשה כלומר אע״פ שיש בעולם חוטאים ויש בהם
עושי צדקה וזכיות... העולם נידון וניזון בטובתו של הקב״ה... שרוב מעשיו
של אדם הם מקולקלים. This must be from a recension of פי׳ רי״ש containing a reference to משנת ר׳ אפרים *and other Mishnaioth*, as 𝔇 on Ab. III. 4 (p. 147), for which 𝔅 50 a_{21} has במשנאות. 𝔅 quotes 'Rashbam' on § 24 (p. 92 E), and adds והרמב״ם והרמ״ה ז״ל גורסין לפי רוב המעשה אבל לא על פי המעשה. See also Nos. 23, 90, 95, 107, 112—14. 𝔇 on § 24

* 𝔇 תורה שהיא כלי חמדה שנ׳ ויקר מכלי חמדה, the פסוק (Prov. xx. 15) having been disguised by adaptation to the phrase to be illustrated. See also Nahum ii. 10 וכבוד מכל כלי חמדה. No. 158 [ר״ל ספתי דעת] דכת׳ יש זהב ורב פנינים וכלי יקר ונומ׳. At (a manuscript of פי׳ רי״ש in my possession, which was quoted in edit. 1) has an intermediate reading יש זהב ורב פנינים וכלי יקרה שפת חמדה, and No. 108 reads שפת חמרה with *resh*.

ועד כאן מדברי ר׳ עקיב׳ וההוא נמי דהכל נתון בערבון. ואני מצאתי בתוספתא ועד כאן מדברי ר׳ ישמעאל הן ונר׳ שיבוש הסופר דא״כ מקמי מילתיה דר׳ עקיבא הוה ליה למיתנינהו. See in Mr Schechter's Aboth R. N., הוספה ב לנוסחא א (p. 162), א״ר ישמעאל הכל נתון בערבון. At Nos. 108, 158 עד כאן מדברי ר׳ ישמעאל between the hemistichs of § 24, that is to say before ובטוב). The texts of 𝔄𝔅ℭ𝔇𝔖 ascribe 18 הוי קל to R. Ishmael, 19 שחוק וקלות ראש to R. ʻAqiba, 26 אם אין תורה to R. El'azar b. Azariah, and read הוא היה אומר in 21, 25 but not in 24 הכל צפוי. 𝔅 comm. on 24 גם אלה דברי ר׳ עקיבה. ℭ on 25 ר׳ עקיבא קאמ׳ להו.

25. הַכֹּל נָתוּן בְּעֵרָבוֹן. ℭ אינמי בשרבין (p. 85), cf. No. 113.

וּמְצוּדָה פְּרוּסָה, M. Shelom. ע׳ ערוך ערך סעד וא״ת דגרסי בשרבים. 𝔖 בשור״ק פעם בחול״ם פעם הצד״י quoting Eccl. ix. 12, Ezek. xiii. 21. 𝔄 והמצודה with art., 𝔅ℭ𝔇 No. 95 ומצודה.

וְהַפִּנְקָס פָּתוּחַ* (𝔖). 𝔄𝔅ℭ𝔇 פתוחה. No. 103 om. החנות פתוחה, 109 om. והפנקס פת׳.

וְכָל הָרוֹצֶה לִלְוֹת יָבֹא וְיִלְוֶה, 𝔖 (כ״ה הנוסח הנכון), Emd. (וילוה קל). 𝔅𝔇 בא ולוה. ℭ omits the clause. Ashk. ס״א וכל הרוצה ליטול בא ונוטל. 𝔅 marg. נ״א ליטול בא ונוטל.

וְהַגַּבָּאִין מַחֲזִירִין תָּמִיד (𝔖). 𝔄 מחזרין. 𝔅𝔇 Emd. Dur. תדיר. 𝔖 מִדַּעְתּוֹ, 𝔄𝔅ℭ (text) 𝔇 לר׳. See לדעתו ושלא לדעתו in Makhsh. vi. 5, 𝔄 Parah xii. 3 [Jost § 2 מדעתו].

עַל־מָה־שֶׁיִּסְמְכוּ וְהַדִּין דִּין אֱמֶת וְהַכֹּל מְתֻקָּן לִסְעוּדָה (𝔖). ℭ (comm.) 𝔇 No. 10 Dur. על מי. 𝔅𝔇 Dur. Emd. שיסמוכו. Emd. אם אמת או והדין דין. או והדיין דיין׳ והדן דן אמת. 𝔄 מותקן.

26. אם אין חכמה אין יראה and *vice versa*, 𝔄𝔅𝔇 (text) 𝔖. Ashk. בס״א אם אין יראה אין חכמה וכו׳, and 𝔇 comm. has this order.

אם אין דעת אין בינה and *vice versa*, 𝔄𝔅𝔇𝔖 Ashk. as against the reverse order אם אין בינה אין דעת וכו׳ mentioned in M. Shelom.
𝔇 Dur. mention a reading יש תורה יש קמח (No. 10 ויש ק׳) for אם אין תורה אין קמח. ℭ אם אין דרך ארץ אין תורה אם אין תורה אין חכמה אם אין חכמה אין יראה אם אין יראה אין בינה אם אין בינה אין דעת אם אין דעת אין קמח אם אין קמח אין תורה.

27. שֶׁעֲנָפָיו מְרֻבִּים וְשָׁרָשָׁיו מֻעָטִין וְהָרוּחַ בָּאָה (Eccl. v. 1 וכתב רבי יצחק אבן גיאות (*sic*) ז״ל כי דגש טי״ת מעטים לתפארת 𝔖 ,(מֻעָטִּים

* See pl. פינקסיות in Kelim xxiv. 6 (𝔄 203 a).

𝔖 condemns the form מועטין found ברוב הנוסחאות as belonging to a פ״ע verb, but it is used for ממועטין. 𝔄 מעוטים, 𝔇 (text) ־ין. 𝔅 הרוח without *vau* conj. 𝔄 (cf. Strack) באתה, 𝔇 באת. 𝔖 (Jer. xvii. 6) שֶׁנֶּאֱמַר וְהָיָה כְּעַרְעָר בָּעֲרָבָה וְלֹא יִרְאֶה כִּי יָבוֹא טוֹב וְשָׁכַן חֲרֵרִים בַּמִּדְבָּר אֶרֶץ מְלֵחָה וְלֹא תֵשֵׁב. אפילו כל הרוחות באות עליו אינן מזיזות (𝔄). וְכָל שֶׁמַּעֲשָׂיו... וַאֲפִלּוּ כָּל הָרוּחוֹת שֶׁבָּעוֹלָם בָּאוֹת וְנוֹשְׁבוֹת בּוֹ אֵין מְזִיזִין 𝔖 אותו מִמְּקוֹמוֹ. 𝔇 נושפות ואית דגרס׳ ...אין מזיזות... אבל כל... שאפילו (Ex. xv. 10) כמו נָשַׁפְתָּ ברוחך. 𝔖 (Jer. xvii. 8) שֶׁנֶּאֱמַר וְהָיָה כְּעֵץ שָׁתוּל עַל מַיִם וְעַל יוּבַל יְשַׁלַּח שָׁרָשָׁיו וְלֹא יִרְאֶה [כתיב יִרְאָ] כִּי יָבֹא חֹם וְהָיָה עָלֵהוּ רַעֲנָן וּבִשְׁנַת בַּצֹּרֶת לֹא יִדְאָג וְלֹא יָמִישׁ מֵעֲשׂוֹת פֶּרִי. Ashk. וכתב שְׁנָפִין ס״א לאילן כך היא Dur. (cf. No. 170) עוד... הני תרי שנאמר יש ספרים דל״ג להו הגירסא בסדורי תפלות אבל במשניות אין שם פסוקים הנזכרים במשנה. ובמקום ענפיו יש נופו ובמשניות אחרות ראיתי הגירסא כמו שהיא בסדורי תפלות.

28. ר׳ אלעזר חסמא, M. Shelom. בלי יו״ד (i.e. not חיסמא). 𝔖 בן חִסְמָא, 𝔄𝔅ℭ𝔇 om. בן. Geig. חַסְמָא *ohne* בן, cf. No. 23. No. 95 חֲסָמָא. 𝔄 הסמה, Ashk. אית דגרסי הסמא בה״א. 𝔄 Terum. III. 5 (18 b) ר׳ לעזר חסמה with *cheth*, Baba M. XVII. 6 (115 a), Nega. VII. 2 (217 b) ר׳ (א)לעזר הסמא with *he*, cf. והפסה with *he* for *cheth* in Par. I. 7 (222 a).

הֵן הֵן גּוּפֵי הֲלָכוֹת, 𝔖 with 𝔅ℭ𝔇 (עיקר הלכות למשה מסיני). 𝔄 No. 109 (cf. 73, 151) גופי תורה, which requires the pointing הִלְכוֹת תקופות. 𝔄 Chag. I. 11 (67 a) התר נדרים פורחין באויר ואין להם על מה שיסמכו הלכות שבת חגיגות ומעילות כהררין תלויין בסערה מקרא ממועט והלכות מרובות הדינין ועבודות הטהרות והטומאות והעריות יש להן על מה שיסמכו והן הן גופי תורה. 𝔇 הן הן· הן הנה אותם שני דברים. תְּקוּפוֹת וְגִמַטְרִיָּאוֹת כתב התשבי ז״ל גימטריא היא מלה יונית ממש לשון חשבון, 𝔖 פַּרְפְּרָיוֹת או מנין ברפי על הגימ״ל. 𝔄 Nos. 23, 95, 170 וגימטרייה or ־יא (sing.). 𝔅ℭ𝔇 ־יאות (pl.). 𝔄𝔅ℭ𝔇 פרפראות, No. 95 𝔄 26_{10} ־יות (𝔖 ...כ״ה בערוך וכ״ה במכלול). Shab. XXIII. 2 פרפרותיו (𝔄 39 a).

CHAPTER IV.

1. אֵיזֶהוּ חָכָם הַלּוֹמֵד מִכָּל אָדָם (𝔖). 𝔄 אי זה הוא, 𝔅 אי זהו, ℭ𝔇 איזהו. 𝔖 prefers לוֹמֵד here, but finds למד (see II. 6) בכל הנוסחאות, so 𝔄ℭ (text) 𝔇 (comm.), 𝔅 ־יד. M. Shelom. איזה הכם הלמד לכל אדם כך

הגיה ונקד הר"ר יהוסף ז"ל. הִשְׁכַּ֫לְתִּי the *caph* with *pathach* and *ethnach*, והוא אחד מן פתח"ין דספרא (𝔖). ℭ𝔇𝔖 (cf. Midr. Shem.) add the remainder of Ps. cxix. 99 כִּי עֵדְוֹתֶיךָ שִׂיחָה לִי, which 𝔇 (but with the note ואין סיום המקרא כתוב במשנה) expounds thus כלומ׳ במקום ששאר בני אדם מטיילין ומשיחין בדברי שחוק אני משיח ומטייל בדברי תורתך כל היום. Notice the bibl. use of שיחה in a good sense.

2—4. ℭ om. מגבור. 𝔄 once אשרך for יך—. 𝔅ℭ𝔇 No. 114 לעולם הבא, 𝔄 בעולם. הַֽמְּכַבֵּד, 𝔖 המ"ם נקראת בשב"א נע ואיננה דגושה כמשפט מ"ם הבינוני מבנין הדגש שאחר ה"א הידיעה, and so in III. 7 המהלך, 8 המקבל, 17 המחלל with מ *rapheh*, but in I. 3 המשמשין with מ *dageshed* after the ה and note to that effect.

5. לְמִצְוָה קַלָּה וּבוֹרַחַ. al. ins. כחמורה or כבח׳ from II. 1. Tos. Yom Tob כבחמורה ל"ג בס"א...ואי גרסינן לה צ"ל כלחמורה. Emd. כחמורה נ"ל לגרוס. ℭ text וברח, comm. הוי בורח.

6. בָּז (from בוז) with *qameç* as Prov. xiii. 13, not *pathach* as Zech. iv. 10 כי מי בז ליום קטנות, which as רד"ק writes is unusual כי נחי העי"ן משפטם להנקד בקמ"ץ ופעלי הכפל בפת"ח (𝔖). On ואל תהי מפליג ℭ quotes Ab. II. 5 thus אל תאמר דבר שאיפשר לשמוע שסופו להישמע, and so 𝔇 ending לשמוע כו׳.

7. רַבִּי לְוִיטַס אִישׁ יַבְנֶה (𝔖), 𝔇 om. איש יבנה. M. Shelom. ר׳ ליטס (*sic*) בלא וי"ו הגיהו הר"ר יהוסף ז"ל שכן מצא ברוב הספרים בלא, but וי"ו must mean לויטס not ום—, cf. Baer on Ab. I. 3 ברוב סדורינו...אנטיגנוס הוא בוי"ו אחרי נון...אך הרכינס נמצא בלי וי"ו (יבמות ט"ז) וכן לויטס. Kohut *A. C.* v. 23 *b* לויטַס, 25 *b* לוִיטִס, Gk. Λευίτης. His saying is מאד מאד הוי שפל רוח שתקות אנוש רמה (𝔅𝔇), ℭ𝔖 ins. בפני כל האדם, cf. § 14, D. E. Zuta II. Rashi רמה ותולעה, cf. Ab. R. N. *B.* (p. 74).

רַבִּי יוֹחָנָן בֶּן בְּרוֹקָה אוֹמֵר כָּל הַמְחַלֵּל (𝔖), al. ברוקא. 𝔄 by טעות סופר gives the saying כל המחלל in the name of R. Levitas, omitting מאד מאד וכו׳ and the name of R. Jochanan. אֶחָד שׁוֹגֵג וְאֶחָד מֵזִיד בְּחִלּוּל הַשֵּׁם (𝔖), 𝔅 (cf. R. Jon.) על חלול, 𝔇 ואחד חילול, No. 101 ואחד בחלול. ℭ אחד בשוגג ואחד במזיד as No. 170 (p. 120), but *without* בח׳ השם, cf. Dur. 61 a.

8. 𝔄𝔅 ר׳ ישמעאל בנו, ℭ𝔖 (אבל בספר לב אבות ומלי דאבות ונחלת אבות כתוב רבי ישמעאל בנו) om. בנו. 𝔇 ר׳ שמעון או׳, No. 10 ר׳ יוסי. אין מספיקין (after ע״מ ללמד) is quoted by 𝔅 as a reading peculiar to Rashi (p. 101 E), cf. Dur. R. Obad. (וי״מ... בשביל שיקרא רבי וגורסין אין מספיקין), *perush* Rashi. See Nos. 54, 55, 81, 113, 170. 𝔇𝔖 ins. לשמור (ℭ No. 101 with *vau* conj.) before ולעשות, cf. Dur. 61 b.

9. רַבִּי צָדוֹק (𝔖) or *mit Kodex de Rossi* 138 צדוק, Σαδδούκ (Strack). אַל תַּעֲשֵׂם עֲטָרָה לְהִתְגַּדֵּל בָּהֶם, 𝔖 with 𝔄 (בהן) 𝔅ℭ אַל...תַּעֲשֶׂהָ (תלמידי חכמי׳ אל) 𝔇 (text om. אל). Baer עֲטָרָה לְהִתְגַּדֶּל־בָּה with the words ואל תפרוש מן הצבור ואל תעש עצמך כעורכי הדינים (II. 5, I. 9) in brackets before תעשה, and note במשניות גם בכי״י ובסדור רפ״ז [A.D. 1527] ובמחזור רומא הגרסה...אל תעשה עטרה וכו׳ ואשר סגרתי איננו שם וראה מדרש שמואל. Leb Aboth finds this interpolation בספר אחד with אל תעשם עטרה, and adds [cf. Nos. 101, 103] ויש ספרים שכתוב אל תעש להתגדל בהם בדברי תורה. ℭ comm. אל תעש עטרה להתגדל בה. ולא קרדום לאכ(ו)ל מהן or מהם (𝔄ℭ𝔇 Ashk.), exc. ℭ𝔇 קורדום. No. 92 לאכול מהם. 𝔅𝔖 לחתוך בהם, Leb Ab. (וי״ם שכת׳) ממנה ר״ל מן העטרה. Dur. לחפור בהם. Emd. (ref. to Shab. XVII. 2 and Beçah IV. 3) ושם תראה שאין נכון לגרוס כאן לחפור בהם שאין הקרדום עשוי לחפירה כי אם המרה, Baba M. 82 b במרא ופסל וקרדום. Cf. also *Aruch Compl.* ערך קַרְדֹּם (VII. 190). Nedar. 62 a (Wien, 1863) ר״א בר ר׳ צדוק אומר עשה דברים לשם פעלם ודבר בהם לשמם [Dur. 62 a לשם שמים] אל תעשם עטרה להתגדל בהם ואל תעשם קורדו׳ להיות עודר [Dur. עובד] בו וק״ו ומה בלשצר שלא נשתמש אלא בכלי קודש שנעשו (כלי) חול נעקר מן העולם המשתמש בכתרה של תורה על אחת כמה וכמה. See Tos. Sotah 4 b on נעקר, Rashi and ha-Rosh on Nedar. *l.c.*, Sifré II. § 48 (Fr. f. 84 b), Buber's Midr. Tehillim Ps. XXXI. (p. 240), 'Derech Erez Sutta,' c. II., p. 11, ed. Tawrogi (Königsb. 1885 A.D.), who reads להתעטר בהם כעטרה [Midr. T. לעטר] and לבקוע בו וכקרדום, with variants לאכל, לחתוך, לכרות. Ha-Rosh *l.c.* has להתעטר as *perush*, and reads ולא for ואל תעשם. וְכָךְ הָיָה הִלֵּל אוֹמֵר [bibl. ככה] or וכן, ועניינם אחד (𝔖). No. 170 דורש. 𝔄 אשתמש, 𝔖 ישתמש as in I. 14. הא כל הנאות or הניאות, 𝔄ℭ𝔇 Ashk. Dur., and see *Aruch Compl.* ערך אַת (I. 330). 𝔖 חא לְמַדְתָּ שֶׁכָּל הָאוֹכֵל הַנָּאוֹת with note ורש״י במשניות כתוב שכל הנהנה כתב ה״ג כל הנאות אבל בספר מדרש שמואל ולב אבות ומלי דאבות ונחלת אבות [f. 53. 1, Ven. 1566] בכולם כתוב שכל האוכל הנאות כמו שהוא בפנים

וכן הוא *בצרור המור פ׳ כי תשא פסוק על בשר אדם לא ייסך, and so בכי״י ובמחזור שאלוניק (Baer). 𝔅 הנאות האכל *prima manu* altered to והאוכל [cf. לאכול מהם] with the second *vau* above the line. למדת as in 𝔖 Emd. Baer may be from some *perush*, cf. ℭ f. 106. 3. No. 101 אל תעש...בה ולא קורדום לאכול מהם...הא כל הניאות. נטל חייו (𝔄), 𝔅ℭ𝔇𝔖 נוטל.

10. וְכָל הַמְחַלֵּל...גּוּפוֹ מְחֻלָּל (𝔖). Baer quotes Bemidb. R. VIII. 3 תני רבי יוסי אומר כל המכבד את התורה גופו מכובד על הבריות וכל המבזה את התורה גופו מבוזה על הבריות שנאמר כי מכבדי אכבד ובוזי יקלו (Ab. IV. 4). Ab. R. N. *B.* XXXII. (p. 68) המבזה...מבוזה לבריות.

11. ר׳ ישמעאל (𝔄), 𝔅𝔇 No. 170 add בנו. ℭ ר׳ שמעון. 𝔖 רַבִּי יִשְׁמָעֵאל בַּר רַבִּי יוֹסֵי, M. Shelom. ב״ר יוסי. Rashi (in Midr. Shem. ed. 1876 A.D.) ה״ג ר׳ שמעון בנו של ר׳ יוסי אומר. נ״א רבי ישמעאל. וְגָזֵל (𝔖 Ashk. Emd.) as Lev. v. 21 אוֹ בְגָזֵל, and so גזל in Ab. II. 8 with *qameç*, *çere*, not *segol*, *segol* as by error ברוב הספרים (𝔖). וְהַגַּס לִבּוֹ...וְגַס רוּחַ (𝔖), but Emd. והגם לשון תלמוד ומנחי ע״ן הוא...וראוי להיות קמוץ לקיום הנח אלא דאזיל בגסות עיינין 𝔖. שנהגו לקרותו בפת״ח עשאוהו כדמות סמוך ואינו נכון. Targ. for Prov. xxi. 4 רום עינים, with ref. to Sotah 5 a and †בעל צרה לדרך to shew that a תלמיד חכם should have in him חלק שמיני שבשמינית of *gassuth*, גס being by Gematria 63. 𝔅 הרי זה before שוטה.

12. קַבְּלוּ דַעְתִּי שֶׁהֵן רַשָּׁאִין וְלֹא אָתָּה (𝔖), not as 𝔄 קיבלו. No. 103 שאין רשאין הם, with marg. אלא אתה. Dur. אין במשניות הוא היה אומר והכל הוא משנה אחת עם הקודמת. Notice on דן יחידי in T. J. Sanh. 18 *a* דתנינן אל תהי דן יחידי שאין דן יחיד אל אחד. א״ר יהוד׳ בן פזי אף ה״בה אין דן יחידי שנאמר וכל צבא השמים עומדי׳ עליו מימינו ומשמאלו.

13. ר׳ יוחנן (𝔄), 𝔅𝔇𝔖 Dur. יונתן, ℭ נתן, cf. Nos. 10, 92. לְבַטָּלָה מֵעוֹנִי, 𝔖 מענין ובטלו הטוחנות (קהלת י״ב). Dur. זאת המשנה דלגוה מסדורי תפלות. It is quoted in Buber's Tanchuma, מבוא ס״ב, be-

* The *Bundle of Myrrh* is a work on the Pentateuch by ה״ר אברהם סבע הספרדי, see Benjacob's *Oçar ha-S.* p. 513, No. 212, and Steinschneider's Bodleian *Cat. Lib. Hebraeorum* col. 706. The writer remarks (f. 87. 1, Ven. 1567 A.D.) that השם is משה transposed, so that זכרו תורת משה עבדי הוא כמו זכרו תורת השם.

† See in צרה לדרך, f. 214 b, ed. Sabionetta (c. 1567 A.D.). The author, R. Menachem ibn Zerach ben Aharon, died in the second half of cent. 14. See Steinschneider's Bodleian *Catalogue*, col. 1741.

158 ABOTH IV. 14—19.

ginning ר׳ יונתן בר יוסי אומר העושה מצוה אחת מתוך הדחק, and with הריוח...for עושר...מעוני and an application to almsgiving.

14. מְמַעֵט בְּעֵסֶק, 𝔖 (cf. Eccl. xii. 3) ℭ Nos. 90, (cf. 92), 101, 170, Bert. om. *beth**. 𝔄 מעט עסק, Strack מְעַט. 𝔅 הוי (מ)מעט עסק וע(ו)סק with (מ), (ו) shewing faintly after erasure and a *vau* above סק, and in comm. הוי מַעֵט בעסק. 𝔇 והוי מעט עסק לומ׳ שהמעט בעסק הוא טוב ונעים כנ״ל בסחורה שתעשה עסקיך מועטין, pointing מעט as abbrev. for ממעט, and with מועטין for ממוע׳. Dur. הוי שפל מאד מאד [iv. 7] וכבר נאמר למעלה רוח והוא הוסיף בפני כל אדם. 𝔄 ותהיה. אִם בָּטַלְתָּ מִן הַתּוֹרָה, 𝔖 not *piel* as בכל הסדורים but *qal* as Eccl. xii. 3 ובטלו הטוחנות, and so Dur. 𝔅𝔇 comm. בטלת (ℭ —תה). 𝔄 ביטלת with *yod*. יֵשׁ לָךְ בְּטֵלִים הַרְבֵּה כְּנֶגְדָּךְ (𝔖). 𝔄 om. כנגדך. Dur. וסוף זאת המשנה ואם עמלת [עסקת 𝔅 comm.] בתורה לא כתבוה בסדורי תפלות, cf. No. 10. 𝔖 ends יֵשׁ שָׂכָר הַרְבֵּה לִתֶּן-לָךְ omitting לו (𝔄𝔅ℭ). Baer ...ובס״א יש לי בטלים ואם עמלת בתורה יש לי...כאלו שכר הרבה נִתַּן לך. Ashk. נאמרו מפי הקב״ה...וכך יש בסנהדרין פ׳ עשירי א״ר שמעון [𝔄 128 b_{20}] אם אתה עושה דין בעיר הנדחת מעלה אני עליך כאלו אתה מעלה עולה כליל לפני, where Jost has אמר הקב״ה after שמעון. See Sanh. 111 b and Rabbin. ד״ס ix. 361 (ה׳).

15. קָנָה לוֹ פְּרַקְלִיט...קַטֵּיגוֹר (𝔖). ℭ𝔇 קונה. No. 107 פרקלט without *yod*. M. Shelom. ומצאתי שכתב הר״מ די לונזאנו ז״ל הג׳ פַּרְקְלִיט קטיגור (*sic*) ומלת יונית היא. Targ. Job xxxiii. 23 מלאכא פרקליטא. 𝔇 רכיל וכן דילטור רכיל בגימטריא ושניהם לשון ייוון, where the Gematria is of the species הכולל (p. 132), unless we should read דילטורא (=260). 𝔇 continues ואני נהוג לפרש קטיגור קטי תגרא כלומ׳ בעל קטטה ותגר או קני תגרא וסניגור סני תגרא. or תְּשׁוּבָה...כִּתְרִים לִפְנֵי הַפּוּרְעָנוּת

בפני, 𝔖 (ושניה׳ נכוני׳). 𝔅 quotes Rashbam as objecting that התשובה היינו מעשים טובים and reading תורה ומ״ט (p. 92). 𝔇 תרים הוא תרים, θυρεός. המגן של פני אדם במלחמה...לשון תרים חנויות. Baer (quoting Targ. Gen. xv. 1, 2 Sam. i. 21, 1 Sam. xvii. 7) ת״י מימרי תרים לך...תריסי גבריא...ונטל תריסא...ונקוד הרי״ש בצרי בסדור רפ״ו וכן נקוד בכל מקום בתרגום וכן

* Tos. Yomtob ונרסת הר״ב עסק בלא בי״ת. וכן הוגה באבות מאהרן ישראל. Rashi in Midr. Shem. p. 156 (1876 A.D.) הוי ממעט עסקים בעסק דרך ארץ...נ״א הוי ממעט בעסקך.

הרגל הקריאה והוא במשקל כאב זאב זעיר. Levy *Chald. Wörterbuch*, II. 560 (1868 A.D.), תְּרִים (תְּרֵים), תְּרֵיסָא...Berach. 27 b בעלי תריסין, *die heftig disputirenden Gelehrten*. Dur. מגן בלשון ערבי תורס. See *Aruch Compl.* ערך תרם (VIII. 282).

16. כָּל כְּנֵסִיָּה שֶׁהִיא לְשֵׁם שָׁמַיִם, 𝔖 cf. דְּבֵלָה (note on I. 1) not כנסיה (ℭ) as בכל הנוסחאות. 𝔄 כניסה, 𝔅 כניסיה, 𝔇 כנסייא. Strack reads כְּנִיסָה remarking that כְּנֵסִיָּה [Baer] is a *Rückbildung* from pl. כנסיות (III. 16). Emd. here כנסיה· תלמודית, and on I. 1 כנסת...מאן דגרס בשש לשם מצוה. Ashk. נקודות לא משתבש...ומאן דגרס בחמשה לא משתבש as ברוב הספרים, cf. 𝔄. Dur. 66 b נוסח המשנה לשם מצוה. 𝔅ℭ לשום שמים, 𝔇 לשם.

17. רַבִּי אֶלְעָזָר בֶּן שַׁמּוּעַ...חֲבִיב עָלֶיךָ כְּשֶׁלָּךְ (𝔖). ℭ אליעזר as II. 14. 𝔄ℭ𝔇 Ashk. om. בן שמוע. 𝔄𝔅ℭ𝔇 Ashk. Nos. 90, 112, 114, 170 חביב עליך ככבוד חבירך. M. Shelom. quotes (*sic*) הר"מ אלמשנוני (cf. Midr. Shem. p. 161) as reading כשל חברך with 'Rashi,' and הרב מקוצי (auth. of סמ"ג), Ashk. and ha-Meiri for ככבוד חברך. Baer כְּשֶׁלָּךְ as Rashi on Exod. xvii. 9 בחר לנו אנשים. Dur. כשלך with note וכן כתבה... רבינו שלמה ז"ל בפירוש התורה בפרשת בשלח וכן אמר רבי אליעזר בפרק שני אבל בכאן רבינו שלמה ז"ל כתב חביב עליך ככבוד חבירך וכן כתבה רבינו יונה ז"ל וכן במשניות שלנו ופירשוה קרוב לכבוד חבירך. See Berliner's Rashi f. 62 b, Mekhilta ed. Fr. f. 53 b, Tanchuma בשלח § 26 (Lubl. 1879 A.D.), Ab. R. N. *A*. XXVII. (p. 84), *B*. XXXIV. (p. 76), *Aruch Compl.* כבד (IV. 180). כְּמוֹרָא רַבָּךְ (𝔖), ℭ ככבוד. Emd. כשלך...רבך· כ"ף קמ"ץ.

18. בְּתַלְמוּד שֶׁשִּׁגְגַת הַתַּלְמוּד, 𝔖 בלמוד· כ"ה בקצת נוסחאות וכן הוא במדרש שמואל וגם הביא נוסח שכתוב בו תלמיד ופירש שניהם...ובקצת נוסחאות כתוב בכאן תלמוד...מלת תלמוד סובלת שני פירושים האחד הוא סתם למוד והשני הוא למוד הגמרא כדאיתא בפרק אלו מציאות דף ל"ג ע"א שנו בתלמוד וז"ל אין לך מדה גדולה מזו וכו'. Tanchuma ויקרא § 6 במקרא לא נמצא שם מענין למוד. Note that רבותינו שגגת תלמוד עולה זדון רק תארים (𝔖).

19. וְכֶתֶר שֵׁם טוֹב עוֹלֶה עַל גַּבֵּיהֶן, 𝔖 (Ps. cxxix. 3 על גבי חרשו חורשים). ℭ כתר without *vau* conj. before כהונה. 𝔇 Ashk. Nos. 5, 12, 23, 95, 101 omit עולה, which 𝔄𝔅ℭ𝔖 Dur. retain. Emd. on the word in

§ 18 and here עולה קמו״ץ· עולה סגו״ל. ℭ על גביהן על ידיהן בא שם טוב
לאדם, so 𝔇 (cf. No. 108) but with the further note כך קיבלתי ולי נר׳ על
גביהן למעלה מכולן...כת׳ טוב שם משמן טוב. 𝔅 ...רבי אומר עשה רצונו
(II. 4), with marg. אין זה מקום זה המשנה and comm. משנה זו נשנית למעלה
בפרק שני בשם ר״ג זקנו של זה ששנאה כאן...ובשיתא סדרי משנה שלי אינה
שנויה כאן כלל ושמא הסופרים טעו וכתבוה כאן. ℭ comm. עשה רצונו של
מקום כרצונך... See Nos. 116, 138—140. Midr. Mishlé on Prov. ix. 10, f.
32 a ed. Buber, תמן תנינן ר׳ אליעזר אומר עשה רצונו....

20. ר׳ נהראי, 𝔄 as twice at the end of Nazir (94 a). 𝔅ℭ𝔇𝔖 נהוראי
with *vau*, Baer Strack —רי without *aleph*. See ‘Erub. 13 b, Shab. 147 b*
ולמה נקרא שמו ר׳ נהוראי שמנהיר עיני חכמים בהלכה. היא תבוא
אחרי or שהיא (𝔄ℭ), 𝔅𝔇𝔖 —יך. al. ושחביריך or או ש׳, cf. Ab. R. N. *B.*
XXXIII. (p. 73). From ד״ס VII. 353 on Shabb. 147 b it appears that the
München MS. has ואל תאמר שהיא תבא אחריך in the margin only and not
in the text, and that it omits the whole *baba* § 20 in Aboth IV. Cf. in
Midr. Mish. on Prov. ii. 4 (Bub. p. 49) תמן תנינן ר׳ נהוראי· אומר הוי גולה
למקום תורה ואל תאמר שהיא תבוא אחריך׳ ואל בינתך אל תשען.

21. ר׳ ינאי אומר (𝔄𝔅𝔖 Dur.), Baer Strack ינַּי. ℭ𝔇 הוא היה אומר
without name. מִשַּׁלְוַת הָרְשָׁעִים וְאַף לֹא מִיִּסּוּרֵי הַצַּדִּיקִים
(𝔖). 𝔄 לא משַׁלְוַת, 𝔅 לא משלות without points. No. 92 מִשַּׁלְוַת רשעים.
ℭ משלות...אף לא מייסורין של (om. לא). 𝔇 שלוות רשעים ואף לא ייסורי,
הצדיקים, and in comm. אני קיבלתי...ולי נר׳... שהרי אין בידינו משלוות
רשעים. Dur. שלות הר׳ אף לא יסורי הצ׳, and in comm. ...משלות...ויש גורסין
מיסורי...וכן היא במשניות שלנו.

22. רִבִּי מַתְיָא בֶּן חָרָשׁ...מַקְדִּים שָׁלוֹם לְכָל אָדָם (𝔖).
𝔄 מתיה, ℭ𝔇 —יא, 𝔅 מתתיא. Baer מַתִּתְיָה as 1 Chron. xxv. 21, abbrev.
מַתִּיָא. 1 Chron. ix. 15 חֶרֶשׁ, Emd. נמצא בד״ה (אט) מן הלוים מי שנקרא
חרש בשש נקודות· וכבר נהגו לומר חרש קמוץ· שמא מהעדר ידיעה עשאוהו
כמו חרש עצים. 𝔄ℭ𝔇 לשלום כל, 𝔅 Dur. שלום לכל, Emd. בשלום· דבק.
𝔄ℭ האדם with art. וְאַל תְּהִי רֹאשׁ לַשּׁוּעָלִים (𝔖), 𝔄 ולא ראש.
Midr. Shem. p. 169 וה״ר מנחם לבית מאיר ז״ל כתב...לשועלים שנא׳
בית הבחירה. Cf. הולך את חכמים יחכם ורועה את (sic) כסילים ירוע [משלי י״ג]
27 b, Tos. Yomtob, R. Jonah.

* On Nehorai see also Blumenthal's *Rabbi Meir*, cap. 1 (Frankf. a. M. 1888 A.D.).

23. לפרוזדור...בפרוזדור, 𝔄 (exc. ל׳ for ב׳) 𝔅. 𝔄 פרוזדור again with *daleth, daleth* twice in Nid. II. 5 (237 a). 𝔅 בפרוזדור בשני דלתין גרסי׳ כדמתרגם יונתן [בן עוזיאל [marg. ואולם לכסא עשה פרסידא, corrected by erasure of *vau* before פרסידא, which is for אֻלָם הַמִּשְׁפָּט. 𝔇 פרוזדור בדלת תרגום אולם המשפט פרוזדורא, Dur. ואולם לכסא מתרגמ׳ ופרוזדורא. Ashk. פרוזדור בדלי״ת וכתב בן מצאתי, cf. Nos. 5, 10, 23, 81, 107, 112, 114, 116, 157. 𝔖 דור— *bis*, but in comm. בלשון אשכנז וירהויז) לפרוזדור i.e. *Vorhaus*), the minute last letter being apparently a *daleth*. Nos. 90, 92 פרוסדוד with *samech, daleth, daleth*. ℭ No. 109 פרוסדור, cf. Kimchi cited below on 1 Kings vii. 7. Tosefta Berak. VII. (Zuck. p. 17_{10}) ומודיעין שאין העולם הזה בפני העולם הבא אלא כפרוזדור [נ״א כפרוצדר] מפני [נ״א בפני] טרקלין. R. Sa'adyah in מאמר ט׳ of ספר האמונות והדעות (73 b, Const. 1562 A.D.) reads לפני העוה״ב, and so Ab. R. N. *B*. XXXIII. (p. 73). 𝔄ℭ לפני, 𝔅𝔇𝔖 בפני. 𝔅𝔖 התקן (𝔄 —ין), ℭ𝔇 והׄ׳ with *vau*. כְּדֵי שֶׁתִּכָּנֵס לִטְרַקְלִין (𝔖), No. 112 שתעלה. Dur. ויש ספרים כתוב בהם טרקלין נאין, pointing to a complete transliteration of τρικλίνιον mistaken for two words. Redaq on 1 Kings vii. 7 פורסדא לבית דינא עביד ופירוש פורסדא בית שער כמו שאמרו התקן עצמך בפרוזדו׳ כדי שתכנס לטרקלין נאין ויש נוסחאו׳ פרוסדור בסמ״ך see the שנה טובה [=שִׁבְעָה לפ״ק (Zech. iii. 9)] Bible (Ven. 1617 A.D.), and cf. R. Jonah on this *baba*.

24. יָפָה שָׁעָה אַחַת, 𝔖 שעה חד is for רגע אחד in Targ. Exod. xxxiii. 5. Dan. iv. 16 כשעה חדא. 𝔄 231 a_{11} שעה אחת. מכל חיי העולם הבא (𝔄𝔅ℭ𝔇𝔖), Dur. *so R. Sa'adyah in* [ibid.] ס׳ האמונות, *Rashi, Maim. and R. Jonah,* ויש משנין הגירסא וגורסי׳ לחיי העולם הבא. No. 92 לחיי, 114 כחיי. ויפה...בעולם הבא (𝔅𝔖), 𝔄ℭ יפה without *vau*, ℭ𝔇 לעולם.

25. 𝔇 omits בן אלעזר. 𝔄 הבירין for חבירך. ℭ om. את. 𝔖 (cf. II. 3) בְּשַׁעַת, the ש with *pathach* להרחיב על העי״ן, instead of *shva* as Exod. ii. 3 שְׂפַת היאר. Emd. the *shin* קמוצה. בְּשָׁעָה שֶׁמֵּתוֹ מֻטָּל לְפָנָיו, 𝔖 with 𝔄𝔅ℭ𝔇. Emd. מוטל׳ קמוץ, 𝔖 ופירושו ענין השלכה. 𝔇 comm. כך דרש ר׳ (2) ,ואל תנחמהו כו׳...דהיאך יתנחם ומתו מוטל לפניו (1) תנחומ׳ בפרש׳ שלח לך ובספר ערוך מצאתי שכן מפורש בהגד׳ ילמדינו המתחלת סנדל יחידי בפרשת שלח לך...ואל תנחמנו בשעת אבלו מניין אתה למד מהקב״ה כשגלו ישר׳ לבבל...בקשו מלאכים לנחמו א׳ להם הק׳ אל תאיצו לנחמני מאי אל תאיצו אין אילו תנחומים אלא ניאוצים הם לפני. Kohut

(I. 85. 1) gives this דרש with the reading בשעה שמתו מוטל לפניו, refers to Yalq. Bemidb. שתמ״ד on עד אנה [f. 224 a, Fr. a. M. 1687 A.D.], and remarks ואל תנחמנו בשעת אבלו...ויש גורסין. Dur. ובתנחומ׳ שלנו חסר בספרי ספרדיים וכן היה גורס רבינו יונה ז״ל בשעה שמתו מוטל לפניו וכן היא הגירסא במשניות שלנו וכן כתב רבינו משה ז״ל בפרק חמישי מהלכות דעות...איך יקבל תנחומין באותה שעה׳ ונראה שהסופרים שינו הגירסא מפני שמצינו שאחר קבורת המת היו נעשין שורות שורות ומנחמין האבל כמו שנזכר באבל רבתי...אבל אין לשנות הגירסא שלא אמר בימי אבלו ולא בשעת אבלותו אלא בשעת אבלו כלומר בשעה שהוא מתאנח באבלו. No. 10 בשעת אבלו. 𝔖 *Aruch* (ע׳ נָחַם) תנחמהו, 𝔄𝔅ℭ *Aruch* (ע׳ אַל) —נו.

וְאַל תִּשְׁתַּדֵּל. *Aruch* (ע׳ שדר) אל תשתדר, where see Kohut's note (VIII. 35). Dan. vi. 15 הוה מִשְׁתַּדַּר להצלותה.

26. וּבִכָּשְׁלוֹ אַל יָגֵל לִבֶּךָ (Prov. xxiv. 17), 𝔄𝔅 ובהכשלו, ℭ𝔇𝔖 ובכ׳. 𝔄 No. 101 end at לבך. 𝔅ℭ𝔇𝔖 add פן יראה יי׳ ורע בעיניו והשיב מעליו אפו (ver. 18), 𝔖 attaching the vowels of יְהֹוָה and an accent to two *yods* thus יְיָ and adding a third *yod* above the former two and a fourth inverted below them so as to make a tetragrammaton.

𝔅 No. 107 חרון אפו לא נאמר אלא אפו מלמד שמוחלין לו על כל עונותיו, of which 𝔇 has מלמד...עונות written but partly erased. Dur. ולא היתה נראית גירסא זו גרסת הראשונים ז״ל על׳ לא פירשוה והוצרכו לומר שלא חידש שמואל הקטן דבר אחר אלא רגילותו לומר פסוק זה תדיר. R. ʻObad. Bert. פסוק הוא במשלי אלא...היה רגיל כו׳. M. Shelom. הר״ר יהוסף ז״ל מחק ממלת פן יראה וכו׳ וכ׳ על מה שפי׳ ר״ע ז״ל פסוק הוא במשלי וכו׳ פי׳ זה מגומגם כי לא אמר היה אומר ונ״ל דקאי על מה דקאמר לעיל ואל תשתדל לראותו בשעת קלקלתו ועל זה קאמר שמואל הקטן אומר על לשון זה בנפול אויבך אל תשמח ע״כ. Dur. זאת המשנה דלגוה מכאן בסדורי תפלות וכתבוה בפרק חמישי. No. 10 has Shem. ha-Qatan's saying in Pereq v. only, where No. 101 *repeats* it ending כל עונותיו. See also Maim. R. Jon.

27. הַלּוֹמֵד יֶלֶד...וְהַלּוֹמֵד זָקֵן (𝔖), 𝔇 לָמֵד with *pathach, çeré*. 𝔅 Dur. למד תורה, ℭ לומד. No. 109 לילד...לזקן, cf. Midr. Shem. 𝔄 אביה. bibl. אֲבִיָּה. No. 170 אֲבִיָּה. 𝔅ℭ𝔖 אבויה, 𝔇 —וייה. Dur. זאת המשנה דלגוה מסדורי תפלות משום שם רשעים ירקב ונראה כי קודם שיצא לתרבות רעה היתה שגורה בפי התלמידים ואחר כך משנה זו לא זזה ממקומ׳ כמו שאמרו... קבל האמת ממי שאמרו. See also M. Shelom. לְדְיוֹ כְתוּבָה עַל נְיָיר, 𝔖 taking *yod, yod* as implying *dagesh*, as also in שיירי (Ab. I. 2), although בכל הסדורים נקודה הנו״ן בשב״א והיו״ד בפת״ח. Baer Strack

Auth. P. B. נְיָר with *shva, qameç*. Emd. נְיָר with one *yod* and note תלמודית ·נייר, without remark on the pointing. 𝔇 נִייר with *chireq* under the first *yod* [Arab. نِيرٌ, *fila conjuncta*], הוא אותו קלף שעושין הקלפים ובתשובות הגאונים מצאתי הוא אותו שעושין מצמר גפן שנקרא קוטון ב׳ שכורכין בו שירים [נ״א שיראין*] הבאים מארץ ישמעאל ועודנו חדש הדיו נדבקת בו ועומדת ימים רבים כתיבתו וקורין אותו קַאנַד†.

28. הַלּוֹמֵד תּוֹרָה מִן הַקְּטַנִּים ... וְהַלּוֹמֵד מִן הַזְּקֵנִים (𝔖). 𝔄𝔅𝔇 om. תורה. 𝔄𝔅 למד, ℭ𝔇 לומד. ℭ הלומד מן הזקנים (sic)...תורה מן הז׳. 𝔅 מהז׳...מהק׳, 𝔇 מן הז׳...מק׳. No. 109 והלומד מן הגדולים. No. 101 בבלי for הבבלי.

29. רַבִּי אוֹמֵר אַל תִּשְׂתַּכֵּל בְּקַנְקַן, 𝔖 השתכל with *sin* as in II. 1, III. 1. Ashk. Emd. ר׳ מאיר. Emd. בְּקַנְקַן. Strack with art. בַּקַּנְקַן, No. 95 קַנְקַן. 𝔄 Baba M. XIII. 11 (113 a) קינקנין ישנות, Ohol. VI. 2 (208 b) בקינקינים. אֶלָּא בְּמַה־שֶׁיֵּשׁ בּוֹ (𝔖), Emd. במה קמוץ· שיש סגו״ל, that is בְּמָה שֶׁיֶּשׁ־בּוֹ. ℭ מ.ל.ו יין ישן and om. וישן by error. 𝔅ℭ𝔇𝔖 Dur. om. *shin* of שאפילו. Dur. on 28, 29 זאת המשנ׳ ג״כ דלגוה מסדר תפלות לפי שהיא דומה לראשונה אלא שהראשונה היא בלמדי׳ ולא נמצאת בזאת המסכתא אלא בזאת המשנה מחלוקת. Cf. No. 10.

30, 31. ר׳ אֶלְעָזָר הַקַּפָּר. 𝔄 לִיעֶזֶר, Ashk. אלעזר...בלתי יו״ד. Jer. XVI. 3 הילודים. Gen. l. 20 להחיות (*hiph.*), 𝔖 ref. to Midr. Shem. ר״ל להחיות את נפשם. Baer לְהֵחָיוֹת, but without proof that *niph.* from היה was in use. No. 23 Ashk. לחיות (*qal*). לֵידַע לְהוֹדִיעַ וּלְהִוָּדַע. ℭ ולהיודע, 𝔇 ולהיוודע. 𝔅𝔖 ולה׳ ולה׳ with *vau* conj. twice, the former erased in the text of 𝔅. 𝔄 by error להודיע ולהודיע. שהוא אל הוא (𝔅𝔇𝔖), 𝔄ℭ Ashk. om. אל הוא. 𝔄ℭ𝔇 הדיין...עד. 𝔅 העד. 𝔖 in reverse order העד...הדיין, cf. Midr. Shem. וְהוּא עָתִיד לָדוּן בָּרוּךְ הוּא (𝔖), al. לדין. שֶׁאֵין לְפָנָיו. 2 Chron. xix. 7 אין עם יי׳ אלהינו עַוְלָה

* The manuscript A† (p. 152 n.) has מן צמר גפן שכורכין בו שיראין, omitting ...קיטון (Arab. and Fr. *coton*), and reading correctly שיראין, *silks*, see שֵׁירָא in Buxtorf *Lex. Chal. Tal. et Rab.* col. 2383 (1640 A.D.), and שִׁר in Kohut *A. C.* VIII. 156.

† Professor Bevan remarks that קאנד must be for כאנד, i.e. the modern Persian كاغذ *paper*; and that the word must have been employed by the Arabs in the Middle Ages, for the Lisān al-ʻArab (c. 1300 A.D.) says that الكاغَدُ is well known, and is a Persian word Arabicized. The same work gives the form كاغد also, as a dialectical variety of كاغذ.

לא עולה. with *vau* conj. twice and om. ולא...ולא ,𝕮 ,ומַשׂא פָּנִים ומִקַּח־שֹׁחַד 𝕾 remarks that רוב המון בני ישראל say מֶקח ומֶמכר wrongly for מִ׳ ומִ׳ with *chireq* (Chron. *l.c.*, Lev. xxv. 25, 33). 𝕯 ובמשנה יש נקוד מֵקח ויש נקוד מַקח ואני אומ׳ שהאומ׳ כן משתבש דלשון תורה לחוד ולשון חכמים לחוד. Emd. justifies מַקָּח (constr. ־ַח) by pl. מַקָּחוֹת (Nehem. x. 32). Dur. 74 b ומ״ם מקח היא בחיר״ק. שֶׁהַכֹּל שֶׁלּוֹ. 𝕯 אין כאן ודע משניות, No. 101. וְדַע שֶׁהַכֹּל בָּא לְפִי הַחֶשְׁבּוֹן (𝕾), 𝕮𝕯 בא בחשבון, ודע כי הכל No. 108 בא ל׳. 𝕬 שהכל לפי חשבון om. בא. 𝕭 בא לידי (cf. R. Jon.) with ודע in margin. 𝕭 comm. והכל בא לפי om. ודע.

32. שֶׁיֵּשׁ בִּשְׁאוֹל בֵּית מָנוֹס לָךְ (𝕾), 𝕬 ששאול, No. 107 שב׳, 𝕭𝕮 No. 109 שיש ב׳, 𝕮 comm. שהש׳, 𝕯 לומר שהש׳. 𝕬𝕮𝕯 No. 92 om. לך, 𝕭 מנום לך, comm. שיש לך בשאול. 𝕭𝕮 (text) 𝕯 ואל יבטיחך with *vau*. M. Shelom. רוב הספרים כמאירי ורי״א שיש בשאול והר״ר יהוסף ז״ל הגיה שבשאול וכ׳ כן הגירסא ברוב הספרים וכן נ״ל עיקר...ומחק מלת אל גם מחק מלת ברוך הוא דבריש מתני׳ [§ 31] ומלות (*sic*) הקדוש דבסוף מתני׳ [§ 32]. No. 101 ליתן דין om. וחשבון. 𝕯 ends הוא הקב״ה. Ab. R. N. *B.* xxxiv. (p. 76) שיש לך בשאול בית מנוח. וְעַל כָּרְחֲךָ אַתָּה חַי...מֵת (𝕾), al. ־ְךָ. Tosafoth Yeshanim to Kethub. 30 a in reverse order וגרסי׳ ע״כ אתה מת וע״כ אתה חי והוי כמו המתים להחיות והחיים לידון, see marg. of Tos. *l.c.* on הכל בידי שמים.

CHAPTER V.

1. מַאֲמָרוֹת. sing. בְּמַאֲמָר אחד, constr. מַאֲמַר (Esth. i. 15, ii. 20, ix. 32). וּמַה תַּלְמוּד לוֹמַר (omitted by No. 101), cf. Ab. III. 12. 𝕮𝕯 om. לומר, 𝕮 comm. מה תלמוד הני ויאמר מה אנו למידין מהן, Baba Q. 104 b (*sub fin.*) יש תלמוד. 𝕬 היה יכול, 𝕮 comm. כלומ׳ היה יכול. להבראות for ־ֵא, Gen. ii. 4 בהבראם. אֶלָּא לְהִפָּרַע (𝕾), 𝕯 ליפרע. No. 101 in reverse order אלא ליתן שכר...וליפרע.

2, 3. שֶׁכָּל הַדּוֹרוֹת הָיוּ מַכְעִיסִין לְפָנָיו (𝕾), No. 170 שבכל. 𝕮 No. 101 (cf. M. Shelom) מכ׳ ובאין, 𝕮 om. היו in § 2. 𝕬 את המבול, 𝕭𝕾 את מי, 𝕮𝕯 מי. וְקִבֵּל שְׂכַר כֻּלָּם, Ashk. om. *vau*. 𝕯𝕾 וק׳ עליו, No. 101 ש׳ ככנגד כולן. Jerem. xv. 15 לְאֶרֶךְ אפך. 𝕯 om. אפים in § 3.

4. נְסִיוֹנוֹת from נִסָּיוֹן, as Esth. vi. 1 את ספר הזכרונות sing. זִכָּרוֹן. 𝔖𝔇 כמה חיבתו without היא.

5, 6. ℭ text in § 5 ועשר...עשרה, § 6 ועשרה...עשר. ℭ comm. agrees with 𝔄 (exc. הק׳ for הקב״ה). Note that עשרה should go with a masc. noun, עשר with fem. 𝔇 בבא זו כך היא כתובה ברוב סיפרי משנה עשרה ניסים כו׳ ואין כת׳ בם י׳ מכות כו׳ ואומ׳ הייתי שזה הכת׳ במחזורים שלנו עשר מכות הביא פי׳ הוא...אבל מצאתי אחרי כן מוגה במשנה דווקנית שהוגה עשר מכות...חסרה בהרבה נוסחאו׳ אבל 𝔖 .ממשנת ר׳ אפרים עשר מכות כו׳ נמצאת בספר לב אבות ומלי דאבות ובסדורי קלף ונכון הוא וכן נראה מגירסת רש״י. Cf. Ab. R. N. *A*. p. 95, *B*. p. 99, Dur. 78 b.

7. עֲשָׂרָה נִסְיוֹנוֹת. 𝔖 ובכל הספרי׳ כתוב עשר לשון נקבה ונפל טעות זה בסופרי׳ מפני הפסוק...זה עשר פעמי׳. 𝔄𝔖 המקום, 𝔅ℭ𝔇 הקב״ה.

8. עֲשָׂרָה נִסִּים נַעֲשׂוּ לַאֲבוֹתֵינוּ בְּבֵית הַמִּקְדָּשׁ (𝔖). ℭ נעשו במקדש, 𝔄 om. בבית ה׳ .לא׳ ℭ לא הפילה כו׳ כבר פרשתיו היטב במסכ׳ יומא בפר׳ ראשון The ten miracles, which are numbered as they stand in 𝔄𝔅ℭ𝔇, are enumerated as below in Joma 21 a, b. For the various readings see ד״ס vol. IV.:

דתנן עשרה נסים נעשו בבית המקדש׃ [1]לא הפילה אשה מריח בשר הקדש. [2]ולא הסריח (נ״א התליע) בשר הקדש מעולם. [4]ולא נראה זבוב בבית המטבחים. [3]ולא אירע קרי לכהן גדול ביום הכיפורים. [5]ולא נמצא פסול בעומר ובשתי הלחם ובלחם הפנים. [8]עומדים צפופים ומשתחוים רווחים. [9]ולא הזיק נחש ועקרב בירושלים מעולם. [10]ולא אמר אדם לחבירו צר לי המקום שאלין בירושלים. פתח במקדש וסיים בירושלים איכא תרתי אחרנייתא במקדש דתניא׳ [6]מעולם לא כבו גשמים אש של עצי המערכה. [7]ועשן המערכה אפילו כל הרוחות שבעולם באות ומנשבות בו אין מזיזות אותו ממקומו ותו ליכא. והתני רב שמעיה בקלנבו שברי כלי חרס נבלעו במקומן...איכא נמי אחריתי דא״ר יהושע בן לוי נס גדול היה נעשה בלחם הפנים סלוקו כסדורו שנאמר לשום לחם חום ביום הלקחו.

Ha-Meiri counts them up in the order 12436758910, M. Shelom. quotes Ashk. for the variation 346, and 𝔖 Dur. Emd. have the order of ha-Meiri. 𝔖 brackets 6—7, quotes Rashi for their exclusion as *baraitha* on the authority of Joma *l.c.*, and makes up the number ten by resolving the fifth miracle into three. This solution is given by 𝔇 (cf. No. 108), but with an alternative, namely that in Joma פתח במקדש וסיים בירושלם is an objection to including 9, 10 which were not wrought in the מקדש; that 6, 7 are there proposed in place of the two rejected; 5 is then counted as one only, and the number עשרה is finally made up of 12435867 with *ninthly* the בלועין or disappearances of refuse, and *tenthly* the miracle of the bread which was still hot ביום הלקחו. D in (2) ולא התליע, No. 108 סימן...התליׄע. A קדש without art. (3) ABCD אירע with *yod*, S אֲרַע with *chateph pathach* comparing (*sic*) וארע מימרא דיי' Targ. for ויקר יי' (Numb. xxiii. 16), and noticing a form אורע with *aleph*, *vau* in Targ. Ruth ii. 3; אבל בחיר"ק האל"ף לא נמצא בשום מקום. Strack אֵירַע (*yod* after *aleph* as *In allen Zeugen*), Baer אֵרַע (without *yod*), Emd. אֵירַע with note ארע מהארמית. S קֶרִי לְכֹּהֵן גדול, Emd. לְכ"ג, Strack קְרִי with *shva*. (4) S בבית הַמְּטְבָּחַיִם as pl. from מַטבח (Isai. xiv. 21)*, Emd. מִטְבָּ', Baer Strack מַטְבָּ'. A בית without בי"ת השמוש. (5) S פָּסוּל, ACD פס', BC פיסול. Emd. פסול מהכבדים ע"מ בכור צבור, but the use of the verb in *qal* only favours פָּסוּל with ס *rapheh*. (6) A את המערכה, B את עצי, C אש שעל נבי, D No. 107 אש של עצי, S את אש. (7) ניצחה (A), BCDS נצחה, Emd. מד"ג מהכבד לא משתבש...ומד"ג מהקל נמי ל"מ כי לשון חכמים†לחוד. C עמוד om. את, D לעמוד. (9) C לא without *vau*. S בירושלים מֵעוֹלָם. (10) A שְׁאָלִין. CDS Nos. 73, 90, 92, 103, 107, 114 שאלין (96 כש'), cf. Bert. Tos. Yomtob Dur. 81 a Kohut *A. C.* v. 45 on לן (1). B כשעולין ל'. Ashk. ועוד כ' שאלין בירושלים הספרים גרסינן כשעולין וצ"ע.

9. נבראו בין השמשות (AB No. 92), C adds עם חשיכה. DS ערב שבת עם בערב שבת בין, B marg. ערב ש'. A 33 a (Shab. II. 6) חשיכה. Ashk. מחק מלות בע"ש ומלות ואלו הן וכ' כך מצאתי. ופי הבאר (ADS), BC פי without *vau*. Nos. 103, 133, Mekhilta Ex. xvi. 32 (Fr. 51 a) omit the words. Numb. xxii. 28 את פי הָאָתוֹן, Targ. Jon. (ed. Wien, 1859 A.D.) עשרתי פתגמין אתבריאו בתר שכלול עלמא במיעלי שבתא ביני שימשתא מנא ובירא וחוטרא דמשה ושמירא וקשתא ועננַי יקרא ופום ארעא וכתב לוחי קיימא ומזקי ופום ממלל אתנא. Pesach. 54 a, b ת"ר עשרה דברים נבראו בע"ש בין השמשות אלו הן באר ומן וקשת הכתב והמכתב והלוחות קברו של משה ומערה שעמד בה משה ואליהו פתיחת פי האתון ופתיחת פי הארץ לבלוע את הרשעים וי"א אף מקלו של אהרן שקדיה ופרחיה וי"א אף המזיקין וי"א אף בגדו של אדם הראשון (cf. ד"ס VI. 156), and above on 54 a as *baraitha* והא תניא י' דברים...אלו הן באר והמן...ר' יהודה אומר אף הצבת הוא היה אומר צבתא בצבתא מתעביד וצבתא קמייתא מאן עבד‡.

* S points the *mem* with *chireq*, but quotes Isai. xiv. 21 as if for *mem, pathach*.

† Emd. writes מד"ג or מ"ד for מאן דגרס, *he who reads*, cf. IV. 16, V. 16.

‡ Notice the application of the saying צבתא בצבתא... at the end of Tosefta 'Erubin (Zuck. p. 154), and see on נופי הלכות p. 154 of these notes.

With these authorities and Sifré II. § 355 (Fr. 147 a) read הבאר *omitting* פי* which (so far as I know) is not adequately explained in any *perush*. B שהיו ישר׳ או׳ עליו עלי D. פרש״י ז״ל שפתח פיו ואמ׳ שירה עלי באר ענו לה באר. The Zohar (בלק, Brody 201 b), quoted by David Loria on Pirqe R. El. XIX., reckons *three mouths*, including פי הבאר, and says תלת פומין אלין אתבריאו ע״ש בין השמשות. וְהַמִּכְתָּב (S), with מִכְתָּב in *perush* as נ״א, cf. Kohut *A. C.* IV. 357 on כתב, Teshub. ha-Geon. Lyck 36 a (1864 A.D.). D (cf. Rashi) עט שבו נחרתו הלוחות שקורין גְרַיְיפָא ואני קיבלתי וְהַמַּכְתֵּב, and R. Ephr. in Midr. Shem. עט...הלוחות ויש גורסין וְהַמַּכְתֵּב, cf. B. משה שנ׳ ולא ידע איש את קבורתו (דברי׳ ל״ד) S ,וְקְבוּרָתוֹ. (ACD), BS add רבנו. ויש אומרים and not כנוסח הסדורים שכתוב בהם קברו, cf. B Dur. אַף הַצְּבַת בִּצְבַת הֲעֲשׂוּיָה (S), ACD צבת without art., B והצ׳ (om. ויש אומ׳). AB עשוייה or ויה–, CD הע׳ with art. See also No. 170. Dur. זאת המשנה דלגוה מסדורי תפלות, cf. Nos. 10, 73, and see on the *baba* Tos. Yomtob and Geiger's *Lehrbuch zur Sprache der Mischnah*, pp. 58—60 (Breslau, 1845 A.D.).

10. בפני מי שֶׁבְעָה דְבָרִים בְּגוֹלֶם (S), C נאמרו בגולם. שגדול הימנו (C), A לפני...ממנו. AB No. 92 add בחכמה, S וּבְמִנְיָן (D יין—), B ויגנ בחכמה ובמנין, cf. A ‘Ed. I. 5 (136 a). D (cf. C comm.) explains these words, but with note אין כת׳ במשניות. Ashk. מחק מלות הללו ושוב כ׳ ס״א בחכמה גרסינן. שואל כהלכה ומשיב כעניין (ACD Nos. 23, 92 and Ashk. בשם ס״א). BS in reverse order שואל כע׳ ומ׳ כהלכה, C בעניין with *beth*, Dur. בענין. A על מה שלא שמע without *vau*, B ועל שלא. See D. E. Zuta on the ז׳ דברים. Ab. R. N. *B.* (p. 110) עשרה דברים בגולם ועשרה בחכם.

11. S פּוּרְעֲנִיּוֹת the ‘*ayin* with *chateph pathach* מפני רבוי התנועות, Emd. ‘*ayin* ח״פ and *nun* מלא פו״ם. Baer פֻּרְעָנֻיּוֹת. No. 108 פרענייות. BS after באין ins. לעולם. S גּוּפֵי עֲבֵרוֹת with ABCD, C comm. ה—. No. 108 גופין של עבירה. In case (1) רעב של בצורת בא al. באה. (2) של מהומה ושל בצורת, BS. C comm. ות—with note לא שמעתי מהו לשון בצורות. No. 108 (בצ׳...מהום׳), ha-Meiri om. ושל בצורת. A ושל בצורה,

* For באר without פי see also p. 190 of the famous R. Judah b. Barzilai of Barcelona's *perush* on ס׳ יצירה in *Mekize Nirdamim* (Berl. 1885 A.D.). He flourished about the beginning of cent. XII.

𝔇 and ס"א in M. Shelom. מצורה. (3) שֶׁל כְּלָיָה (Emd.), 𝔖 כְּלָיָה bibl. כִּלָּיוֹן חרוץ (Isai. x. 22), but cf. bibl. כָּלָה. ℭ text defectively שבעה מיני פורענות באין על שבעה גופי עבירו׳ מקצתן רעבים ומקצתן שביעים גמרו שלא לעשר רעב של כלייה באה.

12. וְעַל פֵּירוֹת שְׁבִיעִית (𝔖), 𝔄 שבעיות.

13. וְעַל עִוּוּת הַדִּין וְעַל הַמּוֹרִים בַּתּוֹרָה (𝔖), al. עיוות. 𝔅 ועל המורים פנים בתורה, cf. III. 17. על עבודה זרה (𝔄𝔅𝔖), 𝔇 עובדי ע״ז. שְׁמִטַּת הָאָרֶץ (𝔖), 𝔅𝔇 שמיטת. Ashk. (cf. 𝔄) הַשְּׁמֶט, Nos. 95, 101 השמטת. ℭ (omitting ע״ז), גלות בא לעולם על שפיכות דמים ועל שמיטת הארץ ועל גילוי עריות.

14. החג שבכל מרובה (𝔄𝔅), ℭ𝔇𝔖 מתרבה. ℭ בארבעה דברים. שנה ושנה (𝔅𝔖 No. 95), 𝔄ℭ om. ושנה. 𝔇 once החג, then החג שבכל שנה ושנה, and in comm. החג של סוכות שבכל שנה. For the second עני (𝔄𝔅𝔇𝔖), ℭ has שני. It is not unusual to find ע or עו interchanged with ש, cf. 𝔄 9 a (Demai vii. 1) ומעשר עני for שני, 13 a (Shebi. i. 6) אילנות על שלשה for של, 97 a (Git. vi. 9) זו הלכה שלח, a good reading, preserved also in תוס׳ רי״ד [Ben Jac. *Oçar* p. 623, No. 27], in place of which Surh. Jost have זו הלכה העלה.

15. זו מדה בינונית...זו מדת סדום (𝔅ℭ𝔇𝔖), 𝔄 om. זו...זו. 𝔄 Ashk. No. 23 שלי ושלך שלך of the חסיד and שלך ושלי שלי of the רשע, exc. that 𝔄 omits a שלך by ט״ם. Dur. (on שלי שלך ושלך שלך...שלך) writes כך היא הגירסא בספרים כולם אבל במשניו׳ ישנות (שלי ושלי שלי... שבאו מארץ ישראל שהם מנוקדות יש גירסא יותר מדוקדקת והיא שלי ושלך שלך חסיד שלך ושלי שלי רשע.

16. נוח לכעוס...יצא שכרו (𝔄𝔅ℭ𝔇𝔖), Ashk. Dur. ha-Meiri No. 101 יצא הפסדו. 𝔖 לְרַצּוֹת, M. Shelom. לֵרָצוֹת (*niph.*), or *qal*. Emd. ומ״ד בפת״ח מהכבד משתבש. Dur. finds לרצות pointed as *qal* בתפלות ספרדיות, supports this by Psalm lxxvii. 8 ולא יוסיף לרצות עוד, and adds on the current reading לְרַצּוֹת (quoting Job xx. 10 בניו ירצו דלים), that the *piel* may mean לרצות את עצמו, cf. iv. 25 אל תרצה.

17. ממהר לשמוע...יצא שכרו, 𝔄𝔅𝔖 Dur. (ובמשניות גרסינן ממהר) Emd. (ממהר צ״ל). ℭ𝔇 No. 92 מהר. Dur. suggests that the scribes fell into error in putting יצא שכרו before יצא הפסדו in § 16 שרצו להשוות בין

שתי המשניות. For בתלמידים (𝔄𝔅ℭ𝔖), 𝔇 has בלמידים (cf. No. 95 M. Shelom.). חכם (𝔄𝔅𝔖), ℭ𝔇 זה חלק טוב. No. 107 om. זה.

18. יתנו אחרים והוא לא יתן (ℭ𝔖), 𝔄𝔇 שיתנו. 𝔅 רוצה שיתנו, ואין אנו גורסין במשנה רוצה אלא בראשון גרסי׳ רוצה שיתן ולא יתנו כו׳. 𝔇 𝔄 אל thrice for לא; ℭ רשע...שיתן...חסיד אל יתן ולא.

19. בהולכי לבית (𝔅ℭ𝔇𝔖), 𝔄 בית. Emd. הראוי היה בה״מ בלי למ״ד או בהולכים לבה״מ. עוֹשֶׂה וְאֵינוֹ הוֹלֵךְ שְׂכַר עֲשִׂיָּה בְּיָדוֹ, כ״ה ככל הנוסחאות המדוייקות ולא מעשה כנוסחאות קצת הסדורים 𝔖, cf. Dur. 88 a. ℭ𝔇𝔖 שכר מעשה, 𝔅 עשייה. 𝔄 omits the clause.

20. סְפוֹג וּמְשַׁפֵּךְ מְשַׁמֶּרֶת וְנָפָה. Emd. משמרת מחודשת במשקלה... שמוציאה 𝔇 שהוא מ׳ 𝔄ℭ ,המ׳ 𝔅 ,שמכנים 𝔇𝔖 .ולא נמצא לו משקל בשמות *bis.* 𝔄ℭ שהיא מ׳ in both cases, and 𝔖 in the former, 𝔅 in the latter case. 𝔄 124 a (Sanh. II. 8) ולא כשהוא מסתפג, 165 b (Chul. V. 3, 4) and 227 a (Tahar. I. 1) את הארבעים סופג. 20 b (Terum. VIII. 6) משמרת של יין. 224 a (Par. VII. 8) המנפה חרסים מתוך השוקת.

21, 22. 𝔖 תְּלוּיָה בְּדָבָר four times with (גירסת ר׳ עובדי׳ =) נ״א adding בטל as an epithet of דבר, and note* וכן הגיה החסיד בעל סדר היום במשניות שלו כפי׳ הרמב״ם. 𝔖 בְּטֵלָה אַהֲבָה without *vau.* ℭ עולמית for לעולם. M. Shelom. quotes the reading of ר״ע above-mentioned and continues זו אהבת אמנון בתמר גרסי׳ בבי״ת...כך שמעתי מפי החכם החסיד הה״ר מסעוד אולי נ״ע אח״כ מצאתי מוגה ג״כ כך במשנתו של הה״ר יהוסף אשכנזי ז״ל וכתב דגרסי׳ ברוב ספרים זו אהבת יהונתן ודוד וכן נ״ל עיקר. See on M. Azulai in part I. of שם הגדולים, letter *Mem* No. 70. He flourished about 1612 A.D. No. 108 (f. 67 a) בתנא דבי ר׳ אליהו תלויה בדבר זו אהבת בלק ובלעם שאינה תלויה בדבר זו אהבת אברהם יצחק יעקב להקב״ה, see c. 28 in ed. מינקאווייץ (Minkowce), 1798 A.D., which reads בלעם ובלק...ויעקב (f. 79 b), and so ed. pr. Ven. 1598 A.D. (f. 44 b).

23, 24. מחלוקת שמאי והלל (or זו מ׳); 𝔄ℭ Nos. 4, 10, 13 (בית ש׳ ובית ה׳), 39, 101, 114, 157. M. Shelom. ברוב הספרים שמאי ברישא, 'Erub. 13 b [של ב״ה] שמקדימין דברי ב״ש לדבריהן. 𝔅𝔇𝔖 הלל ושמאי. 𝔅ℭ שום for שם (𝔄𝔇𝔖). 𝔖 זוֹ מַחֲלוֹקֶת קֹרַח וַעֲדָתוֹ with 𝔅𝔇 (exc. וכל ע׳), 𝔄ℭ תו של קרח—. 𝔇 comm. om. זו exc. בזו מחלקתו של קורח. In No. 10 מחלוקת comes before אהבה, cf. Dur. 89 a.

* The author of the *Seder ha-Yom* was R. Moses ben Judah Machir, who wrote about the beginning of cent. XVI. See '*Kore ha-Dorot*' ed. Cassel f. 42 a, 48 a (Berl. 1846 A.D.).

25. ℭ before אין מספיקין has חטא הרבים תלוי בו ואין.

26. וזכות (𝔄𝔅), ℭ𝔇𝔖 זכות. 𝔅ℭ𝔖 תלוי masc., 𝔄 יה—. 𝔄 omits the *baba* יָרָבְעָם חָטָא וְהֶחֱטִיא אֶת הָרַבִּים חֵטְא הָרַבִּים תָּלוּי בּוֹ שֶׁנֶּ׳ עַל חַטֹּאות יָרָבְעָם אֲשֶׁר חָטָא וַאֲשֶׁר הֶחֱטִיא אֶת יִשְׂרָאֵל (1 Kings xv. 30, cf. xiv. 16). ℭ𝔇 ישראל for the first הרבים, and בן נבט ׳י *bis*. 𝔅 וחטא with *vau*, 𝔇 תלוייה for יי—, No. 114 וחטאת הרבים תלויה בו.

27, 28. Ashk. agrees throughout with 𝔄 (p. 78) except in some minutiae of spelling and in reading שלשה ,שיש בידן for וש׳ with *vau*, גבוה masc., and מה for ומה. 𝔇 reads כל מי ,תלמידיו pl. throughout, רוח before נפש, הרשע with the 2nd בלעם, אבינו with 3rd and 4th אברהם, after שחת the remainder of the verse אנשי דמים ומרמה לא יחצו ימיהם ואני אבטח בך, and at end אוכלין בעולם הזה ונוחלין לעולם הבא שנ׳ להנחיל...אמלא. ℭ begins defectively כל מי שיש בידו שלשה דברים הללו מתלמידיו של בלעם הרשע אברהם אבינו עין טובה and continues very much as 𝔇, but has the order רוח, נפש, and has מה without *vau*, as 𝔖 finds בכל הנוסחאות המרוייקות. 𝔄ℭ𝔇 Ashk. Nos. 4, 101, 133 conclude with the introverted parallelism {abb′a′}, in which the disciples of Abraham are mentioned in the extreme, and those of Bil'am in the intermediate clauses. The collocation of bb′ (with mention of תלמידיו של בלעם followed by קללתם) is in accord with the principle of Baba B. 14 b סמכינן חורבנא לחורבנא ונחמתא לנחמתא, and the introversion gives an auspicious ending ואוצרותיהם אמלא, cf. 𝔄 48 b (Pes. x. 3) מתחיל בגנות ומסיים בשבח, 206 a (end of Kelim) אשריך כלים שנכנסת בטומאה ויצאת בטהרה, 66 a (Megil. III. 8) אין זה שהוא עומד לקרות בתורה צריך שיהא מפסיקין בקללות, T. J. Meg. 74*b* פותח בדבר טוב וחותם בדבר טוב. The order {aa′bb′} as in 𝔅𝔖 makes it necessary to go on to the end of Psalm lv. 24, so as not to stop at באר שחת, as is indeed done also in ℭ𝔇, although with their order of clauses this is unnecessary. 𝔅 (written briefly) reads thus (1) כל מי שיש בידו שלשה דברים *הַלָּלוּ מתלמידיו של אברהם אבינו וכל מי שיש [marg. שאין] בידו של׳ דב׳ הללו מתלמידיו של בל׳ הרשע. (2) מה בין תלמידיו של ב״ה לת׳ של א״א. (3) תלמידיו של א״א עין ט׳ ונפש ש׳ ורוח נ׳· תלמידיו של ב״ה עין רעה ורוח גבוהה ונפש קצרה. (4) (וְ)תַלְמִידָיו של א״א אוכלין העולם הזה ונוחלין העולם הבא שנ׳ להנחיל...אמלא· אבל תלמידיו של ב״ה יורשין גיהנם ויורדין לבאר שחת שנ׳ ואתה...ואני אבטח בך, but the clauses (2), (3) are marked for transposition, and (4) is altered at the beginning by marginal addi-

* Baer הַלָּלוּ as pl. of הַלָּה (Kohut *A. C.* III. 206), quoting passages of the Gemara and one from Mishn. M. Sheni, where 𝔄 (III. 3, f. 23 a) reads הללו מחוללים...והלה עושה צורכו במעותיו. In 𝔅 (4) *shva* remains at the beginning under the place of *vau* conj. erased.

tions and erasure thus מה בין תלמידיו של א״א לת׳ סל ב״ה ת׳ סל ח״ח אוכלין. Note in (2) the order בלעם...אברהם, and in (3) קצרה [found also in 𝕮 comm.] for רחבה, with the remark of Dur. ויש ספרים הרבה שכתוב בהם נפש קצרה ושמא תיקון סופרים הוא לכנותו לגנאי. No. 95 דברים הַלָּלוּ...דברים אֲחֵרִים 𝔖. טובים הללו...רעים הַלָּלוּ, with note that הללו is for bibl. האלה. But הללו [Auth. P. B. הַלָּלוּ] disconnected from the things עין טובה וכו׳ is out of place, אחרים is not indispensable, and both should be omitted as by 𝔄𝔇 Ashk. 𝔖 rejects the reading אוכלין (נ״א יורשין) העולם הזה ונוחלין העולם הבא and prefers to read, according to פי׳ רש״י [and with 𝕮𝔇], אוכ׳ בָּעוֹלָם הזה ונוח׳ לָעוֹלָם הבא. But all these are doubtless developments from an older one-clause reading as in 𝔄 Ashk.

29. יְהוּדָה בֶּן תֵּימָא. 𝔄 Pes. 112 a Chag. 14 a ר׳ יהודה. No. 10 בן טבאי. Aboth ends at אביך שבשמים according to the statement of 𝔇 on this *baba* (p. 23),

חסלת מסכת אבות.

𝔇 goes on to say (p. 23) that Shemuel ha-Q.'s בנפל אויבך (iv. 26) was commonly repeated here to introduce הוא היה אומר בן חמש שנים, but sometimes written here only. 𝔇 and others simply write Shem. ha-Q. for הוא. R. Israel remarks (p. 52) that בן חמש is not מן אל מסכתא, and sometimes we find it only in Pereq vi., as in Nos. 83, 160 (2). In Nos. 10, 80, 81, 92 it stands last in Pereq v.; but since it ends with death it was natural to move it to some place within the chapter, *um einen so düsteren Schluss zu vermeiden* (Strack). It is commented upon twice over in 𝕮 and No. 19 (1). See also Nos. 13, 42, 54, 77, 95, 109, 161. M. Shelom. (on הוא היה אומר בן חמש) בשימושא רבה מייתא לה בשם שמואל הקטן וכן העתיקה הב״י [בית יוסף] א״ח סס״י [סוף סימן] ל״ח [Tur. Or. Chay. בשם שמושא רבא דתנן שמואל הקטן וכו׳ עי׳ בתוי״ט שהאריך להוכיח שאינה מסדר מסכתא זו עש״ב וגם כה״רר יהוסף ז״ל מחקה לכל מתני׳ וכתב בכל הספרים לא מצאתי משנה זו.

30. עַז פָּנִים לְגֵיהִנֹּם וּבוֹשׁ פָּנִים לְגַן עֵדֶן (𝔖), al. לְגֵיהִנָּם. Emd. וּבוֹשֶׁת, a reading which may have come from Mass. Kallah or some *perush* as No. 108 שיש בו בושת פנים. Although No. 170 with 'Rashi' writes of this *baba* עד כאן כת׳ במשנה (p. 121), 𝔇 may be right in excluding it; for the repetition of גיהנם and גן עדן after § 28 (acc. to 𝔄 Ashk.) does not commend itself, and עז פנים may be a qualifying appendix by some early editor to the praise of עזות in § 29. Dur. זאת המשנה דלגוה מסדורי

תפלות. יְהִי רָצוֹן ... שֶׁתִּבָּנֶה עִירָךְ in this place (𝔄𝔖, not 𝔅ℭ𝔇) looks like a survival from a time when the chapter ended here. 𝔇 at the end of Pereq R. Meir שיבנה בית המקדש. 𝔄 190 b (Tam. vi. 7) on mention of *beth elohenu*, יהי רצון שיבנה. Strack שֶׁתִּבָּנֶה עירך (*niph.*), Emd. שתבנה קל. Psalm li. 20 היטיבה ברצונך את ציון תִּבְנֶה חומות ירושלם.

𝔇 brings in עז פנים only as a *baraitha*, and concludes its appendix to the text of Pereq v. (but with the criticism ולי הכותב נראה לגרוס ר׳ יהודה הנשיא דכך היא שנוייה במסכת כלה*) as below:

תניא ר׳ נתן אומ׳ עז פנים לגהינם ובוש פנים לגן עדן. עז פנים ר׳ אליעזר אומ׳ ממזר ר׳ יהושע אומ׳ בן הנדה ר׳ עקיבא או׳ ממזר ובן הנדה אף לא עמדו אבותיו על הר סיני ועל כולם אליהו כותב והק׳ חותם אוי לו לפוסל את זרעו ולפוגם את משפחתו ולנושא אשה שאינה הוגנת לו שבל הנושא אשה שאינה הוגנת לו אליהו כופתו והק׳ רוצעו וכל הפוסל פסול וא׳ שמואל במומו פוסל [Qiddush. 70 a]. סוף אדם למות וסוף בהמה לשחיטה הכל למיתה הן עומדין:

ר׳ אבא אומ׳ אשרי מי שגדל בתורה ועמלו בתורה ועושה נחת רוח ליוצרו וגדל בשם טוב ונפטר בשם טוב מן העולם ועליו א׳ שלמה בחכמתו טוב שם משמן טוב ויום המות מיום הולדו [Berak. 17 a]. למוד תורה הרבה כדי שיתנו לך שכר הרבה ודע שמתן שכרן של צדיקים לעתיד לבא:

ר׳ חנניא בן עקשיא כו׳:

31, 32. בן בג בג...והפך בה. 𝔄𝔅ℭ𝔇 והפך or ־יך, 𝔖 וַהֲפוֹךְ. וכולך בה (𝔄 No. 92), No. 133 ומלך. 𝔄𝔇 דכולה for א־. Nos. 5, 12, 95, 99, 108 דכולא בה סמא. Notice Nos. 12 וכולה, 23 בה ובה, 103 דכלה (נ״א כו׳), 150 והפך בה ובה. Possibly כלה without *vau* gave rise to בלי, בלה, סיב in expanded forms of the saying, and כולך בה to בה תהוי as *perush* and that by ט״ס to תחזי (𝔅 תהגה). Dur. quotes סיב ובלה בה ובה תחזי ומינה לא תזוע שאין לך טובה הימנה [om. מדה] as a reading derived from Ab. R. N., and omits the words in Rabbinic type, cf. No. 133. 𝔇 לא תזוע תזוז with תזוז as *perush*. Dur. on 31—32 זהו סוף הפ׳ החמישי ובסדורי תפלות עשאוהו ראש פ׳ ששי. Nos. 101, 161 have these sayings in the margin of chap. v. as well as in chap. vi. On the identification of their authors by Gematria see (beside Aboth commentaries) R. Judah b. Barzilai on *Sepher Jeçirah*, p. 7 (Berl. 1885 A.D.). The *Tanna de-Bê Eliyahu Zuta* c. 17 reads *Jochanan* b. Bagbag.

Pereq v. in 𝔅 ends thus, בן בג בג אומר הפוך בה והפך בה (mg. דכלא בה) וסיב ובלי בה ובה תהגה (וי״ג תהוי. וי״ג תחזי .mg) ומנה לא תזוז שאין (לך)

* The editions of Mas. Kallah have ר׳ יהודה without הנשיא.

NOTES ON THE TEXT. 173

מדה טובה הימנה״ בן הא הא אומר לפום צערא אגרא׳, next before this come the three *baboth* (1) יהודה בן תימא...בשמים. (2) הוא היה אומר עז פנים with *baraitha* to וכל הפוסל פסול followed by ואינו מדבר בשבחו של עולם. (3) הוא היה אומר בן חמש...מן העולם. 𝕮 after לגן עדן reads (1) בן בג בג אומר הפוך בה והפיך בה דכולא בה ובה תהוי ומינה לא תזוז שאין... הימנה. (2) בן הא הא. (3) הוא היה אומ׳ בן חמש. (4) ר׳ יהודה הנשיא או׳ עז פנים with *baraitha*, and ר׳ אבא...לעתיד לבוא, and סליק פירקא. 𝔖 inserts הוא היה אומר בן חמש after § 30, and ends with בן בג בג and בן הא הא. No. 108 after אגרא writes (f. 68 b—72 b) פרק חמשי, then הוא היה אומר בן חמש, and תניא ר׳ נתן אומר בבריתא היא ונהגו לומרו בסוף בעשרה מאמרות...סליק פרקא. 𝕯 at the end of Pereq vi. has (1) בן בג בג אומר הפוך בה והפיך בה דכולה בה ובלה בה ובה תהוי ומינה לא תזוע שאין לך מידה טובה הימנה. (2) בן הא הא. (3) יהי רצון מלפניך יי׳ אלהינו ואלהי אבותינו שיבנה בית המקדש במהרה בימינו. ר׳ חנניא בן עקשיא... Nos. 84, 154, 165 have an exceptional form of Pereq vi., and Nos. 10 (cf. 134), 83, 97 have Seven Peraqim.

INDEX.

The pages hereinafter referred to are those of the second edition of *Sayings of the Jewish Fathers*, published in 1897.

AN INDEX TO
SAYINGS OF THE JEWISH FATHERS.

1. SUBJECTS.

Aaron 21
Abraham
  temptations of 80
  disciples of 94 f.
Abtalion 18 ff.
Antigonus of Soko 13, 112 f.
Aqabiah ben Mahalaleel 42
Aqiba ben Joseph 53 ff.

Balaam 95
  disciples of 94 f.
Beelzebub 38
Benediction of The Name 67, 165 f.

Chasid ($\H{o}\sigma\iota os$) 34, 90
Companionship 16
Contentment 64
Creation
  dual conception of, 50, 56 ff., 159 f.
  of the "ten things" 83 ff.
  theories of 78 f., 93 f., 168 f.

Decalogue 108
  reward attached to 28

Decalogue
  embodied in the Shema 118
  daily recital of 119
  division of 120 ff., 176
Demons 85

Eleazar ben Arak 33 f.
       ben Azariah 60 f.
Eliezer 33 f.
Elisha ben Abuyah 63, 75
"Epicurus" (=heretic) 40, 51, 152 f.
Essenes 34, 79
Evil eye 35

Fall 56 f.
Fly, symbol of impurity 82
Forgetfulness
  sinful and venial 48 f., 72

Gamaliel I. 24
Gamaliel II. 25
Gematria
  explained 62, 161 ff.
  examples of 39, 44, 76 f., 95, 97 f., 142, 146, 167

God, attributes of, 26
  indefinite "They" 29
  present with men
    (10, 5, 3, 2 or 1) 46 f.
  Biblical names of, avoided 66 ff.
  as great chief Rabbi 71 f.
  judgement of 77
  Israel's temptations of 81
  Rabbinic titles of 142, 168
    "Peace" 26
    "Place" 39, 45, 67, 77
    "The Name" 67, 77, 93
    "Heaven" 67, 77
    "The Holy One" 67
  Benediction of the Name of 67, 165 f.
Great Synagogue 110 f., 133

Habits, force of 65 f.
Hillel 20 ff., 30, 93 f.

Intoxication, stages of 50
Israel (Rabbi)
  sayings of 63

Jehoshua ben Perachia 16
  ben Chananiah 34 ff.
Jehudah ben Tabai 17
Jochanan ben Zakai 32 ff., 36, 49
Jose 34 ff.
Joseph ben Jochanan 14
  ben Joezer 14

Labour, duty of 18 f., 141
Lord's Prayer, 124—130, 165, 176—192
  (illustrated fr. Rabbinic writings)

Man, two ways of 35, 147 f.
  ages of 97 f.
  four characters of 89
  good and evil natures of 39, 61, 64, 82, 129 f., 148 f., 152, 165, 169
Marriage
  Rabbinic view of 137, 168
Masorah 48, 55, 154 f.
Matthai the Arbelite 16
Memra 44
Mercy and Justice 59

Miracles
  wrought in the Sanctuary 81 ff.
Mishnah
  delivered to Moses 109, 154, 174

Parables, Rabbinic 37, 61
  Banquet 60, 161
  New Wine 75 f.
  Sponge, &c. 91 f., 171
  Trees 61
  Vestibule 73 f.
Paradise 63, 164 f.
Pestilence, causes of 88
Pharisees 56
Pillars of the world 12, 25 f., 135 f.
Prayer 38 f.
Predestination 59, 160
Proselytism 21 f.
Punctuation 48, 154 f.

Qabbalah 26, 106 ff., 114, 175 f.
  Christian use of cabalistic modes 166 f.
Qameç, form of 48

Rabbi
  as title 27, 143
  = Jehudah ben Simon III. 27
  relations of, with scholars 14 f.
  reverence for 71
Repentance 70, 73 f.
Retribution 81
Revelation
  Rabbinic view of 108 f.
Righteousness 70

Sadducees 112—115
  (origin, tenets, books)
Sagan 43
Scripture, divisions of 100
  Rabbinic citations of 42 f.
Shammai 23, 93 f.
Shekinah 43 f.
Shema (Audi) 38, 54, 116 f.
Shemaiah 18
Shemuel ha-Qatan 74 f.
Shimeon ben Azai 63, 65
  ben Gamliel I. 24

INDEX. 179

Shimeon ben Gamliel II. 25
    ben Nathanael 34 ff.
    ben Shatach 17
    ben Zoma 63
    ha-Çaddiq 12
Silence 25, 143
Simon Justus 12
Sin, fear of 49
  the seven sins and seven punishments 87 ff.
Sonship of Israel 58

Temptation 169
Tetragrammaton vi
  short form of 44
  intentionally misspelt 67
  pronunciation of 46, 156 ff.
Thalmud
  = faith)(practice 50
  exegesis of 64, 91, 100, 172
Thegri (angel) 156

Thorah
  reception and preservation of 11
  fence of (cf. Masorah) 11, 134 f.
  instrument of Creation 12, 58
  summed up in "Golden Rule" 23, 56, 142 f.
  essentials of 62, 161
  all-sufficiency of 96, 133, 172
  acquisition of
    (Pereq R. Meir) 99—104
  identified with Wisdom 102, 173
  oral and written 105 f., 154
  = Pentateuch 106
  translation of 153

Woman
  status of, 15, 26, 137 ff.
  medium of temptation 31 f., 146
  formation of 159, 168

Zadok-party 113 f.

180

2. PASSAGES OF THE NEW TESTAMENT.

Matthew iii. 7 ... 113
v. 22 ... 36
v. 25 ... 77
v. 39 ... 128
v. 41 ... 52 f.
v. 46 ... 90
vi. 7 ... 25
vi. 9—13 ... 124 ff., 180
vi. 13 ... 186
vi. 31 ... 126
vi. 33 ... 28, 61
vi. 34 ... 184
vii. 12 ... 23
viii. 20 ... 178
ix. 17 ... 76
x. 41 f. ... 93, 172
xi. 12 ... 53
xi. 29 f. ... 46
xii. 35 ... 151
xiii. 2 ... 15
xiii. 19 ... 188 ff.
xv. 6 ... 175
xvi. 1—12 ... 113
xvi. 18 ... 160
xvi. 19 ... 125, 127
xvi. 23 ... 147
xvii. 20 ... 34
xviii. 8 ... 125
xviii. 18 ... 125
xviii. 20 ... 44
xx. 1—16 ... 41
xx. 15 ... 35
xxii. 23 ff. ... 114
xxii. 37 ... 148
xxiii. 5—12 ... 22
xxiii. 8 ... 19

Matthew xxiii. 15 ... 16, 21
xxiii. 22 ... 67
xxv. 29 ... 23
xxv. 40 ... 35
xxvi. 52 ... 31
xxvii. 33 ... 31

Mark i. 15 ... 146
ii. 27 ... 26
iv. 15 ... 189
vii. 21 f. ... 36, 149
x. 51 ... 27
xii. 29 ... 38, 118
xii. 30 ... 148
xiv. 36 ... 176
xiv. 61 ... 67
xvi. 15 ... 21
xvi. 17 f. ... 170

Luke ii. 24 ... 62
vi. 21 ... 69
vi. 25 ... 69
vi. 34 ... 90
vi. 38 ... 29
vi. 45 ... 151
ix. 58 ... 178
x. 1 ... 133
x. 19 ... 170
x. 39 ... 14
xi. 2—4 ... 124 ff., 176, 180
xi. 21—26 ... 37
xiv. 15 ... 161
xv. 6 ... 35
xv. 10 ... 125
xvi. 10 ... 35
xvii. 10 ... 33

INDEX.

Luke xvii. 11, 12 38
    xviii. 4—8 53
    xix. 21 143
    xxii. 31 ....151, 171
    xxiii. 31........................ 16
    xxiv. 44 106

John i. 5—10....................... 58
    i. 13 31
    i. 14 44
    i. 16 77
    i. 17 106
    i. 39 27
    i. 52 57
    iii. 5 159
    iv. 6 144
    iv. 14 ....33, 141
    iv. 27............................ 15
    v. 17 168
    v. 39 51
    vi. 32 ....125, 186
    vi. 34 ....126, 179
    vi. 35............................161
    vi. 51 171
    vii. 17 29
    vii. 32 113
    vii. 38 f. 144
    vii. 45 113
    vii. 49 30
    viii. 32 100
    xi. 14 (d) 41
    xi. 26............................140
    xi. 49............................ 25
    xii. 27 f. 176
    xvii. 9 f. 48
    xviii. 13 25
    xix. 28 191
    xix. 30 178
    xx. 16 27

Acts ii. 17 f. 138
    ii. 29 ff..........................153
    v. 17 113
    v. 34 24
    v. 39 24
    v. 41 67
    vi. 3 169
    vii. 23 21

Acts ix. 15............................ 26
    xiii. 16 15
    xvii. 28 39
    xviii. 3 19
    xx. 28 184
    xxii. 3 ....14, 24
    xxiii. 7 113

James i. 5 191
    i. 8 148
    i. 13 ff. 130, 147, 169
    i. 23 91
    i. 25 100
    ii. 6 19
    ii. 10.............................163
    ii. 12 100
    ii. 15........................181, 191
    ii. 16 191
    iii. 6 ff...........................135
    iii. 9 56
    iv. 7 ....148, 152
    iv. 8 148
    v. 12 169
    v. 14 77

1 Peter ii. 9 184
    ii. 13—18 141
    iii. 4 149
    iii. 12........................... 28
    iii. 15............................ 40
    iii. 20........................... 79
    iii. 21...........................146
    v. 8.............................151 f.

2 Peter iii. 6 146

1 John ii. 1 69
    ii. 13 f. ....188 f.
    ii. 16.......................76, 95
    iii. 1, 2 58
    iii. 15............................ 38
    iv. 20............................ 50
    iv. 21............................ 56
    v. 18 ff. 128

3 John 7 67

Jude 11.............................. 94

Romans i. 17	77, 108	2 Corinthians i. 17	53
i. 24 ff.	152, 165	iii. 18	51
ii. 14	146	iv. 7	26
ii. 15	146, 150	v. 1	159
ii. 16	160	v. 10	160
iii. 3	146	vi. 2	23
iv. 4	28 f.	vi. 10	77
v. 12 ff.	148	xi. 31	165
v. 19	94	xii. 4	164
vi. 12—14	151		
vii. 9—11	20	Galatians iii. 11	108
viii. 15	176	iii. 28	15, 26, 138 f.
viii. 19	21	iv. 6	176
viii. 20	160	iv. 24 ff.	171
viii. 33 f.	77	v. 20	150
ix. 4	12		
ix. 5	165	Ephesians i. 14	184
xi. 6	169	i. 18	36, 44
xi. 11	22	ii. 14	25, 134
xi. 22	59	ii. 17	21
xi. 26	99	iii. 15	29
xi. 28	29	iv. 3	26
xii. 15	13	iv. 10	39
xiv. 7	23	iv. 22 f.	37
xv. 7	28 f.	iv. 24	149 f.
xvi. 20	25	iv. 28	18
		v. 21	141
		vi. 7	71
1 Corinthians i. 24	173	vi. 16	188
ii. 7	173		
iii. 8	97	Philippians ii. 5—11	167
iv. 12	19	ii. 12 f.	23
v. 5	152	iii. 19	150
vii. 5	140	iv. 1	68
vii. 9	137	iv. 3	133
vii. 32 ff.	137	iv. 8	27
ix. 16	33	iv. 10 f.	77
x. 2—4	171, 179		
x. 31	38, 45, 67	Colossians ii. 16	161
xi. 4, 5	55, 155	ii. 18	161
xi. 7	32, 155	iii. 11	139
xi. 10	155 f.	iii. 14	26
xi. 11	15, 137	iii. 15	26
xiii. 12	76		
xv. 26	147	1 Thessalonians ii. 19	68
xv. 31	140	iv. 6	92
xv. 46	94	v. 10	45
xv. 47	56		

2 Thessalonians ii. 8 192
     iii. 3 128

Hebrews i. 2 173
   i. 3 155
   iv. 13 59
   vii. 9 f.........................133
   x. 25 143
   x. 35 41
   x. 38 108
   xi. 17 169
   xii. 1 156
   xiii. 8 157

1 Timothy ii. 1, 2..................... 43
   ii. 12 15
   ii. 15 15
   iii. 2........................ 31
   iii. 15 12

1 Timothy iv. 4......................... 45
   iv. 8........................ 13
   v. 6 140
   v. 14....................... 15
   vi. 6........................ 64

2 Timothy ii. 24 31
   iv. 18 ....128, 189

Titus i. 7................................. 31
  ii. 14.......................128, 189

Revelation i. 8 157
   ii. 14....................... 95
   iv. 6 165
   xiii. 10.....................146
   xiii. 17, 18............62, 84
   xix. 9 60
   xxi. 3 44

www.ingramcontent.com/pod-product-compliance
Lightning Source LLC
Chambersburg PA
CBHW071424160426
43195CB00013B/1796